社会主要矛盾变化新要求下

共享发展研究

魏志奇 著

人民出版社

目　　录

| 第一章 | 共享发展研究概述

　　党的十九大报告指出，中国特色社会主义进入新时代，我国社会主要矛盾已经转化为人民日益增长的美好生活需要和不平衡不充分发展之间的矛盾。社会主要矛盾变化是关系全局的历史性变化，对党和国家的一切工作提出了新要求，党和国家的发展战略、发展思路、发展方向和发展理念必须适应社会主要矛盾变化提出的新要求。

　　发展理念是发展行动的先导，是发展思路、发展方向和发展着力点的集中体现①。党的十八届五中全会明确提出了对我国发展全局具有深层变革意义的五大发展理念，即创新、协调、绿色、开放、共享的发展理念。其中，共享是 "五大发展理念"的出发点和落脚点，为我国今后很长一段时期的发展指明了价值取向。党的十九大又将包括共享在内的五大发展理念作为新时代中国特色社会主义十四条基本方略之一提出来了，充分凸显了共享发展理念在中国特色社会主义新时代的重大方略意义。

　　适应社会主要矛盾的新变化，以社会主要矛盾变化为背景依据，研究社会主要矛盾变化新要求下共享发展的新境遇、新内核，以人民日

---

① 《海德格尔选集》上卷，孙周兴编，三联书店 1996 年版，第 589 页。

益增长的美好生活需要为目标导向、以解决不平衡不充分的发展问题为问题导向，研究共享发展新的理论内涵和实现机制，是一项极其重要而紧迫的时代课题。

第一节　国内共享发展的研究脉络、主要论点和最新进展

系统梳理国内关于共享发展理念研究的最新进展和重要观点，全面分析国内共享发展理论的基本脉络和基本范式，明确共享发展目前研究的薄弱不足和未来研究的方向进路，是更系统全面和科学准确把握新时代共享发展的首要前提，也是在社会主要矛盾变化新要求下研究共享发展的学术基础。

一、共享发展的研究脉络

"共享"一词正式作为政治词汇和书面语言最早出现在 1997 年党的十五大报告中，报告在阐述党在社会主义初级阶段的经济纲领时指出，中国特色社会主义经济的基本目标是"保证国民经济持续快速健康发展，人民共享经济繁荣成果"[①]。此后，"共享"的表述开始频繁在党和政府的相关文件中出现。2002 年，党的十六大把"保证人民共享发展成果"[②]作为党的十三届四中全会以来"十分宝贵的经验"之一。2005 年，党的十六届五中全会在明确构建社会主义和谐社会的历史任务时，提出要"更加注重社会公平，使全体人民共享改革发展成果"。2007 年，党

---

① 《十五大以来重要文献选编》（上），人民出版社 2000 年版，第 19 页。
② 《十六大以来重要文献选编》（上），中央文献出版社 2005 年版，第 6 页。

的十七大提出，贯彻落实科学发展观必须坚持"发展为了人民、发展依靠人民、发展成果由人民共享"①。2010 年，党的十七届五中全会在制定"十二五"规划建议时明确，在全面建设小康社会的关键时期，要走共同富裕道路，"使发展成果惠及全体人民"。上述关于共享的提法基本上紧扣"发展成果人民共享""构建和谐社会"和"社会公平保障"等党治国理政的重大主题。

党的中央全会提出并一步步拓展了共享的提法，学术界对共享的研究也是步步跟进和深化。具体来说，党的十八届五中全会提出的共享发展理论，就是新世纪以来和谐社会理论、发展成果人民共享理论和社会公平保障理论的理论升华，在此以前，国内大量共享发展的研究成果融于以上三方面，并基于以上三方面形成了多种研究视角。一是共建共享和谐社会理论视角。如李培林认为，共同建设、共同享有是和谐社会的基本主题，构建和谐社会必须真正做到在共建中共享、在共享中共建。②有研究进一步解释，面对贫富分化拉大、阶层流动固化等影响和谐社会的问题，必须坚持共享共建的原则，建立健全社会政策体系、法治保障体系等制度供给，让人民在共享中参与共建，积极构建和谐社会③。二是发展成果人民共享的视角。新世纪以来，共享发展成果逐渐成为时代课题：我国处于多元社会主体的利益诉求与利益不平衡共存时期，保障发展成果人民共享而不是利益剥夺是时代的要求。④学者张贤明将共享发展成果提高到"人民权利"的高度，认为保障人民有尊严地共享改革

---

① 《十七大以来重要文献选编》(上)，中央文献出版社 2009 年版，第 12 页。

② 李培林：《共建共享是和谐社会建设的主题》，《光明日报》2007 年 3 月 27 日。

③ 严国萍：《和谐社会的共建共享原则及其实现途径》，《中国行政管理》2008 年第 6 期。

④ 郭春涛：《国民共享改革发展成果略论》，《中国司法》2009 年第 7 期。

发展成果，前提是把共享改革发展成果提升到人民基本权利的高度。①
还有研究者指出，发展成果人民共享的核心是共享，本质是满足人的全
面自由发展需要，根本是坚持以人为本，价值基础是社会公正，现实目
标是构建和谐社会。②三是利益共享理论视角。有学者提出，"共享利益"
是现代社会主义经济学的核心，是社会主义国家经济社会发展必须坚持
的原则。③四是共享机制理论视角。改革开放带来了经济发展和社会全
面进步，人民的生活水平整体上得到极大跃升，但是不同社会群体在承
担改革成本和享受改革发展成果上呈现出了失衡，确保人民共享改革成
果，必须建立改革成果共享机制④。为此，有学者提出了实现社会共享
的基本机制：机会共享机制、财富共享机制、权力共享机制、价值共享
机制和知识共享机制。⑤

二、共享发展的基本论点

党的十八大以前关于共享和共享发展的理论研究成果已经不少，
并形成了不同研究视角和研究方法，但总体上看，仍处于起步阶段，
学界对共享发展的基础概念和基本理论也没形成统一的认识，大都各
说各话。真正深入和系统地研究共享发展是在党的十八届五中全会明
确提出共享发展理念之后。党的十八届五中全会将共享发展作为引领
当代中国发展全局的重大战略发展理念提出来，指出共享是中国特色

---

　　① 张贤明、邵薪运：《共享与正义：论有尊严地共享改革发展成果》，《吉林大学学报（社会科学版）》2011 年第 1 期。

　　② 魏志奇：《发展成果人民共享的理论建构》，《求实》2015 年第 1 期。

　　③ 洪远朋、于金富、叶正茂：《共享利益观：现代社会主义经济学的核心》，《经济经纬》2002 年第 6 期。

　　④ 何影：《利益共享的理念与机制研究》，黑龙江大学出版社 2013 年版，第 15 页。

　　⑤ 魏波：《社会共享机制初探》，《中国特色社会主义研究》2013 年第 5 期。

社会主义的本质要求，必须作出更有效的制度安排，并为落实共享发展指明了方向：明确共享发展根本要求是"人人参与，人人尽力，人人享有"，主要特征是注重机会公平，基本任务是保障基本民生，最终目标要共同富裕。随后学界迅速掀起了研究的"小高潮"，共享发展的基本理论研究取得了一系列成果，这些成果主要体现在共享发展的思想实质、本质内涵、基本内容、理论意义、实践价值、实现困境和实现路径方面。

第一，共享发展的思想实质是坚持以人民为中心的发展思想。卫兴华认为，共享发展的思想实质是坚持以人民为中心的发展思想，是坚持人民主体地位的根本体现[①]。蔡昉认为，共享发展充分体现了以人民为中心的发展思想，共享发展是以人民为中心的发展思想的必然要求，共享发展的过程，就是贯彻以人民为中心的发展思想的过程[②]。还有学者提出，以人民为中心的发展思想体现了马克思主义的基本立场、观点和方法，是共享发展的价值内核。[③]

第二，共享发展的本质内涵是发展为了人民、发展依靠人民和发展成果由人民共享。有学者认为，发展为了人民、发展依靠人民和发展成果由人民共享分别从根本目的、依靠力量和实践指向三个方面对发展作了本质规定，体现了共享发展的本质内涵。[④]有学者从党的根本宗旨出发，分析了共享发展的本质：我们党来自人民、植根人民、服务人民，实现好、维护好、发展好最广大人民根本利益是发展的根本目的。

---

① 卫兴华：《中国特色社会主义政治经济学的分配理论创新》，《毛泽东邓小平理论研究》2017 年第 7 期。

② 蔡昉：《在共享发展中贯彻以人民为中心的发展思想》，《中国人大》2016 年第 16 期。

③ 董振华：《共享发展理念的马克思主义世界观方法论探析》，《哲学研究》2016 年第 6 期。

④ 董振华：《共享发展理念的马克思主义世界观方法论探析》，《哲学研究》2016 年第 6 期。

第三，共享发展的基本内涵是全民共享、全面共享、共建共享和渐进共享。对共享发展的基本内涵，学者普遍认为：全体人民是共享的主体；共享是包括经济、政治、文化、社会和生态等在内的全面共享；共享的前提和基础是共建共创，共建共创的过程就是共享的过程；共享也是一个历史的过程，具有渐进性，共享发展必将有一个从不均衡到均衡的过程。这些论点基本上围绕《习近平总书记系列重要讲话读本（2016 年版）》关于共享发展的权威概括展开。

第四，共享发展在哲学基础、政治经济学创新、发展观创新方面，有重大理论创新意义。韩庆祥在对"十八大以来党中央实践创新和理论创新的哲学概括"中认为，共享发展是党中央治国理政的哲学内核[1]；与此类似，有学者将共享发展称之为"当代中国政治哲学的核心范畴"。在共享发展的政治经济学意义方面，顾海良认为，共享发展理念充分体现了马克思主义政治经济学的根本立场，是社会主义现代化"强起来"的政治经济学要旨；持相同观点的研究者提出，"共享发展是中国马克思主义政治经济学的核心命题"。[2]韩振峰概括了共享发展对发展观创新的意义：共享发展丰富了发展内涵、充实了发展内容、指明了发展方向、强调了发展重点、明确了发展目的、强化了发展动力，把中国共产党关于发展的理论提升到新境界。[3]

第五，共享发展在提升政治合法性、推进供给侧结构性改革和促进社会公平分配等方面，具有重要实践价值。叶南客等社会学学者认为，只有坚持共享发展，才能使个体公平地享受到发展带来的社会繁荣，个

---

[1] 韩庆祥：《治国理政之道：人民共创共享共治》，《人民论坛》2017 年第 23 期。

[2] 田鹏颖、田书为：《共享发展是中国马克思主义政治经济学的核心命题》，《黑龙江社会科学》2016 年第 3 期。

[3] 韩振峰：《五大发展理念是中国共产党发展理论的重大升华》，《思想理论教育导刊》2016 年第 1 期。

人的需求才能得到满足、尊严得到保证，共享发展对于增进人民的政治认同和提升政治合法性，具有重大意义。①胡鞍钢等经济学学者认为，落实新发展理念，有助于推进供给侧结构性改革，使我国供给能力更好满足广大人民日益增长、不断升级和个性化的物质文化和生态环境需要。②赵汇等政治学学者认为，共享发展的价值旨归是公平正义，落实共享发展，坚持基本权利平等原则、按贡献分配原则、弱势群体救助原则，对促进社会公平分配有重大实践价值。③

第六，制度保障缺失、利益结构失衡、公共服务供给不足构成了共享发展的现实困境。社会主义基本经济制度和分配制度不完善、政治体制不健全和权利保障缺位、计划经济时代的二元社会治理体制没有根本改变、法律制度不健全等，仍然是社会公平正义和共享发展的基础性制度困境。④城乡、区域、阶层、居民个人分配不均和贫富差距扩大，弱势群体权益常常被忽视等利益结构失衡问题，是实现共享发展的重要障碍。公共服务作为实现人民的基本经济社会权利，满足人民基本生存发展需求的公共产品，存在明显的城乡差距、区域差距、人群差距，对实现共享发展有直接和明显的影响。⑤

第七，从完善基本政治制度、基本经济制度、收入分配制度、利益协调机制、推进公共服务均等化和发展模式转变等方面探寻共享发展的实现路径。实现共享发展，必须完善以公有制为主体的基本经济制度

---

① 叶南客：《共享发展理念的时代创新与终极价值》，《南京社会科学》2016年第1期。

② 胡鞍钢等：《中国跨越中等收入陷阱：基于五大发展理念视角》，《清华大学学报（哲学社会科学版）》2016年第5期。

③ 赵汇、代贤萍：《共享发展与社会分配公正》，《中国特色社会主义研究》2016年第6期。

④ 张兴华：《公正社会取向的国家治理：基于制度建设的维度》，《理论月刊》2014年第3期。

⑤ 孙晓莉：《共享发展视域中的基本公共服务：困境与突破》，《新视野》2016年第6期。

和人民当家做主的根本政治制度，这是共享发展的基础性制度环境；在社会建设层面，必须推进以公平为导向的收入分配制度，完善社会保障制度和基本公共服务体系。[①] 除此之外，实现共享发展必须以发展方式和发展模式的转变为根本，以发展责任共担、发展机会共享和利益共享为基本内容，实现经济社会的包容性发展。[②]

三、最新进展：中国特色社会主义新时代的共享发展

党的十九大深刻阐述了新时代坚持和发展中国特色社会主义的一系列重大理论和实践问题，提出了一系列新思想新论断新战略，这些新思想新论断新战略构成了中国特色社会主义新时代共享发展的"新境遇"，在新思想新论断新战略中重新审视共享发展，是共享发展研究的新课题。目前这方面的研究还处于起步和深化阶段，我们从已有研究中可以梳理出一些基本线索。

第一，共享发展是中国特色社会主义新时代的新要求。党的十九大指出，经过长期努力，中国特色社会主义进入了新时代。新时代是一系列历史性的新变化和历史性的新要求促成的：我国进入上中等收入国家行列，经济社会发展水平达到了新起点；我国处于全面建成小康社会和实现社会主义现代化的重要战略机遇期；同时，我国发展面临要素成本全面大幅上升的新约束；面临经济结构和经济社会发展的新失衡；面临跨越中等收入陷阱的新挑战。新起点新约束新机遇新挑战都要求必须落实共享发展。学者刘伟认为，包括共享在内的"新发展理念作为习近平新时代中国特色社会主义思想和基本方略的重要组

[①] 许艳华：《构建共享发展的制度保障体系》，《中国特色社会主义研究》2016 年第 4 期。

[②] 余达淮、刘沛好：《共享发展的思维方式、目标与实践路径》，《南京社会科学》2016 年第 5 期。

成，根本上源于新时代新的历史性要求"。① 持同样观点的学者认为，经济增长、工业化和效率至上的发展主义的内在缺陷，最终必然会转向新的发展理念，因此，共享发展是中国特色社会主义新时代新的发展观的自觉实践。②

第二，共享发展是适应社会主要矛盾变化的应对方略。党的十九大报告指出，我国社会主要矛盾已经转化为人民日益增长的美好生活需要和不平衡不充分的发展之间的矛盾。社会主要矛盾变化是关系全局的历史性变化，对党和国家的发展战略、发展理念提出了许多新要求。共享发展理念作为新时代中国特色社会主义基本方略的重要组成部分，必须适应社会主要矛盾变化的新要求。虞崇胜提出，人民在民主、法治、公平、正义、安全和环境等方面的新需要，客观上要求更加重视人民的公共参与和法治保障，更加重视保障权利公平和机会公平，更加重视人的全面发展和社会全面进步③；同时，在社会主要矛盾转化的条件下，"发展不平衡不充分"成为"主要制约因素"，有学者认为，共享发展不平衡不充分是发展不平衡不充分的主要表现，解决发展不平衡不充分，共享发展是基本途径④。新发展理念是解决我国社会主要矛盾的发展理念，坚持共享发展理念是解决我国社会主要矛盾的内在要求⑤。

第三，共享发展是习近平新时代中国特色社会主义经济思想的重

① 刘伟：《坚持新发展理念建设中国特色社会主义现代化经济体系》，《中国高校社会科学》2017年第6期。

② 周峰：《马克思主义发展观与中国特色社会主义新时代》，《岭南学刊》2017年第6期。

③ 虞崇胜：《新时代与"后半程"：精准把握中国未来发展的双重方位》，《武汉大学学报（哲学社会科学版）》2018年第1期。

④ 张占斌：《正确认识中国新时代的社会主要矛盾》，《人民论坛》2017年S2期。

⑤ 陈梓睿：《新发展理念与我国社会主要矛盾的解决》，《光明日报》2018年2月5日。

要内容，是中国特色社会主义政治经济学的目的论。2017 年 12 月的中央经济工作会议首次提出了"习近平新时代中国特色社会主义经济思想"，其主要内容是包括共享在内的五大发展理念。习近平新时代中国特色社会主义经济思想是中国特色社会主义政治经济学的最新成果。胡鞍钢认为，习近平新时代中国特色社会主义经济思想根本上是人民经济学，坚持"以人民为目的"而不是"以 GDP 为目的"，坚持共享发展，不断增进人民福祉，保证人民共享发展成果。[①] 从其意义来看，五大发展理念为构建中国特色社会主义政治经济学提供了理论框架[②]，其中共享是目的，构成了中国特色社会主义政治经济学的目的论。

第四，共享发展是高质量发展的根本目的，也是推动形成高质量发展的必要条件。党的十九大报告指出，我国经济已由高速增长阶段转向高质量发展阶段。中央经济工作会议也提出，推动高质量发展是当前和今后确定发展思路的根本要求。高质量发展是我国突破结构性矛盾、解决发展不平衡不充分，实现更有效率、更加公平、更可持续的必由之路。有学者认为，高质量发展就是共享发展成为根本目的的发展，共享发展可以充分调动绝大多数人积极性、主动性、创造性，成为推动形成高质量发展的必要条件。[③] 有学者提出，打好防范化解重大风险、精准脱贫、污染防治三大攻坚战，完善托底性社会政策、推进以人为中心的城镇化和公共服务均等化、破除体制机制弊端保障人民平等发展的权利和机会，既是共享发展的必然要求，也是推动形成高质量发展模式的主要路径[④]。

---

① 《以习近平新时代中国特色社会主义经济思想引领新时代经济发展——访清华大学国情研究院院长》，《中国纪检监察报》2018 年 1 月 18 日。

② 王东京：《马克思主义政治经济学中国化的最新理论成果——学习习近平新时代中国特色社会主义经济思想》，《光明日报》2018 年 1 月 9 日。

③ 林兆木：《关于我国经济高质量发展的几点认识》，《人民日报》2018 年 1 月 17 日。

④ 赵昌文：《推动我国经济实现高质量发展》，《学习时报》2017 年 12 月 25 日。

第二节　国外共享发展的理论渊源、核心概念和研究范式

一、国外共享发展的理论渊源

第一，发展理念的重大转型。二战后，西方发达国家在凯恩斯主义的影响下，在发展理念上实现了重大转型，即从自由资本主义时期的放任发展转向宏观管理资本主义的协调发展，实践上主要表现为深度的收入分配调节和广泛的福利型社会保障体系的实践，其实质是通过国家调节实现经济社会发展成果一定程度的共享。比如，收入分配方面，在初次分配环节，发达国家劳动收入占国民收入比重一直较高，据统计，20 世纪 60 年代中期以后，美国的劳动要素收入就保持在 70% 以上，直到近些年来一直保持在 75%—85% 左右。①在福利型社会保障体系建设方面，20 世纪五六十年代，以英国和瑞典为代表的发达国家基本建成了以全民性和普遍性保障为原则的福利体系。这是资本主义国家在发展理念转型之下取得的历史性进步。

第二，"以人的发展为中心"的新发展观。收入分配调节和社会保障体系主要是社会财富分配的共享，而共享发展更是一种整体性的发展理念。法国学者弗朗索瓦·佩鲁（Francois Perroux）于1979 年在《新发展观》一书中提出了一种整体性的、内生性的、综合性的以人为中心的社会新发展理论，被称为"新发展观"。佩鲁

---

① 参见【法】托马斯·皮凯蒂：《21 世纪资本论》，巴曙松等译，中信出版社 2014 年版，第 176 页。

坚称，只有把人自身价值的发展作为发展的根本目标，发展才有意义。在这种思想指导下，他得出了一个伟大的结论："发展＝经济增长＋社会变革"，即发展不仅仅是财富的增长，还包括在增长基础上减少不平等、失业与贫困。佩鲁提出把人的全面发展作为社会发展的目的和尺度，开启了发展理念的新时代。此后，学术界和国际机构才开始系统研究"如何使经济增长更加公平，增长成果能广泛惠及所有人"。[①] 在新发展观的基础上，联合国开发计划署从1990年开始每年发布全面衡量发展水平的人类发展指数（HDI），人类实现了对发展价值的多维衡量。

第三，以自由为核心的发展观。发展的内涵是全面，本质是自由。诺贝尔奖获得者阿马蒂亚·森 (Amartya Sen) 在其著作《以自由看待发展》中提出了发展的自由本质：人的自由是发展的目的，也是发展的手段。他讨论了发展中的贫困与不自由，对贫困原因的认识，经历了收入贫困→能力贫困→权利贫困的深化过程，深入到了贫困的根源，他提出：各种社会歧视、缺乏权利和社会保障是贫富差距和无法共享的真正原因。因此发展的实质是拓展人的自由，而自由的拓展，必须创造平等权利关系以及扩展人民参与经济社会事务的机会。[②]

第四，包容性发展理念。与对贫困原因及其解决途径认识的深化相对应的，是国际学界对增长理念的反思（见表1）。新世纪前后至今，增长理论经历了涓滴增长→基础广泛的增长（世界银行，2001）→益贫式增长或有利于穷人的增长（ADB，1999）→包容性增长（ADB，

---

① 参见【法】弗朗索瓦·佩鲁：《新发展观》，张宁等译，华夏出版社1987年版，第11页。

② 参见【印】阿玛蒂亚·森：《以自由看待发展》，任赜等译，中国人民大学出版社2002年版，第47—71页。

2008）① 的逻辑演进过程。增长理论逐步演进的重要背景，是世界范围内（尤其是亚洲的发展中国家）在取得 GDP 增长成就的同时，成果并未惠及所有人，反而造成了严重的贫富差距、社会分化和贫困，其根源被认为是部分社会群体和个体被排斥在经济社会发展机会之外，因此消除社会排斥，倡导包容性发展和共享性政策，就是必然的路径。国际机构关于增长理念的演进，成为当今世界共享发展的主要理论渊源。

表1：贫困内涵的深化与增长理念的演进

贫困内涵的深化	绝对收入贫困 缺乏基本的生存手段，主要指物质生活资料缺乏	相对收入贫困 收入低于既定社会中的均值，主要指基本能力和基础资源缺乏	能力贫困 在社会资源获取或分配上处于机会、能力与手段的劣势，主要指机会不平等	权利贫困 社会的结构性不平等和社会排斥导致弱势群体权利享有不足，主要指权利不平等
增长理论的演进	涓滴理论 (Trickle-down Theory) 增长成果通过市场机制使富人以消费、就业惠及贫困阶层或地区，带动其发展和富裕，从而自动消除贫困	基础广泛的增长 (Broad-based growth) 应有利于穷人在经济增长中获得人力资本的能力提升，重点在扩展穷人的就业机会	益贫式增长 (Pro-poor growth) 经济增长给穷人带来的增长比例应大于平均增长率，重点在于增长机会平等、扩充穷人经济机会	包容性增长 (Inclusive growth) 消除权利贫困和社会排斥、倡导机会平等和可持续，重点在于弱势群体共同参与，共享成果

资料来源：根据国际机构报告和相关研究文献整理。

二、国外共享发展的核心概念

截至目前，国外学界、政界和国际机构围绕共享发展提出了一些核心概念并作了阐释，对这些核心概念的界定和扩展，构成了国外共享发展研究的主要内容，因此核心概念是我们研究国外共享发展研究框架

---

① Asian Development Bank, Strategy 2020 , Asian Development Bank,2008.

的关键。

需要说明的是，国外关于"共享"的研究，最早源起于商业模式创新的需求，如 Belk（2007）将共享定义为，出于我们与他人的需要而相互给予或获取的分配行为和过程[①]。Felson（1978）在一篇关于协同消费的论文中首次提出了"共享经济"的概念[②]。随着网络经济的发展，共享经济在实践中获得了巨大的商业成功（如 Airbnb 和 Uber），这使得"共享经济"一词广为人知。作为商业模式的"共享经济"一词，正在深刻诠释当下经济社会的巨大变革，但作为发展理念意义上的共享发展，与此相关却又截然不同。本文的共享是发展理念意义上的。

第一，"共享式增长"。亚洲发展银行等国际机构和世行的经济学家在一系列研究报告[③]中提出并系统阐释了"共享式增长"（Inclusive Growth）概念，强调其核心要义是人人有平等机会参与增长过程，并分享增长成果。如亚洲开发银行在 "Strategy 2020" 中认为共享式增长战略包含两个重点：①增长是普遍扩展经济机会的增长；②保证社会成员参与增长并从中获益。Klasen（2010）认为，共享式增长重视结果共享性，但更注重过程的参与性与平等性。[④]

第二，"共享型社会"。秘鲁前总统亚历杭德罗·托莱多（2017）

---

① Belk,R., "Why not share rather than own", *Annals of the American Academy of Political and Social Science*, 611,2007,pp.126−140.

② Felson,M.,& Speath,J., "Community structure and collaborative consumption", *American Behavioral Scientist*,41,1978,pp. 614−624.

③ 国际机构研究"共享式增长"的报告主要包括：Ali, I.,Pro-Poor to Inclusive Growth: Asian Prescriptions，ERD Policy Brief ,No.48,2007；Ali,I.,& Zhuang,J., Inclusive Growth toward a Prosperous Asia:Policy Implications, ERD Working Paper, No.97,2007；Ali,I.,& Hyun H.,Defining and Measuring Inclusive Growth:Application to the Philippines, ERD Working Paper, No.98, 2007.

④ Klasen,S., Measuring and Monitoring Inclusive Growth: Multiple Definitions,Open Questions,and Some Constructive Proposals, Asian Development Bank Sustainable Development Working Paper, No.12,2010.

在其著作《共享型社会》中援引了马德里俱乐部对于共享社会的呼吁，提出了"共享型社会"的概念，认为共享型社会尊重每个人的人权、为每个人提供公平机会；共享型社会不仅仅关注经济增长，还关注人们的福利和机会是否得到尊重，其最终实现取决于经济增长、机会平等和民主制度的良性互动。①

第三，"权力共享"。美国哈佛大学教授皮帕·诺里斯 (Pippa Norris) 在著作《驱动民主：权力共享的制度能起作用吗？》中提出了"权力共享"(power sharing) 这一概念，即共享意味着政治决策过程向多重群体开放，各种利益群体都能参与决策和实施；②他认为，权力共享能在社会冲突的规制过程中制造出一个共赢 (win-win situation) 的局面，也唯有如此，才能缓和社会冲突、增强制度认同。

第四，"包容性制度"。麻省理工学院的德隆·阿西莫格鲁 (Daron Acemoglu) 和哈佛大学的詹姆斯·A. 罗宾逊 (James A. Robinson) 提出了"包容性制度"一词，认为包容性制度创造公平的竞争环境，鼓励所有人参与经济活动，使他们能够施展自己的天分和技能，并通过区分包容性 (inclusive) 和攫取性 (extractive) 制度，表达了共享发展的前提是建立包容性的经济政治制度的观点。③

三、国外共享发展的主要范式

由于共享发展是一个视角广泛的综合性术语，因而基于不同的学

---

① 【秘鲁】亚历杭德罗·托莱多：《共享型社会》，中国大百科全书出版社 2017 年版，第 3—5 页。

② Norris,P., *Driving Democracy:Do Power-sharing Institutions Work*,Cambridge University Press,2008,p.155.

③ Acemoglu, D., J.A.Robinson,*Why Nations Fail: Origins of Power,Poverty and Property*, Crown Publishing Group , 2012, pp.72−75.

科体系、研究视角和研究方式，形成了不同的研究范式。总体来说，国外学界基于经济学、政治学和哲学等学科背景及其学术流派，形成了三种主流的共享发展范式，被广泛认可和使用。

一是基于福利平等的共享发展范式。英国经济学家庇古从福利最大化原则出发评价经济体系，即要以最大多数人的最大幸福为发展的唯一旨归，他提出，国民收入分配越平等，越有利于增加社会经济福祉 ①。现代福利经济学则以帕累托最优标准作为最理想的分配原则。这实际上是在公平效率关系中强调成果共享的研究范式。二是基于资源平等的共享发展范式。罗尔斯将包括权利、机会、收入、财富与自尊在内的"基本善"的分配正义视为发展目的，"所有的社会基本善都应被平均地分配，除非对一些或所有社会基本善的一种不平等分配有利于最不利者。"② 这表达了为最不利群体谋利的观念。罗尔斯所构建的体系被认为是所有关于公平的解释中最令人满意的一种，实际上是强调权利和机会共享的研究范式。三是基于能力平等的共享发展范式。阿玛蒂亚·森提出了个体的"可行能力"（capability）概念③，超越了传统用收入和效用衡量福利的局限，而替之以人的权利和自由的拓展，进而使人的可行能力的提升和自由的拓展成为发展的最终目的。这种以人的可行能力的分析路径，更加注重对平等的考量和人的参与积极性的尊重，无疑是对共享发展实质的深刻揭示。

---

① 参见【英】庇古：《福利经济学》，商务印书馆 2001 年版，第 11—18 页。

② 【美】罗尔斯：《作为公平的正义：正义新论》，姚大志译，上海三联书店 2002 年版，第 94—95 页。

③ 【印】阿玛蒂亚·森：《以自由看待发展》，任赜等译，中国人民大学出版社 2002 年版，第 57—79 页。

第三节　已有研究评述与本研究概述

一、已有研究的比较、总结与展望

综合比较中外共享发展，我们可以发现明显不同的研究特点：

第一，从研究背景来看，国内共享发展研究与中国共产党治国理政的重大主题基本保持了同频共振，其研究脉络、研究线索和研究进展与党中央全会关于共享发展相关的重大决定和重大提法（如和谐社会、发展成果共享、社会公平保障、共享发展理念）的演进过程和演进内容保持了一致。从对 CNKI 学术文献的统计来看，中央全会每作出一个重大决定、提出一个全新提法，就会掀起一个研究的小高潮，故国内共享发展研究的政治性和政策性特征明显。而国外的共享发展，没有上升到执政党的话语体系和理论主张的层面，而是随着发展理念的转变提出的一种概念、掀起的一种思潮，民间性和经济性特征明显。

第二，从研究内容来看，国内共享发展研究，其核心要旨是"民生就是最大的政治""发展就是最大的政治"，因此，其内容主要围绕改善民生、解决公平正义问题、走共同富裕道路和规避发展陷阱（如中等收入陷阱）、全面建成小康等问题展开，其主要目标是"破解发展难题，厚植发展优势"；而国外共享发展研究，一些发展经济学家往往将主题集中在经济增长过程中实现平等、权利和机会以及消除贫困等方面，一些西方学者则是出于对自由民主理论的修正和补充，如对"权力共享""包容性制度"的研究。

第三，从研究方法来看，国内共享发展研究基本上形成了以马克思主义理论学科为主，经济学、社会学、政治学构成不同学科视角的学科支撑格局（从国内发表这方面论文的研究人员的不同学科分属可以看到），其理论主张、话语体系和研究范式较为统一；而国外的共享发展没有形成独立的理论体系，相关研究分散在经济学、政治学、哲学和社会学等不同学科之中，以经济学为主要背靠（从共享发展的相关概念和学术观点的贡献来看，世行、亚洲开发银行及其经济学家贡献较大），从对国外共享发展研究范式的梳理中也可以发现，其研究范式、研究方法差别较大。

从比较中可以发现，国外共享发展研究存在明显的缺陷，没有形成独立的理论体系，但就理论基础和研究视角、研究方法而言，是比较丰富的，这对我们重新审视国内共享发展研究具有重要启示价值，也为国内进一步深入共享发展研究提供了有益借鉴。

比较和借鉴国外共享发展研究，梳理国内共享发展研究的最新进展，国内研究还存在一些需要加强或突破的问题：

一是研究数量已经远远超越国外，但从研究类型上看，文件解读类多、政策建议类多、宏大叙事类多，与国外研究相比，有基础理论支撑和逻辑链条完整的系统性研究相对缺乏，实证研究和微观研究也有待加强。

二是研究方法单一、话语体系单调，特色不明显。与国外的多学科、多视角、多方法研究相比，国内已有研究的方法和视角大同小异，大都重复学界早已研究成熟的社会主义本质、群众史观、共同富裕、党的宗旨等，共享发展本身作为一个学科交叉概念，其应有的多学科、多维度、多视角的拓展性研究相对缺乏。

三是已有研究对共享发展的基本内涵、哲学基础、时代意义等理论阐释性研究比较充分，但共享发展的实施和实践研究比较薄弱，尤其是共享发展实现机制研究薄弱，即使部分学者关注共享发展实现机制，也基本上集中于收入分配、社会保障、转移支付、扶贫脱贫等发展成果共享层面。与之相比，国外共享研究，早就突破了发展成果共享层面，大多数研究一开始就集中在发展权利、发展机会共享方面。无论从"共享式增长"到"以自由看待发展"等发展理念的突破来看，还是从"资源平等的共享发展"到"能力平等的共享发展"等研究范式的演进来看，都更为重视落实权利平等、机会平等。在人民美好生活在民主、法治、公平、正义层面有更多需求的背景下，权利共享和机会共享等内容是国内研究需要进一步拓展的。

四是通过梳理国内共享发展研究的最新进展，我们认为，中国特色社会主义新时代是共享发展的全新境遇，也是共享发展研究的学术生长点，必须深化中国特色社会主义新时代的共享发展研究，比如作为习近平新时代中国特色社会主义经济思想重要内容的共享发展研究，马克思主义政治经济学的新发展与共享发展研究、全面建成小康社会与共享发展研究、基本实现社会主义现代化与共享发展研究、社会主要矛盾变化背景下的共享发展研究等等，这些新课题将是今后一段时期国内共享发展研究的重点方向。

二、本书的研究价值

已有研究的相对不足和薄弱，是本书试图加强和突破的重点，也是本书的研究价值，具体来说：

第一，本书将共享发展置于我国社会主要矛盾转化的新要求下，明确了社会主要矛盾变化使共享发展进入新境遇，明确了共享发展的"人民美好生活需要"新内核，以此赋予共享发展新的研究依据和解释框架，拓展了共享发展新的研究视角。

第二，本书以社会主要矛盾变化为研究依据，论证了共享发展的全新境遇、理论内涵、实现机理和实现机制，在逻辑上以共享境遇铺垫共享理论，以共享机理铺垫共享机制，以期在社会主要矛盾变化新要求下对共享发展进行逻辑链条完整的系统性研究。

第三，本书适应人民美好生活在民主、法治、公平、正义等方面的新需要，并基于共享发展"人人参与、人人尽力、人人享有"和"注重机会公平"的内生逻辑，提出了发展权利共享、发展机会共享和发展成果共享的共享发展实现路径，试图突破以往只注重发展成果共享，而忽视发展权利共享和发展机会共享的研究局限。

三、本书的研究内容

本书的研究对象是社会主要矛盾变化新要求下的共享发展理念及其实现机制，具体来说，就是以社会主要矛盾及其变化为背景依据，研究社会主要矛盾变化赋予共享发展的新境遇新内涵，对共享发展的依据、目标、途径进行再阐释，并试图建构支撑共享发展新内涵的共享发展实现机制。

本书的总体框架与基本思路如下：

共享发展研究概述。系统梳理国内外关于共享发展理念研究的最新进展和重要观点，全面分析国内外共享发展理论的基本脉络和基本范式，明确共享发展目前研究的薄弱不足和未来研究的方向进路，以此凸显本书的研究价值和研究意义，并对本书作出简要概述。

共享发展及其新时代意蕴。主要是梳理共享发展理念的形成过程、理论内涵、主要内容和鲜明特征，揭示共享发展的核心要义和基本逻辑，在此基础上，明确共享发展是新时代基本方略的重要组成部分，明确共享发展的新时代方略意义，映衬共享发展在新时代发展中的重要实践价值。

社会主要矛盾变化及其新要求。一般意义上研究社会主要矛盾的作用和抓主要矛盾的意义，重点研究社会主要矛盾转化及其基本规律，从整体上把握社会主要矛盾转化对党和国家工作全局提出的新要求，从而为新时代的共享发展提供背景依据，为社会主要矛盾变化新要求下的共享发展研究奠定学术基础。

社会主要矛盾变化：共享发展的新境遇。具体到社会主要矛盾的转化对共享发展提出的新要求，着重研究社会主要矛盾的历史性全局性变化如何影响共享发展及其实现机制，从更广阔的哲学依据和政治经济学依据中审视社会主要矛盾变化及其新要求与新时代的共享发展的内在关系，从而明确社会主要矛盾变化使共享发展进入全新境遇。

社会主要矛盾变化赋予共享发展新内核。系统研究社会主要矛盾变化从三个方面确立了共享发展的新依据；系统论证适应社会主要矛盾变化的新要求，应赋予共享发展满足人民美好生活需要的新目标，应坚持共享发展解决不平衡不充分发展问题的新途径。明确了社会主要矛盾变化赋予共享发展新依据、新目标、新途径。并在此基础上得出结论，社会主要矛盾变化新要求下共享发展实现了新的理论飞跃。

社会主要矛盾变化新要求下共享发展的新意涵。社会主要矛盾变化新要求下共享发展有了新特征，共享内容、共享层次、共享基础、共享短板都有新变化；社会主要矛盾变化新要求下共享发展评价也有了新要素；同时，共享发展有了新挑战，主要是满足人民共享发展机会，共享优美生态环境需要和美好生活文化需要的制约更加明显。

社会主要矛盾变化新要求下共享发展实现机制。以人民美好生活需要为新目标、以解决不平衡不充分的发展问题为新途径，审视社会主要矛盾变化新要求下共享发展的实现机制，提出要通过建立发展权利共享机制、发展机会共享机制和发展成果共享机制，来满足人民发展权利需要、发展机会需要和发展成果需要。

四、本书的研究特点、重难点和研究方法

（一）研究特点

与同类研究相比，本书具有如下特点：

第一，在研究视角上，本书将共享发展置于社会主要矛盾变化新要求下研究。一方面，契合了新时代中国特色社会主义理论创新的最新动态，使研究具有前瞻性；另一方面，赋予了共享发展新的研究依据和解释框架。一定程度上拓展了共享发展的研究视野，有助于将共享发展研究推向纵深。

第二，在研究内容上，本书以我国社会主要矛盾变化为主要依据，通过明确社会主要矛盾变化使共享发展进入新境遇，明确共享发展的新内核，对共享发展的理论内涵和目标层次进行了重新阐释，并据此建立了支撑共享发展新内涵的共享实现机制。

第三，在实现路径上，本书以满足人民日益增长的美好生活需要为目标导向，在发展成果共享的基础上，着重阐述了发展权利共享和发展机会共享，适应了人民在民主、法治、公平、正义方面的新需要，适应了社会主要矛盾变化带来的新要求。

（二）重点和难点

本书的研究重点主要包括：

第一，揭示社会主要矛盾变化对共享发展提出的新要求，进而阐释社会主要矛盾变化新要求赋予共享发展的新内涵。

第二，以人民日益增长的民主、法治、公平、正义需要为主要导向，着重从发展权利共享机制、发展机会共享机制和发展成果共享机制三方

面，建构支撑共享发展新内涵的共享实现机制。

本书的研究难点主要有：

第一，社会主要矛盾变化带来的历史性、全局性新要求，目前还是一个全新的命题，因而对社会主要矛盾变化与共享发展的内在关系、社会主要矛盾变化对共享发展提出的新要求，以及共享发展应对社会主要矛盾变化的基本方略的研究，需要大量基础性的学理论证。

第二，共享发展的实现非常复杂，需要系统性的共享制度的安排和共享机制的建构，更需要长期性的高质量发展作为基础，因此在建构共享发展实现机制的过程中，需要特别把握好发展与共享、共建与共享等一系列重大关系。

（三）研究方法

根据以上研究特点要攻破的重难点，本书主要采用了以下研究方法：

第一，多学科综合研究法：鉴于共享发展和社会主要矛盾都是交叉学科概念，其研究成果分布在多种学科中，因此本书充分借鉴和运用政治学、经济学、社会学的理论主张和分析工具，比如经济学对共享内涵的界定，政治经济学对社会主要矛盾转变的分析，社会学对社会机制的分析，进行综合研究。

第二，模型分析法：通过抓住实现共享发展的目标、过程、要素、方法和内容等关键变量，建立共享发展实现的基本模型，分析共享发展的实现机理。

第三，理论研究和应用研究结合的方法：在完成社会主要矛盾变化与共享发展内在关系、共享发展的理论内涵、共享发展的实现机理等理论研究的基础上，对我国现有的共享发展的制度体制进行梳理、整合和应用，建构共享发展实现机制。

由于社会主要矛盾变化与共享发展都是非常复杂且涉及面非常广的命题，社会主要矛盾变化对共享发展的新要求在社会科学领域中也是一个较新的课题，因此这项研究工作具有一定的多元性和探索性，加上研究者的研究背景和研究能力所限，本研究难免存在一些不足，也有很多未尽问题待日后作更进一步研究。

| 第二章 | 共享发展及其新时代意蕴

党的十八届五中全会首次提出了创新、协调、绿色、开放、共享五大发展理念。党的十九大将新发展理念作为新时代基本方略的重要组成部分，赋予新发展理念新时代基本方略意义。共享发展理念是五大发展理念的出发点和落脚点，是新时代指引我国发展理论与实践的重要指针。本章我们着重梳理共享发展理念的形成过程、理论内涵、主要内容和鲜明特征，探究共享发展鲜明的价值取向和问题指向，研究其核心要义和基本逻辑框架，在此基础上明确共享发展的新时代意蕴。

第一节　共享发展的形成与内涵

一、共享发展的形成过程

（一）共享发展的科学社会主义理论基础

当代中国的共享发展理念，就其渊源来说，来源于马克思主义的科学社会主义理论。科学社会主义致力于实现以劳动人民为主体的广大人民群众的最根本利益。马克思对无产阶级运动性质和宗旨的揭示，奠定了共享发展的理论基础。在代表科学社会主义诞生的《共产党宣言》中，马克思恩格斯在对当时西方国家生产方式和人类社会历史规律全面考察的基础上，深刻指出，"无产阶级的运动是绝大多数人的，为绝大多数人谋利益的独立的运动"[①]。马克思主义从一开始就表明了无产阶级运动的立场："为绝大多数人谋利益"。后来，马克思在《政治经济学批判》中明确提出，"社会生产力的发展如此迅速……生产将以所有人的富裕为目的"。

习近平指出，"按照马克思、恩格斯的构想，共产主义社会将彻底消除阶级之间、城乡之间、脑力劳动和体力劳动之间的对立和差别，实行各尽所能、按需分配，真正实现社会共享、实现每个人自由而全面的发展"[②]。在经典巨著《资本论》中，马克思恩格斯简明地把社会主义和共产主义称为"自由人联合体"[③]，在恩格斯看来，"人人都必须劳动的条件下，人人也都将同等地、愈益丰富地得到生活资料、享受资料、发展和表现一切体力和智力所需的资料。"[④]也就是说，未来社会是人们共同参与劳动，共同创造财富，共同分享财富的社会。可见，共产主义社会必然是一个追求高度共享的社会，共享构成了共产主义社会的重要特征。作为共产主义社会的第一阶段，社会主义生产关系将为全体社会成员主体的物质和精神需要以及自由发展，提供必要条件，共享发展也是社会主义的基本原则之一。

（二）社会主义生产和分配的基本原则

在以马克思主义为指导的中国共产党的历史上，毛泽东提出并实

---

① 《马克思恩格斯选集》第 1 卷，人民出版社 2012 年版，第 411 页。
② 习近平：《深入理解新发展理念》，《求是》2019 年第 10 期。
③ 《马克思恩格斯选集》第 2 卷，人民出版社 2012 年版，第 126 页。
④ 《马克思恩格斯选集》第 1 卷，人民出版社 2012 年版，第 326 页。

践了朴素的共享发展意识。尤其是新中国成立后，毛泽东在社会主义改造、社会主义建设和社会主义生产分配方面严格遵循了体现社会主义价值立场的共享理念。

社会主义生产关系的核心是全体人民共享生产资料。早在1945年的《论联合政府》中，毛泽东就指出："在现阶段上，中国的经济，必须是由国家经营、私人经营和合作社经营三者组成的。"而这个国家，"一定要是在无产阶级领导下而'为一般平民所共有'的新民主主义的国家"[①]。在毛泽东看来，全体人民共享生产资料，"必然使生产力大大地获得解放"[②]。这些重要论述充分体现了社会主义制度的共享特征，也充分体现了毛泽东在对社会主义制度的探索过程中对共享的坚持和运用。

要促进生产力的发展，就必须坚持社会主义生产过程中劳动者的平等关系和劳动群众参与管理的权利。1956年11月，在中共八届中央委员会第二次全体会议上，毛泽东提出：生产力有两项，一项是人，一项是工具。工具是人制造的。工具要革命，它会通过人来讲话，通过劳动者来讲话，破坏旧的生产关系，破坏旧的社会关系。这形象地说明了，生产力的解放首先是人的解放、劳动者的解放，要解放劳动者，唯一途径是建立社会主义的生产关系。在社会主义生产关系下，劳动群众拥有管理国家、管理企业的权利。1959年毛泽东在读斯大林的《苏联社会主义经济问题》时指出："人民在这些人的管理下享受劳动、教育、社会保险等等权利。""劳动者有管理国家、管理军队、管理各种企业、

---

① 《毛泽东选集》第3卷，人民出版社1991年版，第1058页。
② 《毛泽东文集》第3卷，人民出版社1991年版，第1058页。

管理文化教育的权利。"①在毛泽东看来，企业的管理，实际上属于劳动生产过程中的人与人的关系，这种关系反映的是社会主义社会制度特征。因此，企业管理要采取集中领导和群众运动相结合的方式，工人群众、领导干部和技术人员三结合，让干部参加劳动，工人参加管理，不断改革不合理的规章制度。

在分配方面，毛泽东更多地强调要防止收入差距过大，坚持共同富裕。社会主义生产关系条件下，经济发展的目的是广大人民的共同富裕，特别是要让穷苦人民实现共同富裕。"生产关系包括生产资料所有制、劳动生产中人与人的关系、分配制度这三个方面"，他认为，如果只讲按劳分配，人们由于先天条件、个人能力和家庭负担等方面的差别，必然会产生两极分化。20世纪50年代，在土改完成后，他也是基于此主张迅速推进农业合作化，他说："在土地改革后，农民发生了分化……要巩固工农联盟，我们就得领导农民走社会主义道路，使农民群众共同富裕起来"。在对资本主义工商业进行社会主义改造时，他还指出，社会主义制度"这个富，是共同的富，这个强，是共同的强"②。他担心一味强调等价交换原则，就会使企业的管理者和脑力劳动者逐渐形成相对体力劳动者的"贵族阶层"，以至于在"文化大革命"中进一步发展到批判按劳分配，认为"资产阶级法权"跟旧社会差不多。

可见，无论是对社会主义制度的探索，还是对共产主义价值的追求；无论是对社会主义生产关系的认识，还是对社会主义的生产和分配关系的调整，共享一直是蕴含在其中的基本原则。但由于时代的局限，

---

① 中华人民共和国国史学会编：《毛泽东社会主义政治经济学批注和谈话》（上），1998年1月，第275—276页。

② 《毛泽东文集》第6卷，人民出版社1999年版，第495页。

当时对共享的理解倾向于平均主义，无法形成对社会主义条件下共享的科学理解。

（三）社会主义本质对共享发展理念的科学揭示

改革开放后，以邓小平同志为核心的党的第二代中央领导集体深刻总结了新中国成立以来正反两方面的经验教训，在此基础上，形成了对"什么是社会主义、怎样建设社会主义"的新认识，这其中内含着对社会主义初级阶段共享发展的科学揭示。

邓小平首先批评了将共享看作平均主义的错误理解。早在1975年8月18日《关于发展工业的几点意见》中，邓小平指出："坚持按劳分配原则。这在社会主义建设中始终是一个很大的问题，大家都要动脑筋想一想……如果不管贡献大小、技术高低、能力强弱、劳动轻重，工资都是四五十块钱"，"这怎么能调动人们的积极性？"在改革开放实践中，邓小平逐步明确了"既反对平均主义，又防止两极分化"的"大政策"。1978年12月，党的十一届三中全会提出，"必须克服平均主义"。随着改革的推进，商品经济快速发展，贫富差距开始显现，很多人开始担心我们的社会主义性质会变，邓小平指出，"我们的政策是不使社会导致两极分化。"1990年12月24日，邓小平第一次把共同富裕定位为体现社会主义的本质的重要标志。他指出："社会主义最大的优越性就是共同富裕。"1992年初在南方谈话中，邓小平完整概括了社会主义的本质。这一概括既坚持了科学社会主义的基本原则，又符合中国社会主义初级阶段生产力发展的现实国情。

社会主义本质理论的探索，经历了平均主义不是社会主义，到社会主义的原则是共同富裕；经历了正确认识先富与后富的关系，再到共同富裕是社会主义的本质的概括。社会主义本质理论的表述，既强调首先要解放和发展生产力、更加注重效率，也坚持了科学社会主义的共同富裕目标和人民共享原则，蕴含了对社会主义初级阶段共享发展的科学理解和深刻揭示。当然，改革开放初期的社会主义初级阶段，生产力水平比较低、人民生活水平普遍不高，在实践中，实现共同富裕并没有充分的现实基础，这使得解放和发展生产力一直被作为社会主义本质的重点来强调，共同富裕在实践中并没有很好地推进和落实。但是，作为对中国特色社会主义的理论概括和性质框定，消除两极分化、实现共同富裕思想，为我国社会生产力水平普遍提高条件下，依据新发展阶段的特征和变化了的基本国情，正式提出共享发展理念，提供了重要启示、奠定了理论基础。

（四）共享经济社会发展成果

党的十三届四中全会以后，以江泽民同志为核心的第三代中央领导集体坚持和发展了邓小平关于建设有中国特色的社会主义的重要理论，在建立和完善社会主义市场经济体制过程中，提出了社会主义公平与效率的关系、实现社会主义共同富裕以及共享经济社会发展成果等重要思想，明确提出了"共享"的概念。

党的十四大明确提出社会主义市场经济要"兼顾效率与公平"[①]。党的十四届三中全会也对公平与效率的关系作出了系统阐述："个人收入分配，要体现效率优先、兼顾公平的原则"。在中央扶贫开发工作会议上，江泽民指出，我们发展社会主义市场经济体制，既要追求资源配置的效率目标，也要兼顾公平原则，更要对贫困地区采取有效的扶持政策。

实现共同富裕是社会主义市场经济的重要目标。江泽民指出，"实现共同富裕，是社会主义的最大优越性，这个目标是不会改变的，是

---

① 《江泽民文选》第 1 卷，人民出版社 2006 年版，第 227 页。

一定要实现的"①。"从根本上说，高效率、社会公正和共同富裕是社会主义制度本质决定的"②。党的十四届三中全会重申：要"坚持鼓励一部分地区一部分人通过诚实劳动和合法经营先富起来的政策，提倡先富带动和帮助后富，逐步实现共同富裕"③。党的十六大报告提出，要以共同富裕为目标，扩大中等收入者比重，提高低收入者收入水平。

"共享"一词正式作为政治词汇和书面语言最早出现在 1997 年党的十五大报告中，报告在阐述党在社会主义初级阶段的经济纲领时指出，中国特色社会主义经济的基本目标是"保证国民经济持续快速健康发展，人民共享经济繁荣成果"④。此后，"共享"的表述开始频繁在党和政府的相关文件中出现。1998 年，在纪念十一届三中全会召开二十周年大会上，江泽民同志再次明确提出："整个改革开放和现代化建设的过程中，都要努力使工人、农民、知识分子和其他群众共同享受到经济社会发展的成果。"⑤2002 年党的十六大把"保证人民共享发展成果"作为党的十三届四中全会以来"十分宝贵的经验"⑥之一提出来，表明让"人民共享发展成果"成为改革开放后建设中国特色社会主义的基本原则，需要一直坚持、发展和运用。

（五）发展为了人民、发展依靠人民、发展成果由人民共享

进入 21 世纪，我国的发展进入新的阶段，经济社会发展呈现出许多新的阶段性特征。主要体现在：一方面经过 20 多年的改革开放，

① 《江泽民论有中国特色社会主义（专题摘编）》，中央文献出版社 2002 年版，第 164 页。

② 江泽民：《论社会主义市场经济》，中央文献出版社 2006 年版，第 137 页。

③ 《改革开放三十年重要文献选编》（上），中央文献出版社 2008 年版，第 741 页。

④ 《十五大以来重要文献选编》（上），人民出版社 2000 年版，第 19 页。

⑤ 《江泽民文选》第 2 卷，人民出版社 2006 年版，第 262 页。

⑥ 《十六大以来重要文献选编》（上），中央文献出版社 2005 年版，第 6 页。

经济已经较长时期保持了持续快速增长，国家财力明显增强，2003 年人均国内生产总值突破 1000 美元，人民群众普遍受惠，生活水平总体上进入小康社会；另一方面，经济结构发生深刻变化，社会利益关系越来越复杂，不同社会群体的收入差距迅速拉大，人民群众的公平意识越来越强，社会矛盾越来越多发，我国进入快速发展期和社会矛盾高发期。

2003 年，以胡锦涛同志为总书记的党中央，立足我国新的发展阶段，总结国内外发展经验，提出了科学发展观，进一步丰富和发展了共享的科学内涵。科学发展观的核心是坚持"以人为本"，强调"发展为了人民、发展依靠人民、发展成果由人民共享"①。同时，科学发展观坚持统筹兼顾的根本方法，要求统筹城乡发展与区域发展、统筹经济社会发展，为实现共享发展开辟了新的途径。2007 年党的十七大提出，贯彻落实科学发展观必须坚持"发展为了人民、发展依靠人民、发展成果由人民共享"②。2007 年全国两会上，胡锦涛指出，构建和谐社会，一定要在党的领导下，最大限度地激发广大人民群众的参与热情和创造活力，真正做到在共建中共享、在共享中共建。2010 年党的十七届五中全会在制定"十二五"规划建议时明确，在全面建设小康社会的关键时期，要走共同富裕道路，"使发展成果惠及全体人民"。这些重要论述深刻揭示了共享发展的思想实质和科学内涵。

在公平与效率问题上也有了新的思路，开始更加注重社会公平。针对社会利益分化加剧、贫富差距越拉越大等问题，胡锦涛提出，要"妥善处理效率和公平的关系，更加注重社会公平"③，要"把维护社会公

---

① 《十七大以来重要文献选编》（上），中央文献出版社 2009 年版，第 12 页。
② 《十七大以来重要文献选编》（上），中央文献出版社 2009 年版，第 12 页。
③ 《十六大以来重要文献选编》（中），中央文献出版社 2006 年版，第 604 页。

平放到更加突出的位置"，"逐步建立以权利公平、机会公平、规则公平、分配公平为主要内容的社会公平保障体系"[①]。2007 年在党的十七大报告中，胡锦涛同志进一步提出，必须"努力使全体人民学有所教、劳有所得、病有所医、老有所养、住有所居，推动建设和谐社会"[②]。在实践中，党和国家加快推进以改善民生为重点的社会建设，覆盖城乡居民的社会保障体系建设取得了实质性进展，义务教育、新型合作医疗、社会保障、社会救助等社会事业极大发展，以公共财政为基础的服务型政府和公共服务体系得以确立，更加注重关注社会弱势群体，保障人民基本生活，积极构建共享发展成果的实现机制。这些都为社会公平提供了更有力的政策和法律保障，为发展成果由人民共享探索了具体实现路径，为共享发展理念的提出奠定了实践基础。

（六）新发展理念的出发点和落脚点

党的十八大以来，世情、国情和党情发生深刻变化，我国的发展处于新的历史方位上。一方面，我国仍然处于社会主义初级阶段，仍然是世界上最大的发展中国家，发展仍然是解决中国一切问题的关键；另一方面，我国经济社会发展站在了新的起点上，综合国力明显提升，我国日渐走近世界舞台中央，中华民族前所未有地接近全面复兴的伟大目标。一方面，我国经济发展进入新常态，全面深化改革和全面依法治国进入深水区，我国面临中等收入陷阱的历史性考验；另一方面，我国处于全面建成小康社会决胜期、"两个一百年"奋斗目标的历史交汇期。行百里者半九十，在这关键历史时期，只有我们付出更为艰巨、更为艰苦的努力，中华民族伟大复兴才有更加光明的前景，中国人民更加美好

---

① 《十六大以来重要文献选编》（中），中央文献出版社 2006 年版，第 712 页。
② 《十七大以来重要文献选编》（上），中央文献出版社 2009 年版，第 29 页。

的生活才有更加可期的未来。在全面建成小康社会的决胜阶段，必须把发展放在更加重要的位置，但发展必须是科学发展，必须坚持新发展理念，不断破解发展难题、增强发展动力、厚植发展优势；必须更加注重满足人民的美好生活需要，必须把解决贫困人口的基本民生放在优先位置。以习近平同志为核心的党中央提出，必须继续推动科学发展，促进社会和谐，持续改善人民生活，增进人民福祉，为实现中华民族伟大复兴的中国梦，提供源源不断的动力。

在十八届中央一中全会中外记者见面会上，习近平总书记指出，"人民对美好生活的向往，就是我们的奋斗目标"。在第十二届全国人民代表大会第一次会议上习近平当选为国家主席，在闭幕会上他发表讲话指出：生活在我们伟大祖国和伟大时代的中国人民，共同享有人生出彩的机会。在此之后，习近平总书记在各个场合各个语境中多次谈到共享理念，从中国特色社会主义的本质要求，到关系十几亿中国人民福祉的科学发展理念；从满足人民美好生活需要，到全面小康一个也不能少；从共享改革发展成果，到发展成果更多更公平惠及全体人民；从发展成果共享，到发展机会共享。这些重要提法和重要观点，实现了发展理念的聚合、升华和突破，开创了马克思主义发展理论的新境界。

党的十八届五中全会首次正式提出了"创新、协调、绿色、开放、共享"的五大发展理念，第一次对共享发展的核心思想和科学定位作出了重要论述，标志着共享发展理念的正式形成。同时提出，共享是五大发展理念的出发点和落脚点，这是对其科学定位，表明了共享理念在五大发展理念中的地位作用。2016年1月，在省部级主要领导干部学习十八届五中全会精神专题研讨班上，习近平总书记系统阐述了共享发展理念的科学内涵和基本要求。党的十九大报告再次指出，发展是解决我国一切问题的基础和关键，发展必须是科学发展，必须将五大发展理念作为新时代坚持和发展中国特色社会主义的基本方略。党的十八届五中全会提出的共享发展理念，明确了我国以人民为中心的发展的价值取向，成为习近平治国理政的思想结晶，为当前和今后一段时期我国经济社会发展指明了方向。

二、共享发展的理论内涵

共享发展理念具有非常丰富的内涵。牢固树立和贯彻共享发展理念，首先要准确理解其理论内涵。2016 年 1 月 18 日，习近平总书记在省部级主要领导干部学习贯彻党的十八届五中全会精神专题研讨班上，从四个方面阐述了共享发展理念的基本内涵。

（一）全民共享

全民共享指明了共享的主体是全民，即全体人民都要从改革发展中受益，改革发展成果要更多更公平惠及全体人民。习近平总书记指出，"国家建设是全体人民共同的事业，国家发展过程也是全体人民共享成果的过程"，"共享发展是人人享有、各得其所，不是少数人共享、一部分人共享"①。这些深刻论述充分阐明了共享的主体是全体人民。在社会主义建设时期，人民的范围非常广泛，不仅包括工人、农民和知识分子，而且包括一切拥护社会主义的爱国者和拥护祖国统一的爱国者。人民既是抽象的、整体的，又是具体的、个别的。全民共享就要使各民族、各地区、各阶层、各群体的全体人民普遍享受到改革发展的成果，一个民族也不能少，一个人也不能掉队。

改革开放几十年，我国经济总量的"蛋糕"不断做大，人民生活

---

① 《习近平谈治国理政》第二卷，外文出版社 2017 年版，第 215 页。

水平普遍提高，但是地区和地区之间发展差距大，部分群体、部分阶层实现了率先富裕，部分群体和阶层发展成果共享水平不够，甚至还比较贫穷；社会财富的分配格局存在许多不合理之处，收入差距较大、分配不公平问题反映在城乡之间、不同地域、不同行业之间。要实现全民共享，就必须作出更有效的制度安排，在继续把"蛋糕"做大的同时，把"蛋糕"分好，重点解决好分配不公问题，收入差距问题以及城乡、区域公共服务水平差距问题，防止出现"富者累巨万，而贫者食糟糠"的现象。

"十三五"时期是我国决胜全面建成小康社会的阶段，全面小康社会的核心是全面，这里的"全面"体现在覆盖人群的全面，体现在覆盖区域的全面，即全面小康是不让一个人掉队的小康、不让一个区域掉队的小康。这意味着全国各个地区和各个群体最后都要迈入小康社会，它要求我们必须抓住重点、补齐短板，特别是要加大对困难群众的帮扶力度，坚决打赢农村贫困人口脱贫攻坚战，确保到 2020 年所有贫困地区、贫困人口一道迈入全面小康社会。

（二）全面共享

全面共享是"一个方面都不能少"的共享，指的是共享的客体和内容要全面。人民的需求是全面的需求，社会的发展也是全面的发展，这决定了共享的客体具有全面性。习近平总书记指出："共享发展就要共享国家经济、政治、文化、社会、生态各方面建设成果，全面保障人民在各方面的合法权益"[①]。从共享的领域来看，经济发展成果是共享最基础的内容，但不是唯一内容，随着社会的全面进步和人的自由全面发展，人民对民主法治、精神文化、社会保障、生态环境等方面共享的

---

① 《习近平谈治国理政》第二卷，外文出版社 2017 年版，第 215 页。

需求更加强烈；从共享的对象来看，全面共享包括了发展权利共享、发展机会共享和发展成果共享，这要求我们必须维护社会公平正义，保障人民平等参与、平等发展的权利；从共享内容的变化来看，人民共享的水平是不断提高和升级的，而不是停滞不动的。这说明，共享的内容也是动态变化的，是随着经济社会整体发展和人的自由全面发展而逐步升级的。

全面共享涉及经济、政治、文化、社会、生态文明等方方面面，必须全面推进，但同时，在特定时期内也要重点突破。当前，根据我国经济社会发展的目标要求和人民美好生活需要的重心所在，要着重围绕解决人民群众最关心最直接最现实的利益问题，抓住人民群众最急最忧最怨的问题，解决好民生问题，要在解决人民群众的住房、就业、上学、食品安全、退休养老、医疗卫生、环境污染等重大现实问题上取得进展，不断提高人民的获得感幸福感安全感。

（三）共建共享

共建共享强调人民在共享发展中的积极性和主动性，其基本含义是"人人参与、人人尽力、人人享有、人人出彩"。共建共享体现了集中人民智慧和发挥人民首创精神的基本精神，构成了共享发展的根本要求。一方面，共建是共享的基础和前提，人人共享需要人人共建。"共享"不等同于"分享"，共建是全体人民应尽的义务，没有共建的共享是不可持续的，没有共建的共享是片面的。另一方面，共享是全体人民的权利，也是发展的最终目的，没有共享的共建背离了社会主义的基本要求，也不可能长久持续。

依靠人民是共享发展的根本保障。紧紧依靠人民是马克思主义唯物史观的基本观点，人民群众中蕴藏着巨大的力量、蕴藏着无穷的智慧。从人民中汲取力量、获取支持、获得动力，是发展得以延续的有力保障。

只有尊重人民主体地位，发挥人民主人翁精神，激发人民力量，才能形成"人人参与、人人尽力、人人享有"的生动局面；只有尊重劳动、尊重知识、尊重人才，才能最大限度释放人民的创造潜能，才能真正让一切劳动、知识、技术、管理、资本的活力竞相迸发，让一切创造社会财富的源泉充分涌流，才能真正实现共享。正是在这个意义上，共建是共享的前提和基础。

人民共同参与是共享发展的根本途径。习近平总书记指出，人世间的一切幸福都需要靠辛勤的劳动来创造。人民幸福而美好的生活"根本上靠劳动、靠劳动者创造"①。只有人民的共同劳动、共同创造、共同参与，才能为共享提供不竭动力，经济社会发展才有动力、经济社会发展成果才能不断增长；也只有共同劳动、共同创造、共同参与，人们才有"共同享有人生出彩的机会，共同享有同祖国和时代一起成长与进步的机会"。在这个意义上，共建是共享的实现方式和实现途径。

（四）渐进共享

共享发展不是一蹴而就的，而是一个渐进的过程。渐进共享意味着：第一，共享发展必然要经历一个从低级到高级、从不均衡到均衡的渐进过程。共享发展也不可能齐步走，必须立足国情，根据经济社会发展实际水平，有节奏、有步骤、有计划地逐步递进；第二，保证全体人民共享发展成果，并不意味着每个个体和所有的社会群体都能同时同地、同质同量、同形同构地享有改革发展成果，正如习近平总书记指出的，"即使达到很高的水平也会有差别"②。因此，全体人民共享改革发展成果，必然要伴随着经济社会整体的历史性进步，因为共享具有历史的阶段性；

---

① 习近平：《在庆祝"五一"国际劳动节暨表彰全国劳动模范和先进工作者大会上的讲话》，《人民日报》2015 年 5 月 28 日。

② 《习近平谈治国理政》第二卷，外文出版社 2017 年版，第 216 页。

渐进共享意味着全面共享必须考虑到不同区域、不同发展水平、不同发展阶段的特殊历史地理原因，因为共享具有实际的层次性；渐进共享意味着全民共享要考虑到不同主体长期形成的实际差异和主观能动性的不同发挥，因为共享依赖于主观能动的差异性。渐进共享要求我们既不能重蹈超越阶段、欲速不达的覆辙，要量力而行；也不能只停留在口头上，必须积极而为，尽力解决基本民生问题，不断解决好人民最关心最直接最现实的利益问题，不断提升人民群众的获得感幸福感安全感。

当前，我国仍然处于社会主义初级阶段，发展不平衡、不协调、不可持续问题比较突出，人口多、资源少、发展任务繁重；现阶段产业结构不合理、发展方式不可持续、生态环境恶化等方面的问题依然很突出，尤其是涉及共享发展理念的分配不公、贫富分化等问题不可能在短时间内得到解决。我国发展仍处于可以大有作为的重要机遇期，但也面临许多严峻挑战，随着我国由大转强大，外部竞争和发展环境将更加复杂。我国虽然经济总量直追世界第一的美国，综合国力大幅提升，但是无论人均 GDP，还是教育科技水平，与发达国家相比差距依然很大；即使我国经济总量超过美国、基本实现了社会主义现代化，人们也无法坐享其成。因此，渐进共享要求我们，共享发展战略和共享制度的设计实施，必须立足本国国情，坚持实事求是，从实际情况出发，使主观世界更好符合客观世界，使美好愿望更好符合社会发展实际承受能力，更好把握我国社会共享发展规律。

渐进共享也要积极作为，尤其要加大对落后地区、低收入群体的投入支持力度，实施好精准扶贫，让先富带动后富不断取得新的进展；要改革收入分配制度、打破行业垄断、地区壁垒，在推进基本公共服务均等化、形成橄榄型社会结构等方面，不断取得新进展；要努力使全体人民在"学有所教、劳有所得、病有所医、老有所养、住有所居"上不断取得新进展，实现经济社会发展和共享发展成果的良性循环。

三、共享发展的主要内容

新发展理念是我国"十三五"乃至更长时期发展思路、发展方向、发展着力点的集中体现，必须要落实到具体的发展议题和政策措施方面。新发展理念也是我国现阶段发展面临的突出矛盾和巨大挑战的有效破解之道，必须要有针对性地破解相关发展难题。共享发展的主要内容，基本上围绕当前全面建成小康社会和实现共同富裕的目标指向以及解决当前影响社会公平正义的迫切问题而展开。

党的十八届五中全会在"坚持共享发展，着力增进人民福祉"部分强调，要按照人人参与、人人尽力、人人享有的要求，坚守底线、突出重点、完善制度、引导预期，注重机会公平，保障基本民生，实现全体人民共同迈入全面小康社会，并对"增加公共服务供给""实施脱贫攻坚工程""提高教育质量""促进就业创业""缩小收入差距"等方面的内容进行了重点规划和指标设计。习近平总书记在"十三五"规划建议的说明中，也明确阐述了共享发展的主要内容，即坚持共享发展、着力增进人民福祉，要"从增加公共服务供给、实施脱贫攻坚工程、提高教育质量、促进就业创业、缩小收入差距、建立更加公平更可持续的社会保障制度、推进健康中国建设、促进人口均衡发展八个方面展开"[①]。也就是说，打赢脱贫攻坚战、实施精准扶贫，实施收入分配制度改革、缩小收入分配差距，提高教育、就业、社保、医疗、人口等方面的公共服务水平，是现阶段共享发展的主要内容。

[①] 《十八大以来重要文献选编》（中），中央文献出版社 2016 年版，第 776—777 页。

　　共享发展的上述八个方面的主要内容，一方面充分反映了共享发展"全民共享、全面共享、共建共享、渐进共享"的科学内涵和基本精神；另一方面，作为全面建成小康社会的收官规划建议，《中共中央关于制定国民经济和社会发展第十三个五年规划的建议》关于共享发展的主要内容，立足于全面建成小康社会的目标，围绕全面建成小康社会的突出矛盾和短板问题而展开。

　　但是，这并不意味着共享发展的主要内容，仅仅局限于"十三五"规划时期，截止于我国全面建成小康社会之日。事实上，包括共享发展在内的新发展理念是"十三五"乃至更长时期我国发展思路、发展方向、发展着力点的集中体现，反映的是我们对新发展阶段我国发展规律的新认识和新发展阶段的新思路。共享发展的主要内容如"增加公共服务供给""提高教育质量""促进就业创业""缩小收入差距""建立更加公平更可持续的社会保障制度""推进健康中国建设""促进人口均衡发展"等，在"十三五"时期之后乃至我国基本实现社会主义现代化的很长一段时期内，都将是体现中国特色社会主义本质要求、实现共同富裕和实现社会公平正义的重要途径。党的十九大提出了我国将在2035年基本实现社会主义现代化的目标要求，包括"人民生活更为宽裕""城乡区域发展差距显著缩小""基本公共服务均等化基本实现"和"全体人民共同富裕迈出坚实步伐"，要顺利实现这些目标，必然长期坚持和实施共享发展八个方面的主要内容。再比如，共享发展八个方面的主要内容在党的十八届五中全会提出新发展理念以前，有的内容已经作为全面深化改革的重要内容而提出来。党的十八届三中全会提出，要"改革收入分配制度，促进共同富裕，推进社会领域制度创新，推进基本公共服务均等化"。在党的十八届三中全会《决定》部署的全面深化改革的任务中，将缩小收入分配差距、形成橄榄型社会结构和推进基本公共服务均等化均作为其重要内容。全面深化改革以完善和发展中国特色社会主义制度、推进国家治理体系和治理能力现代化为总目标，同样将伴随我国基本实现社会主义现代化和全面建成社会主义现代化强国全过程。

四、正确理解共享发展

（一）共享的基础是发展

共享发展追求发展与共享的统一。正确处理共享和发展的关系，首先必须明确：共享建立在发展的基础上，共享是发展过程中的共享，共享的程度和水平从根本上取决于发展水平。离开了发展，共享将无从谈起。

发展是解决我国一切问题的关键。经过改革开放几十年，我国虽然摆脱了贫穷落后的状况，但我国仍然是一个人口众多、发展不平衡、城乡区域差别大的发展中大国，面临着繁重的发展任务。我国虽然在总量上成为世界第二大经济体，但人均国内生产总值仅相当于全球平均水平的三分之二、美国的六分之一，排在世界七八十位左右。我国的贫困问题仍然十分突出，按照世界银行的标准，我国还有接近 2 亿人生活在贫困线以下，这个数字差不多相当于英国、德国和法国人口的总和；我国的贫困程度比较深，贫困人口不仅收入水平低，而且生产生活条件比较差，人民受教育水平和基础设施发展水平也不高。在相当长的时期内，中国仍然是世界上最大的发展中国家，提高 14 亿多人的生活水平和生活质量需要我们付出艰苦的努力。即使在不久的将来，我国经济总量超过美国成为世界第一，由于庞大的人口基础，我国人均 GDP 与发达国家相比也还有一定的距离，根据预测，未来三十年高收入国家的门槛将会不断提高，从 2015 年的 12475 美元提高到 2030 年的 16790 美元，再到 2050 年将达到 24459 美元；发达国家的人均 GDP 也将从 2015 年的 33993 美元，增长到 2035 年的 43034 美元，到 2050 年将增长到 50855 美元[①]。即便我国整体上解决了"富起来"问题，但让所有人都过上"强起来"的美好生活，还有很多历史性难题需要解决。正如习近平总书记所说，中国有十几亿人，整体的财富水平和幸福指数可以迅速上升，但每个个体的财富水平和幸福指数的提高就不那么容易了。只有当发展的基础打牢了，发展的潜力不断释放了，人民才能不断增加收入、扩大就业、改善居住、提高社保，国家的整体实力和国际地位才能不断增强。因此，当前我国的根本任务仍然是解放和发展生产力，在经济社会发展的基础上推动社会全面进步。

必须在发展的基础上不断提高共享的水平和程度。党的十九大报告指出，发展仍然是解决我国一切问题的基础和关键，但必须坚持科学发展，必须坚持在发展中保障和改善民生。习近平总书记在党的十八届五中全会第二次会议上指出，"发展是硬道理的战略思想要坚定不移坚持，同时必须坚持科学发展，加大结构性改革力度，坚持以提高发展质量和效益为中心，实现更高质量、更有效率、更加公平、更可持续的发展"[②]。这里的"更高质量、更有效率、更加公平、更可持续的发展"，包含了在发展中不断保障和改善民生、形成发展与民生改善良性互动的含义，包含了在发展中不断提高人民共享水平、以共享促进发展的含义，包含了让人民在共建共享中有更多获得感、以人民获得感激发全体人民建设热情和创造活力的含义。这样的发展才是高质量发展，才是更加公

---

① 郭春丽等：《小康之后的中国》，人民出版社 2018 年版，第 19—22 页。
② 《十八大以来重要文献选编》（中），中央文献出版社 2016 年版，第 828 页。

平、更可持续的发展。

（二）共享不等于共有和均享

共享发展理念是我国经济社会发展到一定阶段后，对于"公平与效率"关系的发展和完善。公平与效率的关系是经济社会制度的核心问题，是每一个国家和地区在发展过程中都会遇到的难题：如果平均主义盛行、人民的积极性无法调动起来，就会出现低效率问题；如果一味强调高效率，贫富分化过大，发展成果被少数人独享，就会出现公平问题，反而更影响效率。世界上所有国家和地区现代化的成败得失，莫不与此相关。共享发展注重解决社会公平正义问题，但并不是"大锅饭"和平均主义。

共享发展不是平均主义，而是对社会公平正义问题的科学解决，共享发展是要理顺那些不合理、不公平甚至人为扭曲的发展机制和分配机制，实现权利公平、机会公平和规则公平；共享发展的实现，也不是靠"牺牲一些人的利益来满足另一些人的需要"，不是走回头路、"吃大锅饭"。社会中的每个个体都存在资源禀赋、人力资本和努力程度的差别，地区之间在地理条件、资源禀赋、技术机遇方面也存在明显差别，承认个人和地区之间无可避免的差别，是科学理解公平正义的前提。平均主义忽视差别和差异，割裂权利与义务、享受与创造相统一的基本关系，实际上是另外一种不平等和不公正。社会主义初级阶段的共享，是以劳动为尺度，以按劳分配为基础的共享，由于人们之间差别的绝对存在，这种共享必然不是均等化的共享，而是差异化的共享，是有多有少，有先有后的共享①。

当然，共享发展同样反对差异的无限扩大，要求把促进人的全面

---

① 吴向东：《以人民为中心的发展观》，《光明日报》2018 年 1 月 15 日。

发展和全体人民共同富裕作为发展的根本目的。马克思主义认为，社会主义的生产、交换和分配应实现实质正义，"如果能力与天资禀赋有关，与个人努力程度无关，那么以此为分配标准就缺乏正当性，天生残疾的人不应为其自然缺陷负责，他们需要社会提供公益性的帮助。"①马克思不赞成收入差距扩大，因为这种差距会导致社会分层，他主张从社会结构层面消除这种分层。共享发展要求必须不断保障和提高全体社会成员生存和发展的底线，使发展成为全体人民共同的事业，从而才能增强社会团结合作、增进公共利益，从而实现公平与效率的良性互动，实现以人的自由全面为目的的发展。

（三）共享不是高福利

共享发展包含了"实施收入分配制度改革、缩小收入分配差距，提高教育、就业、社保、医疗、人口等方面的公共服务水平"等主要内容，这其中福利政策、社会保障和公共服务是实现共享发展的主要途径。但不能就此将共享简单理解为高福利，尤其是超越发展水平和发展阶段的高福利。必须注意到，超越发展水平的空头福利，对经济社会发展有害而无利。民众的福利期望通常是刚性增长的，只能增，不能减。必须遵循福利体系与经济社会发展同步的原则，防止空头福利承诺，防止民粹福利主义绑架民意。

脱离社会发展水平的福利政策，是导致拉美国家经济陷入停滞的重要原因。拉美地区在历史上长期存在收入差距过大问题，很多普通民众生活在贫困状态，这成为再分配过程中民粹主义福利兴起的土壤。阿根廷、巴西、秘鲁、智利等国家的政府，在选票政治的推动下，为了迎合人民诉求，不顾经济发展水平和财力的限制，模仿和实施了发

---

① 转引自田学斌：《当代中国政治经济学》，新华出版社 2017 年版，第 263 页。

达的欧洲国家的社会福利和就业保障政策。这种"福利赶超"政策，导致了财政赤字、债务危机、增长停滞等一系列不良后果，使国家跌入中等收入陷阱。刘鹤在《两次全球大危机的比较研究》中揭示了民粹主义高福利政策的形成机制和演化后果：技术变革和分配差距扩大造成的心理压力，往往会引起社会公众的不满，在执政期内无力改变现状和选票政治的推动下，政府倾向于更多地采取民粹主义政策宣示，安抚民心。"民粹主义承诺改变了大众的福利预期，加大了对政府的依赖，也放松了自己的奋斗决心，是效果极其负面的腐蚀剂。一旦大众的福利预期得不到满足，社会心理很快发生逆转，并形成蔑视权威、拒绝变革和仇视成功者的强烈氛围。与此同时，超出收入能力的过度财政负债和福利主义相应成为一种习惯，这种习惯在政府和民间相互影响。"[①]

当前我国正处于跨越中等收入陷阱阶段，实践共享发展，需要通过完善的社会保障制度和社会福利政策，保证一部分因为种种原因"掉队"的群众的基本生存和发展条件。但在原则和途径方面，主要是通过理顺发展机制和分配机制，按照"人人参与、人人尽力、人人享有"的根本要求，坚守底线、突出重点、完善制度、引导预期，注重机会公平，保障基本民生。要努力避免脱离经济发展和财力状况开空头支票，防止把民众的胃口吊得过高，结果却适得其反。习近平总书记以一些国家为例，提醒我们：必须吸取过度福利化和过度承诺导致效率低下、增长停滞、通货膨胀、收入分配最终反而恶化的教训。

---

① 刘鹤主编：《两次全球大危机的比较研究》，中国经济出版社 2013 年版，第 10 页。

第二节　共享发展的鲜明特征

一、共享发展彰显中国特色社会主义的本质要求

资本主义私有制决定了资本主义生产活动必然引起两极分化。资本主义私有制以资本的增值和扩张为根本生产目的，作为社会主体的人特别是人民大众，异化成了生产剩余价值的工具。马克思主义自诞生之日起，就以推翻资本主义制度，建立共同享有、共同富裕的新社会为目标。在批判资本主义私有制的基础上，马克思创立了科学社会主义，其目的是揭示资本主义剥削的本质，唤醒无产阶级和劳动人民建立一个以生产资料公有为基础的未来社会，这是消除剥削，达到"以每个人的全面而自由的发展为基本原则的社会形式"的根本途径。社会主义追求生产力标准和人民利益标准的统一，物的尺度和人的尺度的统一，合规律性和合目的性的统一。社会主义和共产主义能"保证社会成员的富足"，能够"结束牺牲一些人的利益来满足另一些人的需要的状况"，使得"通过产业教育、变换工种、所有人共同享受大家创造出来的福利，通过城乡的融合，使社会全体成员的才能得到全面发展"①。

习近平总书记指出，共享是中国特色社会主义的本质要求②。处于社会主义初级阶段的中国特色社会主义，虽然还无法消除资本主义的痕迹，但其社会制度性质是社会主义。中国特色社会主义坚持以生产资料公有制为基本经济制度，坚持不断满足人的自由全面发展需要的社会主义生产目的，追求消灭剥削、消除两极分化，实现共同富裕的本质规定。

---

① 《马克思恩格斯文集》第1卷，人民出版社2009年版，第689页。

② 《十八大以来重要文献选编》（中），中央文献出版社2016年版，第793页。

邓小平指出，社会主义不是少数人富起来、大多数人穷，不是那个样子。江泽民强调："实现共同富裕是社会主义的根本原则和本质特征，绝不能动摇。"胡锦涛指出，"必须使全体人民共享改革发展的成果，使全体人民朝着共同富裕的方向稳步前进"。以习近平同志为核心的党中央更加明确地强调：人民对美好生活的向往，就是我们的奋斗目标；要不断在"保障人民各项权益，不断在实现发展成果由人民共享、促进人的全面发展上取得新进展"。可见，贯穿于中国特色社会主义的一脉相承的本质要求，就是：始终坚持马克思主义的基本原则，始终站在最广大人民的根本利益的立场上，坚持发展为了人民、发展依靠人民、发展成果由人民共享。

中国特色社会主义是社会主义而不是其他什么主义，科学社会主义基本原则不能丢，丢了就不是社会主义。中国特色社会主义坚持了科学社会主义的基本原则，坚持以人民为中心，为人民大众谋福利，不断地满足人民对美好生活的需要；坚持人民当家作主和人民主体地位，促进人的自由而全面发展；坚持发展成果由人民共享，不断促进全体人民的共同富裕。中国特色社会主义进入新时代，充分说明了中国特色社会主义是实现马克思主义基本价值追求的科学道路，表明了科学社会主义在中国的实践取得重大成功。历史和实践证明，只有社会主义才能救中国、只有社会主义才能发展中国。实现中华民族的伟大复兴，建设富强民主文明和谐美丽的社会主义现代化强国，根本上在于坚持和发展中国特色社会主义，在于把社会主义价值追求与当代中国发展的现实国情有机结合。

共享发展作为中国特色社会主义发展的出发点和最终目标，充分反映我们对科学社会主义基本原则的坚持，充分反映我们对社会主义发展规律认识的深化。共享发展的实质是坚持以人民为中心的发展思想，坚持发展为了人民、发展依靠人民、发展成果由人民共享，集中体现了初级阶段的中国特色社会主义的本质要求。共享发展既坚持了社会主义的共同富裕目标和满足人的自由全面发展需要的生产目的，充分体现了社会主义的根本规定性；又结合了初级阶段社会主义解放生产力、发展生产力的根本任务，结合了新阶段我国的发展规律和时代要求。随着中国特色社会主义不断发展，社会主义制度的优越性必将进一步显现，共享发展将更加充分体现中国特色社会主义的本质要求。

二、共享发展体现公平正义的问题导向

所谓公平，是按照合理的标准、正当的秩序，平等地对待所有人和事；所谓正义，是指给每个人应得的本分，可应用于对包括自由、权利、权力、财富等价值在内的所有社会利益的分配之中，包括社会正义、政治正义和法律正义等。公平正义意味着权利的平等、分配的合理、机会的均等和司法的公正，是一切制度、体系和行为最重要的价值标准。追求公平正义是现代社会孜孜以求的理想目标，更是中国特色社会主义的内在要求。

共享发展充分体现了公平正义的价值取向。共享不是少数人的享有，而是多数人的享有。共享发展的主体具有包容性，要求人与人之间、群体与群体之间，都要在保持合理差距的基础上平等共享，共享着重关注和解决社会发展过程中城乡、区域、群体、阶层之间的不平等和不公平。共享发展的客体强调经济、政治、社会、文化、生态等发展成果的平等共享，它着重关注人们在收入、财产、机会、资源等方面

的不平等占有问题①。共享强调共建共享，不是平均享有和共同占有，而是充分依据劳动付出和能力贡献按劳分配，是建立在经济社会发展基础上的公平享有。这些都充分体现了共享发展对公平正义价值取向的深刻把握。

坚持问题导向，以解决经济社会发展主要领域的关键问题为突破口，是新发展理念的鲜明特色。新发展理念针对的是我国发展中的突出矛盾和问题，致力于破解发展难题、增强发展动力、厚植发展优势。改革开放之初，在长期计划经济和平均主义体制环境中，社会生产力发展缓慢、人民生活水平整体上处于普遍贫困状态，这要求必须充分调动和释放全体成员的积极因素，来解放和发展生产力、提高人民收入水平。因而，发展效率和发展速度是首要考虑的，GDP 成为发展的指挥棒，公平正义问题并没有被提到应有的位置，甚至常常被忽视。但在我国逐步发展起来以后，发展中累积的社会公平问题，如分配不公、收入差距、贪污腐败、城乡地区之间的基本公共服务不均衡，仍然没有得到解决；不仅如此，新的社会公平问题还在不断出现。这些社会公平问题成为影响我国进一步发展的"深层次矛盾和问题"，倒逼着我们必须将共享发展放在更加重要的位置上。只有贯彻落实共享发展理念，坚持公平正义问题导向的发展，一些"突出矛盾和问题"才能得到根本解决。

当前，我国的社会公平正义问题主要表现在：贫富差距过大，城乡差距最为明显。一是反映居民收入差距的基尼系数一直在警戒线以上。国际上通常把 0.4 作为警戒线，如果基尼系数大于这一数值，出现社会问题的潜在风险便很高。根据相关统计，我国的基尼系数自

---

① 杨宏伟主编：《贯彻落实五大发展理念》，人民出版社 2017 年版，第 210—211 页。

2000 年首次超过警戒线 0.4 以来，呈现出先攀升后稳定的态势，近几年虽有下降，但从未低于 0.46。二是不同地区的居民收入差距明显。根据国家统计局数据，2017 年全国各地区居民人均可支配收入最高的前 5 个省（市）分别为上海、北京、浙江、天津和江苏，而最低的 5 个省（区）分别为西藏、甘肃、贵州、云南和青海。其中，人均可支配收入最高的上海为 58987.96 元，最低的西藏仅为 15457.9 元，仅比上海的四分之一略高。① 三是城乡差距依然很大，且呈现出复杂化的趋势。近年来，随着城乡协调发展深入推进，我国城市和农村在基础设施、居民收入、居民身份等方面的差距显著缩小，但城乡居民在公共服务、家庭财产、隐性权利等方面仍存在较大差距；由于长期以来城乡存在的二元土地制度、农村产权制度不健全等影响，城乡居民财产差距不断有拉大趋势，农民财产性收入无论是绝对数量还是增长速度都远低于城镇居民。四是基本公共服务差距较大，由于各种原因，居民对基本公共服务的享有出现"二等国民"现象，尤其是农村居民在生活水平稳步提高的同时，与城市居民相比较，对医疗、教育、就业、文化等方面的需求仍然得不到有效满足，基本公共服务的城乡差距潜存"代际传递"的风险。

经济社会发展本身不会自动促成公平正义。"拉美陷阱"的经验教训表明，不坚持共享发展理念，不注重解决社会公平正义问题，经济社会发展的红利就会被少数人拿走。如果任由社会财富集中在少数社会成员手里，社会发展成果只有少数人享有，势必会造成各个社会群体之间的隔阂和抵触，甚至引发或者加重社会矛盾造成社会危机。马克思的一段论述充分说明了这一点："一座房子不管怎

① 国家统计局：《2017 年居民收入和消费支出情况》，国家统计局网站（2018-01-18），http://www.stats.gov.cn/tjsj/zxfb/201801/t20180118_1574931.html。

样小，在周围的房屋都是这样小的时候，它是能满足社会对住房的一切要求的。但是，一旦在这座小房子近旁耸立起一座宫殿，这座小房子就缩成茅舍模样了。这时，狭小的房子证明它的居住者不能讲究或者只能有很低的要求；并且，不管小房子的规模怎样随着文明的进步而扩大起来，只要近旁的宫殿以同样的或更大的程度扩大起来，那座较小房子的居住者就会在那四壁之内越发觉得不舒适，越发不满意，越发感到受压抑。"①改革开放几十年来，虽然我国社会财富几十倍、成百倍地增长，"蛋糕"越做越大，但分配不公、贫富分化差距没有得到有效遏制，而且呈现出了越来越复杂的分化现象，相对差距越来越大。有的富豪年收入几亿、几十亿，而低收入群体年收入只有三四万元，不少农民工还经常被业主欠薪。这种贫富的分化，会引发多种社会矛盾。②因此，我们必须将共享的发展理念和机制贯穿在经济发展的过程之中，而不是等"蛋糕"做大以后，再考虑分"蛋糕"。只有经济社会发展成果为全民享有，社会才会在共建共享过程中实现整体的价值增值。只有确保不断提升全体社会成员的获得感，保证弱势群体社会成员的基本生存和发展权益，才能使发展成为全体人民共同的事业，也才能增强社会团结，实现持续发展的目的。只有教育、就业、医疗等基本公共服务的机会和资源让每个人平等获得，为每个社会成员提供大致相同的起点公平，为每一个社会成员提供平等的发展空间，才能充分激发整个社会的创造活力。唯有如此，发展难题才能得到破解，发展优势才能得到巩固，发展动力才能得到增强。

---

① 《马克思恩格斯选集》第 1 卷，人民出版社 1995 年版，第 349 页。
② 卫兴华：《应准确解读我国新时代社会主要矛盾的科学内涵》，《马克思主义研究》2018 年第 9 期。

习近平总书记指出，"共享发展注重的是解决社会公平正义问题"。当前，共享发展的主要内容——无论是打赢脱贫攻坚战，还是实施收入分配制度改革，或是提高公共服务均等化，都是立足于解决影响社会公平正义的突出问题。党的十八届五中全会明确提出，坚持共享发展，必须"作出更有效的制度安排"。即便经济社会发展水平提高了，有效的制度安排也是共享发展的根本保障，是社会公平正义的根本保证。只有紧紧抓住影响共享发展的制度体制，对公平正义问题"作出更有效的制度安排"，才能找到促进共享发展的有效良方，才算抓住了社会公平正义的"牛鼻子"。当前，必须通过改革政府管理体制、社会管理体制、司法体制，创新制度安排，努力克服人为因素造成的有违公平正义的现象，给每个人通过自身的努力实现梦想的平等机会。对由于制度安排不健全造成的有违公平正义的问题，要抓紧解决，不断消除各种不合理的垄断现象、破除各种特殊利益集团，使我们的制度安排更好体现社会主义公平正义原则。要特别提出的是，当前影响我国社会公平正义的一项重要症结性的制度安排，是基于城乡二元结构基础之上的城乡户籍制度。户籍制度造成我国城乡居民发展权利和发展机会的不平等，加剧了城乡结构的失衡，拉大了城乡发展差距。

总之，共享发展要坚持公平正义问题导向，把促进社会公平正义、增进人民福祉作为一面镜子，审视我们各方面体制机制和政策规定，哪里有不符合促进社会公平正义的问题，哪里就需要改革；哪个领域哪个环节问题突出，哪个领域哪个环节就是改革的重点。①

三、共享发展是顺应时代潮流的科学发展规律

党的十九大报告指出，发展是解决我国一切问题的基础和关键，

① 《习近平谈治国理政》，外文出版社 2014 年版，第 97 页。

发展必须是科学发展，必须坚定不移贯彻新发展理念。新发展理念是我们在把握世界发展大势、深刻总结国内外发展经验基础上提出来的，它抓住了当今世界现代化的主脉，揭示了新时期我国社会主义现代化建设的新特点、新规律，是我国当前和今后经济社会发展的科学指针，集中体现了我们党对发展规律认识的升华。共享发展作为新发展理念的重要组成部分，是顺应时代潮流的科学发展规律。

发轫于工业革命，并在二战后进一步强化的传统发展观，重点关注的是如何通过发展经济来迅速地增加社会财富，主要包括绝对依靠自发的市场机制、单纯的经济增长和"先增长再分配""先增长后治理"的发展路径，后来又演变为由主张继续发挥市场机制"涓滴效应"作用的新自由主义所主导。以经济增长为主导的传统发展观曾经为人类创造了前所未有的经济奇迹。但同时，由于忽视环境保护和能源节约，忽视社会发展和社会公平，导致一些国家在现代化过程中经济结构失衡，社会发展滞后，与经济高速增长相伴而生的两极分化、分配不公、失业增加、社会腐败、政治动荡等问题异常突出。加上发展底子薄弱、基础不牢，环境脆弱，这些发展问题很快使二战后刚刚摆脱殖民统治、走上西方式现代化道路的一些发展中国家陷入发展困境。20 世纪 70 年代后，世界银行在推动全球发展中提出了"增长中的再分配"战略，以保障发展中的低收入者有机会满足自身权益；80 年代法国经济学家佩鲁在《新发展观》中提出了"以人为中心"的发展观；90 年代，世界银行再次呼吁实施"基础广泛的增长"，强调直面日益严重的全球贫困问题，使穷人在经济增长中获得人力资本的能力提升，形成经济发展与社会进步的良性循环。21 世纪以来，发展理念走向"包容性发展"，强调以人为中心，促进人与人、人与社会、人与自然的和谐发展，倡导包括了GDP 增长指数、人类发展指数、社会发展指数、社会福利指数、幸福指数在内的全面发展。新发展理念明确把"发展"和"增长"区别开来，以解决世界各地尤其是一些发展中国家"有增长而无发展"的现代化困境。从此，以人为本的发展思想和包容性发展理念成为21世纪各国发展的"时代潮流"。

　　共享发展理念在扬弃了单纯依靠市场自发调节和单纯强调经济增长的西方传统发展模式的同时，借鉴了"以人为中心的发展观""基础广泛的增长"，尤其是"包容性发展"等21世纪以来国际上有益发展理念：在发展理念上，强调普惠性增长、共享式增长和包容性发展；在发展的目标上，坚持在经济增长的同时增进社会福祉，实现经济增长与社会发展同步。在此基础上，共享发展理念赋予中国特色社会主义的话语体系和内核结构，实现了对西方发展观的超越，即以唯物史观的人民主体论和坚持以人民为中心的发展思想为其思想内核，以坚持发展为了人民、发展依靠人民、发展成果由人民共享为本质内涵，以追求社会主义的共同富裕为本质特征，以实现社会主义现代化为战略目标，开辟了我们党发展理念创新的新境界。这种超越，无论在理论上还是在实践中，都体现出了科学性和有效性。如，社会主义的人民主体性在发展目的和发展动力上超越了西方发展观的"人本"思想，社会主义的和谐属性在发展目标和发展道路上超越了西方的可持续发展观，中国特色社会主义的总体布局在发展内涵和发展途径上超越了西方发展观的"综合发展观"和"整体发展观"①。

　　共享发展理念，是在深刻总结国内外发展经验教训的基础上，准确研判国内外发展大势，致力于解决我国发展面临的问题的科学发展理念。当前，我国正处于由中等收入向高收入发展阶段迈进的关键时

---

　　① 李曙新：《论当代中国科学发展观对西方发展观的扬弃与超越》，《当代世界与社会主义》2010年第1期。

期，面临跨越"中等收入陷阱"的巨大风险挑战。从国际经验看，很多国家之所以落入"中等收入陷阱"，大都与收入差距拉大、社会分配不公加剧、失业人口增加、社会矛盾频发等问题有密切关系。当前，我国发展速度明显下降，我们面临着更为艰巨的"提质增效"的发展任务，上述问题我国不同程度存在，这要求必须解决经济结构不合理、城乡区域差距拉大、居民收入占比上升不明显、民众对发展获得感的偏低等方面的问题。共享发展理念，无疑是解决这些问题的良方。共享发展理念深刻把握我国的发展方式转变和经济结构调整的趋势，强调发展的整体性、系统性和协同性，要求由片面追求经济总量的发展，转向人民群众有更多获得感幸福感安全感的发展①，要求由追求让一部分地区和一部分人先富起来的不平衡发展战略，转向逐步解决不平衡不充分发展问题。可以说，不仅抓住了当今世界发展规律的主脉，也深刻揭示了我国发展新阶段的新特点新规律，明确了当前和今后一个时期我国的发展方向和发展思路。

四、共享发展是新发展理念的价值统领

党的十八届五中全会提出的"创新、协调、绿色、开放、共享"五大新发展理念，是相互联系、相互贯通、相互促进的有机统一整体，要统一贯彻，不能顾此失彼，也不能相互替代。但是五大发展理念在价值意义上的地位是不一样的。从区分价值理性和工具理性出发，在新发展理念中，创新是引领发展的第一动力，协调是持续健康发展的内在要求，绿色是永续发展的必要条件，开放是国家繁荣发展的必由之路，更多体现工具理性。共享是当代中国发展的出发点和落脚点，

---

① 中共国务院发展研究中心党组：《新发展理念引领我国发展全局深刻变革》，《光明日报》2018 年 1 月 3 日。

指涉的是发展的目的和发展意义层面，涉及价值判断和目标方向，凸显价值理性，是五大新发展理念的价值统领。从作为哲学概念的价值所蕴含的内在规定性出发，共享发展凸显的新发展理念的价值统领意义表现在：体现了新发展理念坚持合规律性与合目的性的统一、社会发展价值应然性与社会发展的结果实然性的统一、人的价值应然性逻辑与历史发展逻辑的统一。

共享发展回答了新发展理念"为谁发展、依靠谁发展"的重大问题，充分体现了新发展理念的价值取向。新发展理念，首先要解决"为谁发展、依靠谁发展"这个根本问题。习近平总书记强调，"五大发展理念"首先坚持的是人民主体地位，始终围绕的是"人民对美好生活的向往"；新发展理念把"实现好、维护好、发展好最广大人民根本利益"作为发展目的；新发展理念始终坚持以人民为中心的发展思想，把满足人民美好生活需要和人的自由全面发展作为价值尺度。在五大发展理念中，共享发展理念突出了人在经济社会发展活动中的核心地位，从唯物史观的高度，深刻回答了发展的根本目的、根本意义和价值尺度，成为新发展理念的出发点和落脚点，也使坚持以人民为中心成为新发展理念的核心价值取向。党的十八届五中全会提出了"坚持共享发展，必须坚持发展为了人民、发展依靠人民、发展成果由人民共享"的核心思想，明确表明了新发展理念是以人民为中心发展思想的根本体现，表明了新发展理念坚持人民至上的价值取向，从根本上体现了贯穿新发展理念的价值灵魂，为新发展理念提供了发展方向和发展目标，为贯彻落实新发展理念提供了根本规范和价值导向。

共享发展理念从根本上体现了新发展理念增进社会福利、人民福祉的根本目的。人类社会的发展体现了人的本质的对象化和社会发展人的目的化的统一，使得人类社会对发展的追求同人自身价值实现的追求在实践中达到了逻辑的一致。新发展理念在根本上是一种发展哲学，是现代化水平达到一定历史阶段后，人们对发展的目的、意义以及发展与人和社会关系等问题的重新反思和追问。新发展理念致力于生产力的不断提高、技术的不断改进、财富的不断丰富、生存环境和社会关系的不断改善、生活质量和品质的不断提高，体现社会进步与人自身发展的统一；新发展理念的实践，旨在使人民享有与社会发展进步水平相一致的高水平、高质量的美好生活①；新发展理念聚焦的全面小康社会目标，从其本意来说，就是古代思想家描绘的美好社会理想，表现了普通百姓对宽裕、殷实、和谐与公正的理想社会的追求；新发展理念就是要把人民对美好安定生活的期待变成社会发展的指标体系、变成活生生的社会现实，让人民在不断有更多幸福感和获得感中切身感受到全面的小康社会，让人民不断在学有所教、劳有所得、病有所医、老有所养、住有所居中感受到殷实富足的社会生活和公平正义的社会环境。罗斯托在经济增长理论史中指出，经济发展的历史证明，"每个人如果可能的话，都应该享受他的劳动果实……没有人会怀疑，这种平等会最符合人类天性，而且这种平等给富人带来的幸福的减少，要远小于给穷人到来的幸福的增加。"另外，人民幸福、社会福利与个人的努力奋斗也是密切相关的，依靠自己奋斗得来的幸福才是真正的幸福。"幸福不是毛毛雨，幸福不是免费午餐，幸福不会从天而降。人世间的一切成就、一切幸福都源于劳动和创造。"在五大发展理念中，共享发展要求把实现人民幸福作为发展的目的和归宿，把增进社会福利、人民福祉作为根本目的，坚持全民共享、全面共享、共建共享、

---

① 袁祖社：《新发展理念：美好生活的价值引领》，《光明日报》2019 年 6 月 17 日。

渐进共享，通过不断提升和完善公共服务体系、促进社会公平正义，增进社会福利；通过使全体人民在共建共享发展中有更多获得感、幸福感、安全感，增进人民福祉。这些都集中而鲜明地体现了新发展理念的根本目的。

共享发展理念体现了新发展理念"破解发展难题、增强发展动力、厚植发展优势"的根本意义。从根本意义看，新发展理念是破解发展难题、增强发展动力、厚植发展优势的行动指南。[①]新发展理念的提出，是我国顺应发展环境变化、发展条件变化、增长动力转换、主要矛盾转化，重新破解发展难题、增强发展动力、厚植发展优势的重大抉择。新发展理念抓住了牵动经济社会发展全局的"牛鼻子"，是把握发展主动权，更好引领发展新常态的根本之策。对于一个后发展大国来说，要快速富起来、改变落后面貌，实现国家富强，就必须通过高增长实现"经济腾飞"，这是现代化进程的一个必经阶段。但从更长的历史过程来看，仅有经济增长速度追赶或超越是远远不够的。国内外的经验教训都表明，片面追求速度、质量和效益低下的发展，必然导致效率低下、浪费资源、环境污染、社会矛盾增多，造成不良后果和长期隐患，从而导致发展不可持续。因此，在相对发展起来以后，我国要实现由大国转变为强国，要承担起全面建成社会主义现代化强国的历史使命，就必须坚持新的发展思路：我们要的是有质量、有效益、可持续的发展，要的是以比较充分就业和提高劳动生产率、投资回报率、资源配置效率为支撑的发展[②]。这就要求必须坚持新的发展理念：坚持能够更好满足人民日益增长的美好生活需要的发展，坚持创新成为

---

① 刘奇葆：《新发展理念蕴含的理论特质和品格》，《人民日报》2016年8月17日。

② 《十八大以来重要文献选编》（中），中央文献出版社2016年版，第245—246页。

第一动力、协调成为内生特点、绿色成为普遍形态、开放成为必由之路、共享成为根本目的发展。①因此，坚持新发展理念，一方面必须把创新摆在更重要的位置，通过创新驱动加快推动产业转型升级，转换增长动力；另一方面，必须坚持发展的普惠性、平衡性和协调性，不断激发社会活力，调动各方面积极性。习近平总书记强调，一个好的社会，既要充满活力，又要和谐有序，要以共建共享为基本原则②。五大发展理念中，共享发展着力于增进社会平等、社会公平，致力于为每个人提供均等的人生出彩的机会，必然会增进社会互助团结和社会整体利益；共享发展理念内含着包容性发展的要求，必然会调动人民的积极性，激发人民的创造动力，让各方面资源充分涌流；共享发展理念内含着共建共享的要求，必然会创造人人参与、人人尽力、人人享有的良好环境，以共享引领共建、以共建推动共享，从而才能真正实现新发展理念"破解发展难题、增强发展动力、厚植发展优势"的根本意义。

第三节　共享发展作为新时代基本方略的重大意义

新时代我国处于社会主义初级阶段的新发展阶段、"发展起来后"的新发展方位，新时代具有鲜明的特征和崭新的使命。共享发展深刻回答了社会主义初级阶段新发展阶段一系列重大发展问题，有效回应了"坚持以人民为中心""实现共同富裕""适应社会主要矛盾变化""决胜

---

① 赵长茂：《高质量发展：通向现代化强国的必由之路》，《学习时报》2018年3月16日。
② 《习近平关于全面建成小康社会论述摘编》，中央文献出版社2016年版，第150页。

全面建成小康社会"等"发展起来后"的重大发展命题，集中体现了新时代的发展阶段、发展方位和基本特征，具有深刻的新时代方略意义。

一、新时代的发展方位和基本特征

党的十九大报告指出，"经过长期努力，中国特色社会主义进入了新时代，这是我国发展新的历史方位"[①]。"新时代"是我国社会主义初级阶段的新发展阶段、新发展方位，具有丰富的内涵、鲜明的特征和崭新的使命。明确新时代的发展阶段、发展方位和基本特征，是科学理解和实践共享发展理念的基本前提。

（一）新时代所处的发展阶段

新时代首先是新的发展阶段。根据唯物史观基本原理，无论是人类社会历史形态的演进，还是特定社会历史形态下不同时代阶段的过渡，根本上都来源于社会存在的客观变化，都是生产力和生产关系矛盾运动的结果。任何一个社会经济制度，都会经历生产力发展的不同阶段，从而形成不同的经济时代[②]。因此，新时代最根本的推动力量来自于我国生产力的历史性变革，新时代最明显的变化是我国进入了新的发展阶段。根据国家统计局统计，改革开放四十年我国 GDP 增长了 33.5 倍，年均增长 9.5%，平均每 8 年就要翻一番；我国在世界经济格局中的位置由改革开放初期的 GDP 占全球仅 1.8%，到 2018 年的 15% 左右；从人均 GDP 来看，改革开放四十年人均 GDP 年实际增长 8.5%[③]，到 2018 年底

---

① 习近平：《决胜全面建成小康社会　夺取新时代中国特色社会主义伟大胜利——在中国共产党第十九次全国代表大会上的报告》，人民出版社 2017 年版，第 10 页。

② 洪银兴主编：《新编社会主义政治经济学教程》，人民出版社 2018 年版，第 71 页。

③ 国家统计局：《波澜壮阔四十载　民族复兴展新篇——改革开放 40 年经济社会发展成就系列报告之一》，国家统计局网，http://www.stats.gov.cn/ztjc/ztfx/ggkf40n/201808/t20180827_1619235.html。

接近 10000 美元，短短四十年我国人均收入以巨大的人口基数经历了初期的贫困状态到温饱状态（1998 年）、中等收入阶段（2010 年），现在已步入上中等收入国家行列；从城乡结构来看，城市化率从改革开放初期的 17%（按户籍）上升到 57% 以上（按常住人口）；居民家庭恩格尔系数从改革开放初期的 60% 以上（城镇 58% 左右，农村 67% 左右）降至 2017 年的 30% 以下（城镇 27%，农村 32%）[①]，进入到联合国规定的富足阶段[②]。我国社会生产发生的系统性和历史性的变化，使我国整体上进入新发展阶段，这是新时代的坚实根基。

新发展阶段的生产力和生产关系之间的矛盾运动有了新特点，由于这些新特点是深层次的、整体性的和根本性的，就使得新发展阶段的发展命题和发展思路正发生新的改变。主要体现在四个方面：

一是发展目标面临转换。改革开放前几十年，我国处于低收入发展阶段，十几亿人民的脱贫致富是根本任务，因此高速的经济增长是主要甚至唯一的发展目标；但随着我国步入中等收入阶段，收入差距拉大、生态环境恶化、腐败问题愈演愈烈等问题凸显，引发了人们对社会发展价值尺度的重新反思，作为个体的公民获得平等参与、平等发展的机会，有更多的获得感幸福感安全感，越来越成为人们评判社会发展的重要标尺，因此新发展阶段的发展目标已不是单纯的经济增长了，公平的社会分配、健全的社会保障、良好的生态文明等成为重要发展目标。

二是供给侧结构性改革成为主线。伴随着解决温饱到即将全面小康，人民的消费需求不断升级。如消费品质由中低端向中高端转变，消

[①] 刘伟：《新发展理念与现代化经济体系》，《政治经济学评论》2018 年第 7 期。

[②] 按联合国粮农组织的标准，恩格尔系数 60% 以上为贫困，40% 以上为温饱，30% 以上为小康，20% 以上为富足，20% 以下为极富。

费行为由从众模仿型向个性体验型转变，消费形态由物质型向服务型转变，消费方式由线下向线上线下融合转变；等等①。高质量的消费必然要求具有高质量的产品和服务，当前与我国消费结构的加快升级并存的是有效供给不足，这成为一对主要矛盾。因此，必须加大供给侧结构性改革，不断提升供给的质量和水平。党的十九大报告指出，新的发展阶段，必须坚持质量第一、效益优先，以供给侧结构性改革为主线。

三是跨越"中等收入陷阱"成为挑战。新发展阶段的基本背景是我国进入上中等收入阶段，处于即将迈进高收入阶段的关口。跨越这个关口实际上就是跨越中等收入陷阱。根据世界银行《东亚经济发展报告》，中等收入陷阱是一个国家的人均收入在达到世界中等水平后，由于仍然难以摆脱低收入阶段的发展理念和发展战略，导致发展的内生动力不足；同时，快速发展中积聚的问题如贫富分化加剧、产业升级艰难、社会矛盾凸显等也集中暴发，造成迟迟无法进入高收入阶段。目前我国正向高收入阶段艰难爬坡，习近平总书记指出，我国正处于跨越"中等收入陷阱并向高收入国家迈进的历史阶段"②。"中等收入陷阱"我国肯定是要过去的，前提是必须要有新发展理念和发展战略。以贫富差距为例，世界经济的经验教训表明，成功跨越中等收入陷阱的经济体，其基尼系数大都控制在 0.4 以内，有的甚至 0.3 以下，而陷入中等收入陷阱的经济体的基尼系数都高达 0.5 左右。

四是不平衡发展成为主要制约因素。改革开放初期，面对收入水平普遍低、人民温饱问题无法解决、平均主义盛行，我国实施增长优先战略，实行允许一部分地区、一部分人先富起来的政策，这实际上是不

---

① 陈新年：《从消费升级看供给侧改革着力点》，《经济日报》2018 年 4 月 19 日。

② 《中央经济工作会议在北京举行》，《人民日报》2019 年 12 月 14 日。

平衡发展战略。在进入中等收入阶段以后，不平衡问题开始突出，短板效应也逐渐显露，影响了全面建成小康社会和全面建设社会主义现代化强国战略，这要求及时调整发展战略、树立新发展理念，尤其要以"共享"和"协调"的要求补齐农业农村短板、补齐贫困地区和贫困人口短板、补齐生态文明和社会公平的短板。

（二）新时代的发展方位

那么，如何定义新的发展阶段，新的发展阶段处于什么样的发展方位呢？上世纪 90 年代，邓小平基于对我国改革开放新阶段后出现的新问题的洞察和未来发展之路的深刻思考，提出了"发展的问题"和"发展起来的问题"的重要命题[①]。他指出："过去我们讲先发展起来。现在看，发展起来以后的问题不比不发展时少"，他举例说"十二亿人口怎样实现富裕，富裕起来以后财富怎样分配，这都是大问题"，而且要"解决这个问题比解决发展起来的问题还困难"。习近平总书记在分析我国社会发展的阶段性特征时，也深刻指出，"当前，全党面临的一个重要课题，就是如何正确认识和妥善处理我国发展起来以后不断出现的新情况新问题，现在，我们遇到的问题大量是新出现的问题"。习近平总书记在这里也将现阶段我国大量"新出现的问题"归结为"发展起来以后"的问题，并认为解决这些问题是当前"全党面临的一个重要课题"。从经济学来讲，这是经济发展的自然规律。经济学家罗斯托提出了经济成长阶段理论，把经济发展分为必须依次经过的 6 个阶段，每个阶段的发展特征和发展战略是不一样的；党的十八大以后，我们提出"中国经济发展的新常态"意味着中国经济进入一个与过去三十多年高速增长期不同的新阶段，这也是基于对经济发展阶段变化规律的深刻把握；从哲

---

① 《邓小平年谱（一九七五——一九九七）》（下），中央文献出版社 2004 年版，第 1364 页。

学依据来讲，事物发展是量变与质变、连续性和阶段性的统一，长期的量变必然会引起质变，从而事物的发展过程必然会形成既相互区别又相互衔接的不同阶段，不同发展阶段的规律具有特殊性。可见，不同的发展阶段，面临不同的发展条件、发展问题，要求有不同的发展思路和发展理念，从而形成了不同的发展方位。

以此为重要依据，结合上述我国新发展阶段发展思路和发展命题的变化，我们可以将整个社会主义初级阶段划分为两大发展方位①：一个是"欠发展"的发展方位，从改革开放到党的十八大以前，总体上可以概括为"欠发展"的发展方位，其主要历史任务是不断解放和发展社会生产力，解决"落后的社会生产"问题，根本上是让我国"先发展起来"。另一个是"发展起来以后"的发展方位。党的十八大之后，我国进入新的发展阶段，如上所述，新发展阶段的发展目标、发展主线、主要挑战和主要约束都发生明显变化，意味着我国进入"发展起来以后"的发展方位。按照邓小平关于"发展的问题"和"发展起来的问题"的区分，追求公平高质量有效率可持续的发展目标，解决不平衡不充分的发展问题，跨越中等收入陷阱，满足人民日益增长的美好生活新需要，都是"发展起来后的问题"，这些发展问题反映了新时代的新发展规律、新发展思路、新发展理念，表明新时代处于"发展起来以后"的发展方位。

要科学定位"发展起来以后"的新发展方位，还必须揭示新发展方位的生产力和生产关系的运动变化。从生产力来看，"发展起来后"的新发展方位已经跨过了以摆脱贫困、解决温饱为主要目标的生产力发展阶段，正在追求实现以"更高质量、更有效率、更加公平、更可

---

① 韩庆祥：《强国时代与强国理论》，《文化软实力》2018 年第 3 期。

持续"为主要目标的生产力发展阶段；已经跨越了文盲半文盲占很大比重和科技教育落后的阶段，正在快速实现世界教育强国和科技创新强国的目标；已经跨越了让部分地区和部分人先发展起来的阶段，正在通过鼓励支持落后地区经济社会发展，逐步缩小地区发展差距；已经跨越了世界上贫穷落后大国的发展阶段，正在快速缩小与世界先进水平国家的差距，直至自立于世界强国之林。从生产关系来看，一方面，"发展起来后"的发展方位，仍然属于社会主义初级阶段，社会主义初级阶段的生产关系仍然适应"发展起来后"的新发展方位，以经济建设为中心、坚持改革开放、坚持四项基本原则的初级阶段的基本路线仍然是贯穿于"发展起来后"发展方位的"生命线""幸福线"①。但另一方面，"发展起来后"发展方位的生产关系，与新发展阶段的生产力变化相适应，也有新的特点：第一，"新时代的发展必须是科学发展，必须坚定不移贯彻新发展理念，推动党和国家事业全面发展"。正如习近平总书记指出的，新时代要"坚持党的基本路线，继续推动经济发展的同时，更好解决我国社会出现的新问题，更好发展中国特色社会主义事业，更好推动人的全面发展、社会全面进步"②。第二，新时代正在实现由"让一部分人和地区先富起来"转向更加强调"坚持走共同富裕道路，使全体人民共享改革发展成果"，社会主义基本经济制度、社会主义分配制度、社会主义市场经济制度将逐步适应这一转向。正如党的十九届四中全会指出的，我国的分配制度，要更加

---

① 习近平：《决胜全面建成小康社会 夺取新时代中国特色社会主义伟大胜利——在中国共产党第十九次全国代表大会上的报告》，人民出版社 2017 年版，第 12 页。

② 《习近平在省部级主要领导干部专题研讨班开班式上发表重要讲话》，《人民日报》2017 年 7 月 28 日。

"合理调节城乡、区域、不同群体间分配关系"①。第三，新时代要着重推动中国特色社会主义制度更加成熟定型。习近平总书记指出，"后半程，我们的主要历史任务是完善和发展中国特色社会主义制度，为党和国家事业发展、为人民幸福安康、为社会和谐稳定、为国家长治久安提供一整套更完备、更稳定、更管用的制度体系"②。因此，总结起来看，在社会主义初级阶段的长期历史过程中，随着生产力水平长期量变和部分"质变"，社会主义初级阶段会形成不同的发展阶段。与"先发展起来"的发展方位相比较，"发展起来后"的新时代，处于社会主义初级阶段的中高收入发展阶段、社会主义初级阶段的"下半程"。

（三）新时代的基本特征

与"先发展起来"的发展方位相比较，"发展起来以后"的新时代，总体上呈现出新的基本特征，这些新的基本特征反映了新发展方位上生产力和生产关系运动变化的新特点，体现了新发展方位的核心要义，是新时代坚持共享发展的重要依据，也对新时代实践共享发展提出了新要求。主要体现在三个方面：

第一，社会主义本质仍然贯穿于新时代，但新时代有新要求。新时代是中国特色社会主义的新时代，不是其他主义的新时代，必须体现社会主义本质。伴随着改革开放，邓小平在对传统社会主义模式的反思的基础上对社会主义的本质进行了重新认识，他指出，社会主义的本质，是解放生产力，发展生产力，消灭剥削，消除两极分化，最终达到共同富裕。这决定了社会主义最大的优越性是解放和发展生产

---

①　《中共中央关于坚持和完善中国特色社会主义制度　推进国家治理体系和治理能力现代化若干重大问题的决定》，《人民日报》2019 年 11 月 18 日。

②　《习近平关于全面深化改革论述摘编》，中央文献出版社 2014 年版，第 27 页。

力，社会主义初级阶段的根本任务是发展生产力。这是改革开放几十年我国生产力取得历史性飞跃、我国告别低收入阶段进入上中等收入发展阶段的根本动力。但随着进入"发展起来以后"的发展方位，贫富差距扩大、收入分配不公、公平正义缺失等问题日渐突出，成为影响全局的重大问题，不平衡不充分的发展成为社会主义本质充分显现的主要制约因素。对此，习近平总书记提出，"消除贫困、改善民生、逐步实现共同富裕，是社会主义的本质要求，是我们党的重要使命。"[1]这是新时代社会主义本质理论的新发展，是习近平关于社会主义本质的新要求，这个新要求，一方面继承了邓小平关于社会主义本质相关论述的核心要义，另一方面，面对新时代新的发展命题和决胜全面建成小康社会的历史使命，要求新时代要把着力点放在消除贫困，改善民生，实现共同富裕上，并且号召全党都要"弘扬为党分忧、先富帮后富的精神"[2]。在实践中制定发展规划时，习近平提出了体现新时代社会主义本质新要求的共享发展理念，要求必须实现发展成果全民共享；在全面建成小康社会进入决胜阶段，党的十九大提出要坚决打好决胜小康的三大攻坚战，尤其是通过扶贫攻坚战，消除贫困，确保全国人民同步进入全面小康社会。这是社会主义本质的新要求在新时代的充分显现。

第二，社会主义初级阶段没有变，但初级阶段的社会主要矛盾发生转化。社会主义初级阶段会经历不同的发展阶段，社会主要矛盾在不同阶段会有不同呈现，而且由于社会主要矛盾的结构性和深层性，这种呈现往往"具有时代性特征"。改革开放之初，针对落后的社会生产和人民基本的物质文化需要得不到满足，党的十一届六中全会指出，我国社

---

① 《习近平谈治国理政》第二卷，外文出版社 2017 年版，第 83 页。
② 《增强饮水思源不忘党恩意识，弘扬为党分忧先富帮后富精神》，《人民日报》2018年 7 月 7 日。

会的主要矛盾是人民日益增长的物质文化需要同落后的社会生产之间的矛盾。这一社会主要矛盾判断，成为改革开放几十年来我国实现"富起来"的根本指引。进入新时代，虽然我国仍然处于社会主义初级阶段，但社会主要矛盾却已发生明显的具有新发展阶段特征的转化，党的十九大将这种转化概括为："人民日益增长的美好生活需要和不平衡不充分的发展之间的矛盾"。这一新的社会主要矛盾同样体现在人民需要和社会生产两个方面。从人民需要来看，与人民的"物质文化需要"不同，人民"美好生活需要"日益广泛，不仅对物质文化需要提出了更高要求，而且美好生活需要日益增长；从社会生产来看，与"落后的社会生产"相比，我国社会生产力水平总体上实现巨大飞跃，在很多方面进入世界前列，社会生产方面更加突出的问题是"发展不平衡不充分"问题[①]。社会主要矛盾变化也是新发展理念的根本依据，要求新时代必须坚持新发展理念，尤其要以协调和共享发展理念为指引，补齐发展不平衡不充分的短板。

第三，富起来的历史任务还没有完全解决，但新时代的主要历史使命是强起来。党的十九大指出，新时代意味着近代以来久经磨难的中华民族迎来了从站起来、富起来到强起来的伟大飞跃。新中国的成立解决了"站起来"的问题，改革开放让我国富了起来，新时代则是强国时代。"富"是"强"的基础，但"富"还不等于"强"。"富起来"说的是人民的生活水平，针对的是人民物质文化需要的满足程度；强起来，一方面意味着我国要具有领先世界的综合国力和高质量的发展水平；另一方面，民富才能国强，强起来意味着人民普遍富裕、共同富裕。党的十九大在作出中国特色社会主义进入新时代的重大论断的同时，重点明确了"第二个百年"的时间表和路线图，即在2020

---

① 习近平：《决胜全面建成小康社会　夺取新时代中国特色社会主义伟大胜利——在中国共产党第十九次全国代表大会上的报告》，人民出版社 2017 年版，第 11 页。

年全面建成小康社会的基础上，我国分两个 15 年全面建成社会主义现代化强国：第一个 15 年，即 2035 年基本实现社会主义现代化；第二个 15 年，即 2050 年前后，建成社会主义现代化强国，"全体人民共同富裕基本实现"。可见，新时代包括了要全面富起来的历史任务，但重点是全面强起来的历史使命，强起来是新时代的主要使命和根本表征，其中缩小发展差距、实现共同富裕是强起来的核心指标，这也对新时代的发展理念提出了新的要求。

二、共享发展的新时代方略意义

"发展起来以后的问题不比发展时少"。新时代我国处于"发展起来后"的发展方位，必须以新发展理念解决"发展起来以后的问题"。新发展理念深刻回答了新时代发展的一系列重大问题，从根本上体现了新时代所处的发展阶段、发展方位和基本特征。尤其是共享发展作为新发展理念的立足点和落脚点，有效回应了"坚持以人民为中心""实现共同富裕""适应社会主要矛盾变化""全面建成小康社会""建设现代化强国"等"发展起来以后"的基本命题，集中体现了新时代所处的发展阶段、发展方位和基本特征，具有深刻的时代意蕴。

（一）共享发展是以人民为中心发展思想的根本体现

以人民为中心是新时代的根本立场和基本方略，贯穿于新时代的发展方位和基本特征的各个方面，是新发展理念的根本遵循。新时代无论是更好满足人民美好生活需要、更好体现社会主义本质新要求，还是真正实现民富国强，都要求坚持以人民为中心的发展思想。党的十九大指出，新时代"必须坚持以人民为中心的发展思想，不断促进人的全面发展"。以人民为中心的发展思想，以马克思主义唯物史观为哲学基础，反映了发展的人民主体地位和人民福祉目的内在要求，反映了人的美好生活需要、人的幸福、人的自由全面发展的价值目标，反映了社会主义实现公平正义和全体人民共同富裕的根本特征,深刻回答了发展目的(发展为了人民)、发展动力（发展依靠人民）、发展成果归属（发展成果由人民共享），在实践中要求不断实现好、维护好、发展好最广大人民的根本利益，不断满足人民获得感幸福感安全感。

共享发展充分体现了以人民为中心的发展思想。党的十八届五中全会在提出共享发展理念时指出，坚持共享发展，必须坚持发展为了人民、发展依靠人民、发展成果由人民共享，使全体人民在共建共享发展中有更多获得感。共享发展的哲学基础、基本内涵和根本要求与以人民为中心的发展思想高度一致。正因如此，习近平总书记指出，"共享理念实质就是坚持以人民为中心的发展思想"[①]。"以人民为中心的发展思想，不是一个抽象的、玄奥的概念，不能只停留在口头上、止步于思想环节，而要体现在经济社会发展各个环节"。要"体现在经济社会发展各个环节"，最根本的就是要坚持共享发展。共享发展坚持全民共享、全面共享、共建共享、渐进共享，要求通过全民共建共享和全面共创共享，将发展的过程与人的需要的满足过程结合起来，这是实现以人民为中心发展思想的根本路径；共享发展坚持"人人参与、人人尽力、人人享有"的根本要求，所谓"人人参与、人人尽力、人人享有"本质上就是发挥人民主体地位和首创精神，保证人人参与经济社会发展、公平获得发展机会，共同享有发展成果，这是实现好、维护好、发展好最广大人民根本利益的根本保障，也是人民获得感幸福感安全感的根本来源。

（二）共享发展是逐步实现共同富裕的根本要求

根据新时代的发展方位和基本特征，逐步实现共同富裕是新时代

---

① 《习近平谈治国理政》第二卷，外文出版社 2017 年版，第 214 页。

的主要命题。改革之初，根据我国落后的社会生产实际和平均主义盛行的状况，邓小平提出，"我们的政策是让一部分人、一部分地区先富起来，以带动和帮助落后的地区"①。并且明确指出，"这是一个大政策"。这实际上强调效率优先，兼顾公平，是"发展起来"的政治经济学。改革开放几十年后，我国一部分地区一部分人富了起来，与此同时形成了地区之间、城乡之间、不同人群之间贫富分化加剧，特别在持续高速增长的情况下劳动者报酬占 GDP 比重却逐年下降，基尼系数一直在警戒线边缘居高不下，离全体人民共享发展成果还有相当差距。邓小平指出，"社会主义最大的优越性就是共同富裕"②，"我们坚持走社会主义道路，根本目标是实现共同富裕"③。在南方谈话中，邓小平将共同富裕作为社会主义本质规定的核心内容。社会主义越发展越完善，社会主义的本质就越需要充分地显现。如果说，在"发展起来"的历史方位，让一部分人和一部分地区先富起来"事关大局"；在"发展起来以后"的历史方位，先富帮后富"也是个大局"④。邓小平提出，"共同致富，我们从改革一开始就讲，将来总有一天要成为中心课题"⑤；他认为，到一定阶段（实现小康）后就要提出先富帮后富的问题。党的十八大明确将"逐步实现全体人民共同富裕"增加为中国特色社会主义的新目标。党的十九大指出，中国特色社会主义的新时代是"逐步实现全体人民共同富裕的时代"，并将共同富裕作为新时代战略安排的重要内容，即在全面建成小康社会为共同富裕打下坚实基础上，到 2035 年"全体人民共

---

① 《邓小平文选》第 3 卷，人民出版社 1993 年版，第 155 页。
② 《邓小平文选》第 3 卷，人民出版社 1993 年版，第 364 页。
③ 《邓小平文选》第 3 卷，人民出版社 1993 年版，第 155 页。
④ 《邓小平年谱（一九七五——一九九七）》（下），中央文献出版社 2004 年版，第 1253 页。
⑤ 《邓小平文选》第 3 卷，人民出版社 1993 年版，第 364 页。

同富裕迈出坚实步伐",21 世纪中叶"全体人民共同富裕基本实现"。可见,由一部分人富起来到共同富裕,是新时代"一个新的重大转向"①,共同富裕成为新时代"发展起来后"历史方位的基本主题。

共享发展就是对共同富裕这一新发展方位主要命题的时代回应。习近平总书记指出,共享理念"体现的是逐步实现共同富裕的要求"②,要实现共同富裕,就必须坚持共享发展。共享发展源于共同富裕,马克思主义政治经济学将共同富裕概括为"生产将以所有人的富裕为目的"③,无疑是对共享发展价值取向的深刻表达。邓小平对共同富裕道路的探索和社会主义本质理论的提出,构成了共享发展在我国的产生发展和逐步演进的最初形态。进入新时代以后,无论是党的十八大提出"使发展成果更多更公平惠及全体人民,朝着共同富裕方向稳步前进";还是党的十八届五中全会提出"坚持共享发展……,使全体人民在共建共享发展中有更多获得感,增强发展动力,增进人民团结,朝着共同富裕方向稳步前进",都表明,共同富裕是共享发展的根本目标,共享发展是共同富裕的必由之路。

共享发展体现了先富帮后富的根本要求。在实践中,社会主义初级阶段的生产力水平决定了,共同富裕的实现是个循序渐进的过程,必须允许一部分人、一部分地区先富起来。但在共同富裕中,先富是手段,共同富裕是最终目的,先富帮后富是关键。党的十八届五中全会在提出共享发展的同时,也明确了共享发展的内容要求和制度保障。一方面,共享发展坚持全民共享即改革发展成果惠及全体人们,全面共享即人民

---

① 洪银兴:《中国特色社会主义政治经济学的新时代特征》,《中国浦东干部学院学报》2018 年第 4 期。

② 《习近平谈治国理政》第二卷,外文出版社 2017 年版,第 214 页。

③ 《马克思恩格斯全集》第 14 卷,人民出版社 2013 年版,第 29 页。

共享各方面的发展成果，共建共享即共同参与、共同发展、共同享有，渐进共享即共享水平从低级到高级、从不均衡到均衡的共享过程，其内容要求与共同富裕的途径、过程、目标完全一致①。另一方面，共享发展充分体现了先富帮后富的根本要求。在南方谈话中，邓小平阐述了"先富"帮"后富"的基本途径："先富起来的地区多交点利税，支持贫困地区的发展"②。党的十八届五中全会提出，坚持共享发展，必须"作出更有效的制度安排"③，并以税收调节、社会保障、转移支付等为主要手段，从公共服务、脱贫攻坚、教育就业、缩小收入差距、建立更公平的社会保障制度等方面为共享发展作出了初步"制度安排"，这些制度安排既是共享发展的制度安排，也是先富帮后富的制度安排，体现了先富帮后富的根本要求。

（三）共享发展是社会主要矛盾变化的应对方略

社会主要矛盾变化是新时代的根本依据和主要标志，社会主要矛盾内容的变化也反映了新时代的基本特征。1981 年党的十一届六中全会提出，在社会主义改造基本完成以后，我国所要解决的主要矛盾，是人民日益增长的物质文化需要同落后的社会生产之间的矛盾。经过改革开放四十年，我国无论是在社会生产方面，还是人民需要方面都取得了跨时代的进步，发生了历史性变化。总体来看，我国的"生产发展"尤其是物质生产，已经难言"落后"，生产落后状态下的社会主要矛盾基本得到解决。在人民需要方面，人民的温饱需要基本满足，基本小康需要也已满足，现在正从满足人民的"基本小康"需要向"全

---

① 任保平：《新时代中国特色社会主义政治学经济学的创新》，人民出版社 2018 年版，第 139—141 页。

② 《邓小平文选》第 3 卷，人民出版社 1993 年版，第 374 页。

③ 《中共中央关于制定国民经济与社会发展第十三个五年规划的建议》，《人民日报》2015 年 11 月 4 日。

面小康"需要飞跃；与此同时，通过覆盖城乡居民的社会保障体系，人民的基本生存需要和基础性发展需要得到满足。总体上看，满足人民物质文化生活需要的目标已经实现。党的十九大顺应这种客观实际的重大变化，对我国社会主要矛盾重新作出重大判断，指出我国社会主要矛盾已经转化为人民日益增长的美好生活需要和不平衡不充分的发展之间的矛盾。①

新时代我国"生产发展"方面的不平衡不充分，主要包括城乡发展不平衡，区域发展不平衡，城乡和区域的基本公共服务不平衡不充分，城乡、行业、人群、体制内外的收入分配不平衡，以及经济与社会、文化、生态发展不平衡。习近平总书记强调，着力解决好发展不平衡不充分问题，必须要深入贯彻新发展理念。也就是说，坚持新发展理念，是上述不平衡不充分发展问题的应对方略；在新发展理念中，共享发展理念更是直接针对和依据我国生产发展新阶段出现的不平衡不充分的矛盾和问题而提出的，是不平衡不充分发展的"对症药方"。

在人民需要方面，与人民的物质文化需要相比，日益广泛的"人民美好生活需要"的内容更为丰富更为复杂：一是需要层次开始提升。就物质文化需要而言，人民已经不满足于简单的衣食住行等温饱需要，也不满足于保证基本生活和达到丰衣足食水平的小康需要；而是对物质文化生活有了高质量、高水平、多样性、丰富性等更高要求。二是需要重心发生转化。物质文化需要主要产生于经济和文化领域，而人民美好生活新需要则分布领域广泛，除了物质经济和文化领域外，还包括政治、社会、生态等多种领域，并且人民需要的重心开始由经济领域向政治、社会、生态等领域转化。三是需要内涵得以拓展，即除了物质文化需要

---

① 习近平：《决胜全面建成小康社会　夺取新时代中国特色社会主义伟大胜利——在中国共产党第十九次全国代表大会上的报告》，《人民日报》2017 年 10 月 28 日。

以外，人民需要出现了民主、法治、公平、正义、安全、环境等方面的现实增量[1]。人民的公平诉求、法治诉求、权利诉求更加明显，参与意识、表达意识、民主意识更为强烈。不难看出，人民需要正在发生由硬需要向软需要转变，由生存型需要向发展型需要转变，人民更加注重获得感、幸福感、安全感、尊严感等。不断适应人民需要层次和需要内涵的提升，不断满足人民需要的现实增量，就必须坚持共享发展理念，在共建共享中满足人民的获得感公平感幸福感安全感。

（四）共享发展是决胜全面建成小康社会的重要保证

决胜全面建成小康社会是新时代的重要使命，充分体现了新时代历史方位的基本特征和根本要求。改革开放初，邓小平在规划我国的现代化战略时提出，到20世纪末"在中国建立一个小康社会"的奋斗目标。在解决人民温饱问题、人民生活总体上达到小康水平的基础上，针对"不全面、低水平、不平衡"的基本小康，新世纪初我们提出要全面建设发展成果惠及十几亿人民的小康社会。党的十八大明确提出"到2020年全面建成小康社会"，并赋予全面小康更高的标准、更丰富的内涵。党的十九大指出，新时代是决胜全面建成小康社会的伟大时代，并向全党全国发出了决胜全面建成小康社会的动员令，表明全面小康进入攻坚拔寨、决战决胜的最关键时期。

全面小康，贵在全面，也难在全面。"小康"讲的是发展水平，"全面"讲的是发展的平衡性、协调性和可持续性[2]。所谓全面，主要指的是覆盖领域全面，即"五位一体"全面进步的小康；覆盖人口全面，

---

① 魏志奇：《社会主要矛盾变化对共享发展的新要求》，《当代世界社会主义问题研究》2019年第1期。

② 中共中央宣传部：《习近平新时代中国特色社会主义思想三十讲》，学习出版社2018年版，第119页。

即全民小康，"一个也不能少"；覆盖区域全面，即城乡区域共同发展，"小康不小康，关键看老乡"。由此可见，全面建成小康社会，"短板"仍是农村地区和贫困人口。习近平总书记指出，"没有农村的小康，特别是没有贫困地区的小康，就没有全面建成小康社会"①。党的十八届五中全会正是聚焦全面建成小康社会伟大目标的实现，提出了共享发展，旨在通过共享发展补齐短板，让贫困人口和贫困地区同全国一道进入全面小康社会。

补齐短板，消除贫困，决胜全面小康，必须坚持共享发展。共享发展本身内含着发展不是部分人群的发展、部分区域的发展、部分领域的发展而是全民共享、全面共享的含义，全民共享深刻阐明了共享发展的主体是全民，覆盖了所有人，尤其是贫困人口和弱势群体共享发展成果。习近平总书记指出："共享发展是人人享有、各得其所，不是少数人共享、一部分人共享"；全面共享阐明了共享发展的客体是经济政治文化社会生态文明发展成果，体现了共享发展成果的全面性和人民需要的广泛性。党的十八届五中全会指出，共享发展要"注重机会公平，保障基本民生，实现全体人民共同迈入全面小康社会"。如果说，共同富裕是共享发展的最终目标，那么，全面建成小康社会就是共享发展的近期目标。共享发展以消除贫困、缩小收入差距，保障公平正义为重点，在公共服务、脱贫、就业、教育、医疗、社会保障等方面，为全面决胜小康社会作出有效的制度安排、提供重要保证。

---

① 习近平：《做焦裕禄式的县委书记》，中央文献出版社 2015 年版，第 16 页。

第三章 | 社会主要矛盾变化及其新要求

社会主要矛盾变化是中国特色社会主义新时代的主要标志，它标志着新时代人民需要明显变化，标志着新时代社会生产显著提高；社会主要矛盾变化构成了中国特色社会主义新时代的基本特征，为新时代党和国家各项事业发展提供了基本依据。必须紧扣社会主要矛盾转变，深入分析社会主要矛盾变化的内在规律和基本逻辑，并以此为科学指引和重要起点，重新审视新时代党和国家的发展战略、发展思路和发展理念。

第一节　社会主要矛盾的作用和抓主要矛盾的意义

一、社会主要矛盾的内涵和地位作用

世界是由矛盾组成的，矛盾是无所不在的。"事物（现象等）是对立面的总和与统一"，事物之间存在种种的"对立"关系，这种对立关系就是矛盾。基本矛盾是贯穿于事物发展过程的始终，并且规定着事物发展过程的基本性质的矛盾。社会基本矛盾，存在于各种社会矛盾中，

是在多种社会矛盾中发挥本源作用、总制动作用的矛盾，它规定着社会的主要性质和基本结构。按照历史唯物主义的观点，社会基本矛盾存在于一切社会形态之中，毛泽东在《关于正确处理人民内部矛盾的问题》中指出："在社会主义社会中，基本的矛盾仍然是生产关系和生产力之间的矛盾，上层建筑和经济基础之间的矛盾。"[①]

在社会发展的不同阶段，各种矛盾的地位和作用是不平衡的，有且只有一种矛盾在社会基本矛盾中居于支配地位，起着规定或影响其他矛盾的作用，这就是社会主要矛盾。其他矛盾则处于次要和服从的地位。社会基本矛盾决定社会主要矛盾，社会主要矛盾是社会基本矛盾在特定历史时期和阶段的具体表现。通过主要矛盾，可以从总体上认识和把握特定社会或特定社会阶段内的总体状况与根本特征。基本矛盾和主要矛盾处于相对稳定统一的状态，但在不同历史时期和阶段，社会主要矛盾往往会发生相应变化，呈现出不同的表现形式。着力解决社会主要矛盾，不仅对社会基本矛盾的解决具有重要作用，而且对特定历史时期和历史阶段的事物全局的发展具有决定性的意义。社会主要矛盾或者在事物发展的某一阶段得到解决，或者转化为次要矛盾。

在阶级社会中，由于对生产资料的关系不同，各个阶级有着不同的利益和要求，就形成了各种阶级矛盾。在以生产资料私人占有为基础的社会里，社会主要矛盾主要体现为阶级矛盾。如，奴隶社会的主要矛盾是奴隶主阶级和奴隶阶级的矛盾，封建社会的主要矛盾是地主阶级和农民阶级的矛盾，资本主义社会的主要矛盾是资产阶级和无产阶级的矛盾。[②]毛泽东举例说，在资本主义社会中，无产阶级和资产阶级这两个

---

① 《毛泽东文集》第 7 卷，人民出版社 1999 年版，第 214 页。
② 王向清、杨真真：《社会基本矛盾和社会主要矛盾及其辩证关系论析》，《世界哲学》2019 年第 4 期。

矛盾着的力量是主要的矛盾；其他的矛盾力量，都为这个主要的矛盾力量所规定、所影响。① 在以生产资料公有制为基础的社会主义社会里，由于消灭了阶级剥削，社会主要矛盾不再是阶级矛盾了，而是人民内部矛盾。毛泽东在《关于正确处理人民内部矛盾的问题》中提出，"社会主义社会的这些矛盾，同旧社会的生产关系和生产力的矛盾、上层建筑和经济基础的矛盾，具有根本不同的性质和情况"。可以通过社会主义制度本身的改革与完善逐步得到解决。党的八大关于社会主要矛盾的阐述，清楚地表明，进入社会主义社会后，阶级斗争不再是社会主要矛盾，社会主要矛盾的实质是先进的社会主义制度同落后的社会生产力之间的矛盾。

矛盾的主要方面，是另外一个哲学范畴。在社会主要矛盾内部，同样存在着对立统一的矛盾的主次两个方面，其地位和作用是不相同的。"矛盾着的两个方面，必有一方面是主要的，他方面是次要的。其主要的方面，即所谓矛盾起主导作用的方面。事物的性质，主要的是由取得支配地位的矛盾的主要方面所规定的。""矛盾的主要和非主要的方面互相转化着，事物的性质也就随着起变化。"② 可见，矛盾的主要方面对认识和解决矛盾起着主导作用，我们不仅要抓住主要矛盾，还要科学分析矛盾对立双方的关系，抓住矛盾的主要方面。

社会主要矛盾原理告诉我们，要推动党和国家各项事业发展，必须深刻认识和把握社会发展的主要矛盾。把握了社会发展的主要矛盾，也就从诸多的社会矛盾中抓住了根本，从而也为更好地解决矛盾提供了根本方法。矛盾主次方面的关系原理要求我们，在认识

---

① 《毛泽东选集》第 1 卷，人民出版社 1991 年版，第 320 页。
② 《毛泽东选集》第 1 卷，人民出版社 1991 年版，第 322 页。

事物时，必须分析矛盾对立双方的关系，把握矛盾的主要方面，这样才能正确认识事物的主流和性质。由此，社会主要矛盾和矛盾的主要方面，决定了特定历史阶段党和国家的工作重心、中心任务和工作重点。

社会主要矛盾原理告诉我们，社会主要矛盾是特定历史时期或者历史阶段对事物发展全局具有决定性作用的矛盾，不同的历史时期或者社会阶段，社会主要矛盾往往会发生相应变化，会有不同的呈现，社会主要矛盾或者在事物发展的某一阶段得到解决，或者转化为次要矛盾。正是根据革命和建设形势的发展变化，我们提出了社会主要矛盾的变化，并以此为依据，制定了党在过渡时期的总路线，成功指引1956年我国基本上完成社会主义改造。这要求我们必须坚持具体问题具体分析，科学分析我国基本国情不断变化的实际，科学把握不同历史时期或社会阶段不同的社会主要矛盾，主动适应社会主要矛盾在不同历史时期或社会阶段的转化。

社会主要矛盾和社会基本矛盾的关系原理也告诉我们，社会主要矛盾的解决依赖于社会基本矛盾的解决。社会基本矛盾的存在决定和影响着社会主要矛盾的存在和解决。不同社会形态或同一社会形态的不同发展阶段之所以存在各种社会主要矛盾，基本原因是受制于生产力与生产关系的矛盾，而这其中主要的原因是社会生产力不够发达①。比如，1956年党的八大指出，生产资料私有制的社会主义改造基本完成以后，国内的主要矛盾是人民对于建立先进的工业国的要求同落后的农业国的现实之间的矛盾。由此可见，是"生产力与生产关系的基本矛盾"引发了"社会主义改造基本完成以后国

---

① 王向清、杨真真：《社会基本矛盾和社会主要矛盾及其辩证关系论析》，《世界哲学》2019年第4期。

内的主要矛盾"的形成和运动过程。这其中，"落后的农业国的现实"和"当前经济文化不能满足人民需要"，作为矛盾的主要方面，又指明了解决社会主要矛盾的根本途径，就是发展生产力，特别要建设社会主义工业化国家。当然，反过来，特定历史时期和社会阶段社会主要矛盾的解决，又反作用于社会基本矛盾的解决，推动社会"波浪式前进螺旋式上升"。

二、抓社会主要矛盾的意义

毛泽东提出，如果不研究主要的矛盾和非主要的矛盾以及矛盾之主要的方面和非主要的方面这两种情形，也就是说，不研究这两种矛盾情况的差别性，那就将陷入抽象的研究，不能具体地懂得矛盾的情况，因而也就不能找出解决矛盾的正确的方法……成为革命政党正确地决定其政治上和军事上的战略战术方针的重要方法之一，是一切共产党人都应当注意的。[①]中国共产党在中国革命、建设和改革的历史过程中，正是充分认识和正确把握了不同历史时期和不同社会发展阶段的社会主要矛盾，才找到了革命、建设和改革的正确途径，才赢得了一个又一个的伟大胜利，取得了一个接一个的伟大成就，这是经验。相反，我们在认识和把握社会主要矛盾过程中，也因为认识失误或者正确认识了但并没有很好坚持，使社会主要矛盾没有得到很好的解决，导致党和国家事业停滞不前或者遭遇挫折。这是教训。

新民主主义革命时期，半殖民地半封建的中国社会面临着各种错综复杂的社会矛盾，中华民族遭受帝国主义列强侵略，国内军阀混战、民不聊生，地主阶级剥削广大农民群众，新兴工人阶级遭受国内外资产

---

① 《毛泽东选集》第 1 卷，人民出版社 1991 年版，第 326 页。

阶级剥削，导致人民苦难深重。也就是说，近代中国存在帝国主义与中华民族的矛盾、封建地主阶级与农民阶级的矛盾、资产阶级与无产阶级的矛盾，国内各军阀之间的矛盾，以及军阀与人民的矛盾。以毛泽东同志为代表的中国共产党人在革命斗争中苦苦求索，最终得出结论："帝国主义和中华民族的矛盾，封建主义和人民大众的矛盾，这些就是近代中国社会的主要的矛盾。……而帝国主义和中华民族的矛盾，乃是各种矛盾中的最主要的矛盾。"[1] 在近代中国社会，只有抓住并解决了这个社会主要矛盾，才能挽救民族危亡，才能从根本上为把中国社会推向前进扫清障碍。正是基于对当时社会主要矛盾的正确认识，我们党才科学制定了新民主主义革命的总路线总任务，推翻了"三座大山"，取得了新民主主义革命的伟大胜利。

抗日战争时期，中华民族与日本帝国主义侵略者的矛盾成为主要矛盾。基于此，中国共产党北上抗日，提出了建立抗日民族统一战线的主张，在处理民族内部各种矛盾时坚持以团结促抗战、以斗争促团结，不仅使中国共产党在最为艰难的历史时刻找到了生存发展和争取革命胜利的新的希望，而且使党在抗日战争中起到了中流砥柱的作用，最终使中华民族和中国人民取得了抗日战争的伟大胜利。[2]

1956 年，随着社会主义改造的完成，我国进入了社会主义社会。党的八大正确分析了我国社会的根本性变化，提出在社会主义制度之下，无产阶级同资产阶级的矛盾已经基本解决，我国的主要矛盾是人民对建立先进的工业国的要求同落后的农业国的现实之间的矛盾。[3]

---

① 《毛泽东选集》第 2 卷，人民出版社 1991 年版，第 631 页。

② 张巨成：《社会主要矛盾的新判断找准了新时代历史发展的新动力》，《红旗文稿》2018 年第 9 期。

③ 《建国以来重要文献选编》第 9 册，中央文献出版社 1994 年版，第 341 页。

这个判断是准确和科学的，要求党和国家集中力量发展生产力、建设社会主义工业化国家。但由于缺乏社会主义建设经验，后来受到国内外各种因素的影响，这一正确的社会主要矛盾判断，没有坚持下来。受到反右派斗争的影响，毛泽东在 1957 年 10 月的八届三中全会闭幕会上又提出：无产阶级和资产阶级的矛盾，社会主义道路和资本主义道路的矛盾，毫无疑问，这是当前我国社会的主要矛盾。1962 年 10 月，党的八届十中全会把"整个过渡时期"无产阶级同资产阶级的矛盾始终是社会的主要矛盾的论点进一步延伸到"整个社会主义历史阶段"，以致于后来发展为"文化大革命"十年内乱，党和国家各项事业遭受了严重挫折。

1978 年召开的中共十一届三中全会，果断纠正了"以阶级斗争为纲"的错误方针，标志着我国进入改革开放新时期。1981 年 6 月召开的十一届六中全会通过的《关于建国以来党的若干历史问题的决议》指出："在社会主义改造基本完成以后，我国所要解决的主要矛盾，是人民日益增长的物质文化需要同落后的社会生产之间的矛盾。"[①]据此，党和国家工作的重点开始转移到以经济建设为中心上来，大力发展社会生产力，不断改善人民的物质文化生活，成为改革开放新时期的根本任务。这一社会主要矛盾判断，成为改革开放历史进程中党和国家制定各项路线、方针、政策的重要依据。正是对这一社会主要矛盾的正确判断及其在此基础上制定的正确的社会主义初级阶段的基本路线，我国才开辟了中国特色社会主义道路，并坚定不移沿着中国特色社会主义道路阔步前进，改革开放几十年中国特色社会主义才取得了巨大历史成就。

---

① 《三中全会以来重要文献选编》（下），中央文献出版社 2011 年版，第 168 页。

在取得历史性发展成就的基础上，我国社会发展进入了新阶段，出现了新的阶段性特征，党的十九大对中国特色社会主义新时代我国社会主要矛盾作出了新概括。新的社会主要矛盾判断，顺应了我国社会发展规律，适应了我国经济社会发展的阶段性特征，适应了人民的美好生活新期待，明确了新时代我国经济社会发展过程中的深层次矛盾和问题，提出了解决好发展不平衡不充分问题、大力提升发展质量和发展效益的新要求，是新时代党和国家各项事业发展的重要依据，将指引我国实现全面建成小康社会、基本实现社会主义现代化、全面建成社会主义现代化强国。

历史充分证明，党和国家事业能不能顺利发展，与我们能否随着社会历史条件的变化深刻认识和正确把握社会主要矛盾紧密相关。当我们能够随着革命、建设和改革事业的发展对主要矛盾做出科学准确的判断，我们制定的路线、方针和政策就符合实际，党和国家的事业就顺利发展；当社会主要矛盾没有被正确地认识或者没有主动适应社会主要矛盾的变化，我们制定的路线、方针和政策可能偏离实际，党和国家的事业就遭受挫折甚至后退。当然，能否正确把握社会主要矛盾及其转化，不是人的主观意志决定的，而是社会实践推动社会不断发展进步的结果，是经济社会发展的历史性变化和规律性使然。因此，对社会主要矛盾的准确概括和科学把握，必须建立在对经济社会发展规律的深刻认识、对社会主义现代化建设规律的深刻认识、对人类社会发展规律的深刻认识的基础之上。只有如此，才能及时、准确、科学地对社会主要矛盾做出正确判断，进而也才能制定出适应社会发展客观实际和生产力发展新要求的路线、方针和政策。

第二节　社会主要矛盾转化的基本规律

社会主要矛盾转化，是社会发展基本规律的具体反映，有其基本的理论逻辑。科学认识社会主要矛盾变化，必须研究社会主要矛盾转化的理论逻辑，必须搞清楚两个基本的理论问题：社会主要矛盾转化是生产力和生产关系矛盾运动的结果，是供给侧与需求侧矛盾运动的结果。适应社会主要矛盾变化，也必须以生产力和生产关系的矛盾运动和供给侧与需求侧的矛盾运动为理论依据。

一、生产力和生产关系的矛盾运动

（一）社会主要矛盾的变化是生产力和生产关系辩证运动的结果

根据上一节对社会主要矛盾与社会基本矛盾关系的分析，社会基本矛盾存在于社会主要矛盾中，社会主要矛盾是对社会基本矛盾的具体反映。研究社会主要矛盾变化，必须追溯到社会基本矛盾运动尤其是生产力和生产关系的矛盾运动中。当前我国社会主要矛盾的变化，从根本上来说，是生产力和生产关系辩证运动的结果，是生产力与生产关系的运动演进在中国特色社会主义新时代的具体反映。只有科学把握新时代中国特色社会主义生产力与生产关系的矛盾运动，才能准确把握社会主要矛盾变化提出的新要求。

历史唯物主义观点认为，生产力与生产关系相互依存、相互对立、相互作用，对立统一于生产方式这个矛盾统一体中。生产力和生产关系"两个相互矛盾方面的共存、斗争以及融合成一个新范畴，就是辩证运动"①。正是在生产力与生产关系的共存、对立、适应和融合过程中，推动社会生产不断向前发展。生产力在根本上决定生产方式的存在、发展和变革，而生产关系直接规定了生产力的性质。二者之间，生产力是矛盾的主要方面，对生产关系起着决定作用，生产关系必须适应生产力的发展。历史唯物主义也认为，生产力是生产方式中最活跃、最革命的因素，经常处于变化和发展之中；与生产力相比较，生产关系则具有相对稳定性，适应特定生产力而产生的生产关系在一定的历史时期内会保持相对稳定的形式。但是，随着生产力的不断发展，生产关系在相对稳定中也会发生部分的、某些方面的重要变化，当生产力发展到一定阶段引起质变时，就会引起生产关系的变革。马克思在 1859 年出版的《〈政治经济学批判〉序言》中对此作了简明扼要而又极其深刻透彻的阐述②。

在整个社会主义初级阶段，生产力和生产关系的矛盾运动使社会主义初级阶段经历若干个具体的发展阶段，每一个阶段会因为生产力的发展与上一阶段相比呈现出逐次递进的特点，即生产力发展水平不断登上新的台阶，生产关系也随之适应生产力发展而不断调整和完善。社会主要矛盾的变化，就是生产力在特定历史阶段上了新的台阶的重要标志，也是生产关系随之调整和适应的标志。新中国成立以来的三次社会主要矛盾的变化，就是我国生产力发展水平取得"部分的、某些方面的重要变化"的标志，也是我国社会主义生产关系进行调整和完善的重要节点。每一次社会主要矛盾的变化，都促进社会主义初级阶段进入了新的发展阶段。不同发展阶段会因为生产力发展状况有所不同，也会因为生产关

---

① 《马克思恩格斯选集》第 1 卷，人民出版社 2012 年版，第 225 页。

② 《马克思恩格斯选集》第 2 卷，人民出版社 2012 年版，第 2—3 页。

系的差异而有所不同，但都没有改变生产关系的根本性质，只是对生产关系的阶段性克服、扬弃与超越。如，1981年党的十一届六中全会在作出社会主要矛盾变化时，意味着社会主义初级阶段生产力和生产关系发展的重要里程碑，成为改革开放的理论基础和重要标志；党的十九大关于社会主要矛盾转化的判断，成为中国特色社会主义进入新时代的主要标志。由此我们看到，社会主要矛盾变化区别了社会主义初级阶段不同的发展阶段，但因为生产力没有发生"质"的变化，因而社会主要矛盾变化并没有从根本上改变我国的生产关系，使我国走出社会主义初级阶段。

（二）社会主要矛盾转化反映了新时代我国生产力的发展特征

新时代社会主要矛盾的转化，是我国改革开放四十年生产力跃升的必然结果。习近平总书记在党的十九大报告中指出，我国社会生产力水平总体上显著提高[①]，这是中国特色社会主义生产力在新时代发展阶段的鲜明特征。新中国成立以后，特别是改革开放以来，我国社会生产力得到极大解放，生产力水平较新中国成立之初的"一穷二白"和改革开放初期的"落后"，实现了质的跃升。主要表现在：我国已经改变了过去生产力水平不高而导致长期的生产供给不足成为经济社会发展根本制约的状况，现阶段我国社会产品实现了总体平衡和局部过剩的状况；全国主要区域和主要经济行业生产能力获得巨大的提升，国民经济结构实现了重大变革，产业结构具有现代化分布特征；我国社会生产力的显著跃升，还体现在我国用了短短几十年的时间，完成了西方发达资本主义国家几百年完成的工业化，现在处于工业化中后期并叠加融合信息化；在内涵特征

---

① 习近平：《决胜全面建成小康社会 夺取新时代中国特色社会主义伟大胜利——在中国共产党第十九次全国代表大会上的报告》，人民出版社2017年版，第11页。

上，已经表现为党的十九大报告指出的"由高速增长转向高质量发展阶段"①，高质量发展成为新时代我国生产力发展的根本特征。这是新时代我国生产力发生"部分的、某些方面的重要变化"基本内涵。

不平衡不充分是新时代生产力发展的另一鲜明特征。生产力发展不平衡，主要体现在生产力的产业发展、行业发展、区域发展和城乡发展不平衡；尤其是城乡发展和区域发展差距较大，对此，很多人有一个形象的说法：我国是"一个国家三个世界"。这是新时代生产力水平整体上仍然没有摆脱"不发达"状态的根本制约。生产力发展水平不充分，体现在技术创新能力不强、资源能源制约较为突出，资源配置效率仍然不高，全要素生产率水平不高，导致生产力发展的质量和效益不高。比如，2018 年 5 月以来，美国特朗普政府对我国发起的贸易战、科技战，使国人充分认识到，我国还有很多"卡脖子技术"被别人拿捏，一旦对方实行技术产品断供，我国很多企业面临倒闭破产，从侧面体现了我国生产力发展不充分的问题。再比如，我国单位 GDP能耗约为世界平均水平的 2 倍；单位 GDP 能耗不仅高于发达国家，也高于巴西、墨西哥等发展中国家。较低的能效水平，反映了我国发展方式仍相对粗放、能耗和排放仍然处于较高水平，我国通过技术改进推进节能减排的空间还非常大。正如党的十九大报告指出的，我国"发展质量和效益还不高，创新能力不够强，实体经济水平有待提高，生态环境保护任重道远"②。

---

　　① 习近平：《决胜全面建成小康社会 夺取新时代中国特色社会主义伟大胜利——在中国共产党第十九次全国代表大会上的报告》，人民出版社 2017 年版，第 29 页。

　　② 习近平：《决胜全面建成小康社会 夺取新时代中国特色社会主义伟大胜利——在中国共产党第十九次全国代表大会上的报告》，人民出版社 2017 年版，第 9 页。

（三）社会主要矛盾变化反映了社会主义初级阶段生产关系的部分变化

从生产关系适应生产力发展状况来看，社会主义初级阶段的生产关系总体上仍然适应生产力的发展。相对于生产力作为生产方式中"最活跃的因素"，生产关系相对稳定，只有当"原来的生产关系再也容纳不下生产力的发展"的时候，才会引起生产关系的根本变革。新时代生产力发展不平衡和不充分的特征表明，新时代的生产力发展还完全没有达到需要改变社会主义初级阶段的生产关系的阶段，仍然没有摆脱社会主义初级阶段"不发达"的状态。换言之，社会主义初级阶段的生产关系仍然适应现阶段我国的生产力发展水平。根据党的十三大报告，社会主义初级阶段"特指我国在生产力落后、商品经济不发达条件下建设社会主义必然要经历的特定阶段"①，我国在社会主义初级阶段要完成发达国家在资本主义条件下已经完成的工业化和生产的市场化、社会化和现代化的历史任务。新时代的生产力还没有完成社会主义初级阶段的历史使命。我们还必须坚持以经济建设为中心、坚持四项基本原则、坚持改革开放的社会主义初级阶段基本路线；还必须坚持社会主义初级阶段的以公有制为主体、多种所有制经济共同发展的所有制结构，以及与之相适应的按劳分配为主体、多种分配方式并存的分配制度；在实现社会主义的共同富裕道路上，坚持承认和鼓励先富，同时也鼓励先富帮后富，等等。可见，只有坚持社会主义初级阶段的生产关系，才能解放和发展生产力，才能保证让一切创造财富的源泉充分涌流，才能完成社会主义初级阶段的现代化建设使命。正如习近平总书记在党的十九大报告中指出的，社会主要矛盾的变化，没有改变我们对我国社会主义所处历史阶

---

① 《十三大以来重要文献选编》（上），人民出版社 1991 年版，第 12 页。

段的判断，"我国仍处于并将长期处于社会主义初级阶段的基本国情没有变，我国是世界最大发展中国家的国际地位没有变"，"全党要牢牢把握社会主义初级阶段这个基本国情，牢牢立足社会主义初级阶段这个最大实际，牢牢坚持党的基本路线这个党和国家的生命线、人民的幸福线。"① 这是一方面。

但另一方面，适应生产力发展的新要求，社会主义初级阶段的生产关系在相对稳定中也发生了重要变化。必须看到，新时代生产力发展的不平衡不充分，是相对于社会主义初级阶段生产关系不断发展的新要求和不断完善的新变化下的不平衡不充分，不是单纯就生产力发展水平而言的绝对的不平衡不充分。总体来说，社会主要矛盾发生变化，中国特色社会主义进入新时代，我国进入了社会主义初级阶段的新发展阶段，这些变化使我国生产关系出现了新的要求。主要体现在：人与人、人与社会之间关系要求更加和谐、人与自然的关系要求更加和谐、城市与乡村之间要求更加协同、区域之间发展要求更加协调。新发展理念正是适应生产关系的这些新要求而确立起来的。同时，社会主义初级阶段生产关系也处于不断完善的新变化之中，主要表现为：我国建设富强、民主、文明、和谐、美丽的社会主义现代化国家的要求更高更全面；人民对美好生活需要有民主、法治、公平、正义等方面的更高要求和更高期待；新时代在坚持以经济建设为中心的同时，我们也强调坚持以人民为中心，更加强调人的自由全面发展的价值目标；在坚持社会主义本质是"解放生产力、发展生产力，消灭剥削、消除两极分化，最终达到共同富裕"的同时，我们提出"消除贫困、

---

① 习近平：《决胜全面建成小康社会　夺取新时代中国特色社会主义伟大胜利——在中国共产党第十九次全国代表大会上的报告》，人民出版社 2017 年版，第 12 页。

改善民生、逐步实现共同富裕，是社会主义的本质要求"①，即更加强调消除贫困、把共同富裕目标放在更加突出的位置上，这是新时代社会主义本质的新发展，是社会主义初级阶段"生产关系在相对稳定中发生的部分的、某些方面的重要变化"。

二、供给侧和需求侧的矛盾运动

作为政治经济学的一个重要理论和实践问题，社会主要矛盾的转化，是供给与需求之间矛盾关系的综合表征，是改革开放几十年我国跨越式发展带来的供给与需求的显著变化的结果。只有科学把握供给与需求之间的辩证运动关系，并基于供给侧与需求侧理论和方法的科学分析，才能深刻认识社会主要矛盾变化的内在规律，才能厘清社会主要矛盾发生的具体变化，才能更准确地把握社会主要矛盾变化提出的新要求。

（一）供给与需求的基本关系

供给与需求如一个硬币的两面，互相依存、不可分割，是既对立又统一的关系。供给和需求在经济学理论中有很复杂的分析，其基本关系是：供给可以决定需求，人们只能消费被供给的商品和服务；反过来，需求也可以决定供给，不被需求的商品和服务属于无效供给。生产在经济活动中始终起着支配的作用，供给和需求都决定于生产；同时又必须高度重视分配、流通和消费对于生产的巨大反作用。马克思认为，一定的生产决定一定的消费、分配、交换和这些不同要素相互间的一定关系②。习近平总书记指出："没有需求，供给就无从实现，新的需求

① 《习近平谈治国理政》第二卷，外文出版社 2017 年版，第 83 页。
② 《马克思恩格斯选集》第 2 卷，人民出版社 2012 年版，第 689 页。

可以催生新的供给；没有供给，需求就无法满足，新的供给可以创造新的需求。"①供给侧和需求侧是管理和调控宏观经济形势的两个基本手段，二者是一个整体，不可偏废。只有二者相互配合、协调推进，经济社会发展才能平稳健康。

马克思主义政治经济学认为，供给和需求的关系，反映的是特定社会的生产方式，生产方式既决定了供给的方式和结构，又直接规定着需求的结构。在资本主义生产方式下，剩余价值规律支配着资本主义生产的全部活动，资本主义生产追求无限的价值增殖为目的。资本积累和劳动生产率的提高，必然造成财富占有在资本和劳动两方面的两极分化，所以，有支付能力的需求与生产供给相比总是不足的。②因此，生产之间的矛盾以及生产与最终消费之间的矛盾，是资本主义生产方式内部无法调和的矛盾。"生产力越发展，它就越和消费关系的狭隘基础发生冲突"，"所生产的剩余价值的量虽然会增加，但是生产剩余价值的条件和实现这个剩余价值的条件之间的矛盾，恰好也会随之而增大"③。资本主义周期性的经济危机的直接性原因，就是供给侧和需求侧的矛盾。

在社会主义社会，建立在社会化大生产基础上的生产资料公有制，为社会生产力的发展提供了广阔的空间；按劳分配原则基础上的收入分配制度，有效避免了社会财富占有和收入分配的两极分化，也有效避免了资本主义条件下人民群众消费的有效需求不足的问题。由于 20 世纪产生的社会主义国家都脱胎于经济社会不发达的国家，因而社会主义社

① 习近平：《在省部级主要领导干部学习贯彻党的十八届五中全会精神专题研讨班上的讲话》，《人民日报》2016 年 5 月 10 日。

② 邱海平：《马克思主义政治经济学对于供给侧结构性改革的现实指导意义》，《红旗文稿》2016 年第 2 期。

③ 《马克思恩格斯选集》第 2 卷，人民出版社 2012 年版，第 507 页。

会人民需求的满足，主要不是受到生产方式的限制，而是受到生产力发展水平的制约。生产力水平发展越高，人民需求的内容和范围更加丰富、层次和级别会更高；同时，已经得到满足的需求又不断引发新的需求，新的和更好更高的需求，通过反作用于社会生产，又促进生产力的进一步发展，形成了供给与需求的辩证运动。

（二）社会主要矛盾变化是供给侧和需求侧矛盾运动的必然结果

社会主义初级阶段的社会主要矛盾及其转化，充分体现了社会主义条件下供给侧和需求侧矛盾运动的辩证关系。从社会主要矛盾的表述来看，"落后的社会生产和人民日益增长的物质文化需要"与"人民日益增长的美好生活需要和不平衡不充分的发展之间的矛盾"的社会主要矛盾，都是供给和需求的矛盾。"落后的社会生产"是供给，"人民日益增长的物质文化需要"是需求；"落后的社会生产"的供给是相对于"人民日益增长的物质文化需要"的需求的。这一供给和需求的矛盾运动伴随了我国改革开放几十年，通过供给对需求的满足，促使改革开放几十年我国人民需求无论在广度和深度上都有很大变化，总体上实现了从解决温饱到基本小康、从基本小康到全面小康的伟大飞跃。同时，通过需求对供给的反作用，改革开放几十年我国生产供给状况也发生了巨大飞跃。我国的社会生产在很多方面处于世界前列，很重要的原因是我国数以亿计的消费需求优势和庞大的市场优势。

人民需求和生产供给的辩证运动的结果，是需求和供给的内涵不断发生重大变化，表现形式也不断更新，最终随着供给和需求矛盾运动的内涵和表现发生整体性变化，社会主要矛盾的转化就是必然的结果。事实上，在改革开放几十年我国生产和供给长期量变的基础上，党的十八大后发生的历史性和系统性巨变，促使我国供给和需求整体上发生了从不平衡到平衡、再到新的不平衡的变化。于是，我们看到，党的十八大以来，关于社会主要矛盾是否已经发生了变化的重大问题不时被提及和讨论。党的十八大重申了我国社会主要矛盾没有发生变化，党的十九大顺应我国生产供给与人民需求方面质的变化，重新界定了社会主要矛盾。从中可以看出，生产发展水平决定了供给和需求矛盾的形式与内容的变化，社会主要矛盾必然会随着供给与需求矛盾发生的根本性变化而实现转化。这是社会主义生产方式条件下，供给侧与需求侧矛盾运动的一般规律。

新的社会主要矛盾发生转化，从供给与需求矛盾变化的角度来说，就是"规模数量不足型"的供需矛盾转向了"优质供应不足型"的供需矛盾。生产力的发展和人民收入水平的增长，促使我国的生产和供给总水平整体上显著提高，有些中低端供给已经出现了产能过剩。这一方面表明，人民的温饱问题已总体上解决；另一方面也表明，随着人民消费不断升级、人民需求不仅对物质文化需要有了更高要求，人民需求的层次和质量提高了，人民需求有了公平正义、民主法治、安全环境等方面的新增量。但是与此需求变化相对应，我国的整体供给结构中，优质的、中高端产品和现代服务业呈现出"有效供给不足"，公平正义、安全环境方面的新增量的供给也呈现出相对不足。正是供给侧的结构性问题不能充分满足人民日益增长的美好生活需要，从而形成了供给与需求的新的不平衡。事实证明：我国不是需求不足，或没有需求，而是需求变了，供给的产品却没有变，质量、服务没有跟上。习近平总书记指出：综合分析，当前制约我国经济发展的因素，有周期性、总量性的，但主要是结构性的。结构性问题，供给和需求两侧都有，但矛盾的主要方面在供给侧。[①] 有效供给、优质供给不足，

---

　　① 习近平：《把改善供给侧结构作为主攻方向　推动经济朝着更高质量方向发展》，《人民日报》2017 年 1 月 23 日。

成为矛盾的主要方面。

既然社会主要矛盾变化是社会主义生产条件下，供给与需求矛盾运动的必然结果，那么，我们必须遵循和顺应这一客观规律的变化。当前，我国的生产供给已经不再落后，不平衡不充分的发展成为主要制约因素。社会主要矛盾的供需两方面都发生了深刻变化，但矛盾的主要方面还是供给问题，即发展的不平衡不充分。解决好社会主要矛盾，就必须紧紧抓住矛盾的主要方面，扩大优质增量供给、不断提高整个供给体系的质量水平，推进供给侧结构性改革[①]，为此，必须把优化供给结构和提高供给质量作为主攻方向，实现高质量发展。同时，要更加注重地区、城乡的平衡发展，坚持以人民为中心的发展思想，不断满足人民的公平正义需要和民主法治需要。

第三节　社会主要矛盾变化的新要求

一、社会主要矛盾变化的根本要求

社会主要矛盾转化的基本规律告诉我们，社会主要矛盾转化是生产力与生产关系矛盾运动的必然结果，是供给侧与需求侧矛盾运动的必然结果，不仅对我国发展方向、发展思路和发展理念产生了重要影响，也对我国经济、社会、政治、文化、生态等各方面的发展，都提出了新要求。适应社会主要矛盾变化的新要求，必须明确社会主要矛盾转化是根本性变化，必须以全局性的变革和根本性变革来适应社会主要矛盾变

---

① 肖巍：《作为发展问题的我国社会主要矛盾及其解决思路》，《思想理论教育》2018年第6期。

化提出的根本要求。这一根本要求正如习近平总书记明确指出的："我们要在继续推动发展的基础上，着力解决好发展不平衡不充分问题，大力提升发展质量和效益，更好满足人民在经济、政治、文化、社会、生态等方面日益增长的需要，更好推动人的全面发展、社会全面进步。"[①]基于此，社会主要矛盾变化的根本要求：一是着力解决好发展不平衡不充分问题，二是要更好满足人民日益增长的美好生活需要，三是更好推动人的全面发展、社会全面进步。

具体来说，社会主要矛盾变化的根本要求：一是"着力解决好发展不平衡不充分问题"。适应社会主要矛盾变化的新要求，必须明确社会主要矛盾的主要方面，才能抓住社会主要矛盾转化的根本要求。在"人民日益增长的美好生活需要和不平衡不充分的发展之间的矛盾"中，"不平衡不充分的发展"是矛盾的主要方面，是满足人民美好生活需要的"主要制约因素"，"不平衡不充分的发展"影响了人民需要的内容，决定了满足人民需要的程度。社会主要矛盾变化新要求下，"不平衡不充分发展问题"构成了制约我国发展的突出短板，解决不平衡不充分问题是整体上推动我国发展的"总钥匙"。不平衡不充分发展问题的表现、方式和范围等构成了社会主要矛盾变化新要求下我国经济社会发展的总体性特征，也构成了社会主要矛盾变化新要求下我国发展新的基础背景，新时代的发展必须充分全面关照和回应不平衡不充分问题及其解决。首先，解决发展不充分问题，就要把重点放在解决发展水平不足、发展程度不高上，放在解决突出的发展短板和发展差距上；要不断释放发展潜力、厚植发展优势，解决由供给质量不高而产生的有效供给不足问题、由效率和技术不高而产生的高效益供给不足问题。其次，解决发展不平

[①]　习近平：《决胜全面建成小康社会　夺取新时代中国特色社会主义伟大胜利——在中国共产党第十九次全国代表大会上的报告》，人民出版社 2017 年版，第 11—12 页。

衡，就要把重点放在比例关系不合理、包容性发展不足、可持续性不够等经济社会体系的结构性问题，重点要解决城乡发展不平衡、区域发展不平衡、经济与社会和生态发展不平衡、收入分配和公共服务不平衡等问题。本书后面关于社会主要矛盾变化新要求赋予共享发展新路径和社会主要矛盾变化新要求下共享发展的实现机制的构建，主要针对和围绕解决上述发展不平衡的根本要求。

二是"更好满足人民日益增长的美好生活需要"。社会主要矛盾变化新要求下，满足人民美好生活需要成为我国经济社会发展的根本目标。我国已稳定解决了十几亿人的温饱问题，总体上实现了全面小康，现在人民日益增长的美好生活需要不是"有没有""够不够"的问题，而是"好不好""优不优"的问题。更好满足人民在经济、政治、文化、社会、生态等方面日益增长的新需要，是未来我国经济社会发展的根本目标方向。这就要求，社会主要矛盾变化新要求下推动发展，必须坚持以人民为中心的发展思想，以人民美好生活需要的基本内容和新增内容为目标导向，聚焦人民美好生活需要的关键障碍和热点难点问题，建立以满足人民美好生活需要为根本导向的经济社会发展体系。更好满足人民日益增长的美好生活需要，首先，必须推动高质量发展，在社会主要矛盾变化条件下，要重视量的发展但更要注重发展质量，把发展质量和效益摆在首位，通过推动经济发展的质量变革、效率变革、动力变革，提供高质量供给，适应人民美好生活需要层次的升级，这就要求必须从根本上转变发展方式，调整经济结构；其次，必须树立新发展理念，实现遵循经济规律的科学发展、遵循自然规律的可持续发展、遵循社会规律的包容性发展，实现更加注重全面、协调和可持续的发展，充分保障人民平等参与、平等发展的权利，不断促进社会公平正义，不断提高人民精神文化水平，持续构建绿色发展方式和生活方式，以此不断满足人民日益增长的美好生活需要。本书后面第五章赋予社会主要矛盾变化新要求下共享发展以满足人民美好生活需要的新目标，论证了人民美好生活需要的目标使共享发展实现了新飞跃，并建构了以人民美好生活需要为目标导向的共享发展的评价体系，主要针对和围绕更好满足人民美好生活需要这一根本要求。

三是"更好推动人的全面发展、社会全面进步"。人的全面发展是人的智力、体力和道德，精神和身体的统一而充分的发展，是人的个体性和社会性得到全面而自由的发展。社会的全面发展是经济、社会、政治、文化和生态等领域协调发展，社会发展各结构要素之间互相促进，如人口、教育、卫生、就业、社会保障、公共安全、基础设施、社会稳定和民族团结等共同进步。可见，社会主要矛盾变化新要求下实现更平衡更充分的发展和更好满足人民美好生活需要，根本上是为了促进人的自由全面发展和社会全面进步；适应社会主要矛盾变化，其根本要求是"更好推动人的全面发展、社会全面进步"。这要求，必须全面反映和更好满足人基于多重属性的多样和全面的需求，如不仅有物质需求，也有精神需求；不仅有现实需求，也有理想需求；不仅有自然需求，也有社会需求。同时，社会主要矛盾变化下的经济社会发展必须追求新的更全面的发展目标，必须聚焦于经济平衡发展、社会公平保障、民主权利平等、精神文化满足、生态环境和谐宜居程度等，以此全面保障人民各方面的合法权益。本书后面第六章从共享发展新的阶段特征、新的评价要素和新的困境挑战等方面阐述了社会主要矛盾变化新要求下共享发展的新意涵，针对和围绕的是更好满足人的全面发展和社会全面进步这一根本要求。

二、发展是基础和关键：适应社会主要矛盾变化的根本原则

发展是基础，经济不发展，一切都无从谈起。作为一个拥有十四亿多人口的世界上最大的发展中国家，发展也是解决中国所有问题的关键。习近平总书记指出，只有推动经济持续健康发展，才能筑牢国家繁荣富强、人民幸福安康、社会和谐稳定的物质基础。改革开放以来，我们聚精会神搞建设、一心一意谋发展，取得了骄人的成就，但我国仍然是世界上最大的发展中国家[①]。我国经济总量虽然稳居世界第二、与世界第一美国的差距在快速缩小，但我国经济发展的水平和质量还都不高，经济结构和产业水平有待提高，人均国民收入水平和人民生活水平都还不高，这意味着我国还具有巨大的发展潜力和空间。应对社会主要矛盾转化的新要求，不管是满足人民日益增长的美好生活需要，还是解决发展不平衡不充分这个矛盾的主要方面，归根结底，都要以持续健康可持续的发展作为基础，都要求把发展作为第一要务，不断使发展不断上升到新的更高层次。

必须明确，要坚持高质量发展，坚持以提高发展质量和效益为中心，实现更高质量、更有效率、更加公平、更可持续的发展。社会主要矛盾的变化，深刻揭示了我国经济发展的阶段性特征，要求我国经济发展必须走高质量发展之路。不同的发展阶段，要着力解决的问题必然不同，追求的发展目标也必然不同。社会主要矛盾变化，表明我国生产力水平迈上了新台阶，也表明我国经济发展的供给侧与需求侧发生了重大变化，经济社会发展主要追求的不再是体量和速度了，而是更加注重质量和效益，追求的是发展的"好不好"和"优不优"。高质量发展要求，不仅

[①] 《十八大以来重要文献选编》（中），中央文献出版社2016年版，第828页。

经济增长速度要从高速转向中高速，而且发展方式也要从规模速度型转向质量效益型；不仅要求经济结构调整要从增量扩能为主转向调整存量、做优增量并举，而且发展动力也要从主要依靠资源和低成本劳动力等要素投入转向主要依靠创新驱动。① 在我国这样一个经济和人口规模巨大的国家，推动经济高质量发展任重道远。当前，既要打好"三大攻坚战"，解决好眼前的重大问题，又要通过转变经济发展方式、优化经济结构、转换增长动力等，解决好一系列结构性问题。只有兼顾短期问题和长远目标，才能顺利把我国推向高质量发展的轨道。

三、坚持以人民为中心：适应社会主要矛盾变化的根本立场

党的十九大将"坚持以人民为中心"确立为新时代坚持和发展中国特色社会主义的基本方略，这意味着新时代中国特色社会主义事业发展的各方面、各领域和全过程都必须坚持和贯彻以人民为中心的发展思想。党的十九大报告提出，"明确新时代我国社会主要矛盾是人民日益增长的美好生活需要和不平衡不充分的发展之间的矛盾，必须坚持以人民为中心的发展思想，不断促进人的全面发展、全体人民共同富裕。"②

坚持以人民中心的发展思想，是适应社会主要矛盾转化的根本立场。首先，坚持以人民为中心，是应对社会主要矛盾转化的根本政治立场。人民是历史的创造者，是决定党和国家前途命运的根本力量。社会主要矛盾转化对党和国家工作全局提出了新要求，要求党和国家一切工作必须基于人民立场、站稳人民立场。习近平总书记指出，我们要始终把人民立场作为根本政治立场，把人民利益摆在至高无上的

---

① 高培勇：《深化对经济高质量发展的规律性认识》，《人民日报》2019 年 8 月 20 日。
② 习近平：《决胜全面建成小康社会　夺取新时代中国特色社会主义伟大胜利——在中国共产党第十九次全国代表大会上的报告》，人民出版社 2017 年版，第 16 页。

地位，不断把为人民造福事业推向前进。其次，坚持以人民为中心的发展思想，是适应社会主要矛盾的必然要求。适应社会主要矛盾变化，就必须不断满足人民日益增长的美好生活需要，就要求把人民需要作为社会主义社会生产的根本目的，把人民对美好生活的向往作为奋斗目标，在继续推动发展的基础上大力提升发展质量和效益；适应社会主要矛盾转化，就必须解决好不平衡不充分的发展问题，这关系到"人民最关心最直接最现实的利益问题"，关系到能否实现好、维护好、发展好最广大人民的根本利益。

坚持以人民为中心的发展思想，应对社会主要矛盾变化，一是要紧扣人民对美好生活的新向往，抓住人民"期盼有更好的教育、更稳定的工作、更满意的收入、更可靠的社会保障、更高水平的医疗卫生服务、更舒适的居住条件、更优美的环境"①的新期盼，在经济社会发展的基础上，不断让人民"在学有所教、劳有所得、病有所医、老有所养、住有所居上持续取得新进展"②；二是抓住不平衡不充分的发展问题，追求发展的平衡性、协调性和可持续性，补齐社会发展的短板、生态环境的短板、公共服务的短板，实施精准扶贫战略，提高贫困人口的生存和发展能力，把共同富裕放在更加突出的位置，坚持发展成果由人民共享；三是把以人民为中心的发展思想贯穿到统筹推进"五位一体"总体布局和协调推进"四个全面"战略布局中，推动经济更加发展、民主更加健全、科教更加进步、文化更加繁荣、社会更加和谐，更好满足人民在经济、政治、文化、社会、生态等方面日益增长的需要，更好推动人的全面发展、社会全面进步。

---

① 《习近平谈治国理政》，外文出版社 2014 年版，第 4 页。
② 《习近平谈治国理政》，外文出版社 2014 年版，第 41 页。

四、贯彻新发展理念：解决不平衡不充分发展问题的根本途径

党的十八届五中全会提出了"创新、协调、绿色、开放、共享"五大发展理念，党的十九大将其进一步提炼为"新发展理念"。新发展理念相互贯通、相互促进，又有所区别、各有侧重，着力破解发展难题、增强发展动力、厚植发展优势。创新发展牢牢抓住创新这个新时代经济社会发展的"牛鼻子"，注重解决发展动力问题，着力实现更高质量更高效益的发展；协调发展注重解决发展不平衡问题，着力增强发展的整体性和协调性；绿色发展注重解决人与自然和谐问题，着力增强发展的可持续性；开放发展注重解决发展内外联动问题，着力实现更高层次开放型经济发展；共享发展注重解决社会公平正义问题，着力于更加平衡更加包容性的发展。新发展理念在根本上着力于增进人民福祉，即通过新发展理念让人民享有更加幸福美好的生活。创新就是要增加有效供给，给人民提供更好的产品和服务；协调就是通过解决不平衡发展问题，让城乡居民和东中西不同区域的人们享有同样的发展权益；绿色就是要为人民提供更加舒适的生存发展环境；开放就是要让人民面向世界有更多发展机会；共享就是解决影响社会公平正义的问题，实现发展成果由人民共享。

不平衡不充分的发展问题，是社会主要矛盾的主要方面，是满足人民美好生活需要的根本制约。不平衡讲的是结构分布问题，不充分讲的是总量和质量的问题。发展不平衡是发展不充分的重要体现，发展不充分是造成发展不平衡的根本原因。解决发展不平衡，就要求在发展理念和发展思路上更加重视发展的整体性和协调性，要求更加注重城乡协调、区域协调、社会群体间的协调以及经济与社会、生态方面之间的协调。解决发展不充分问题，就要求在发展理念和发展思路上更加注重发展动力和效率问题，要求释放一切社会活力与创造力，

破除一切制约生产力发展的障碍，不断提高发展水平、发展质量和发展效益。

只有坚持用新发展理念统领发展全局，才能解决不平衡不充分发展问题。不平衡不充分的发展问题，是应对社会主要矛盾变化必须解决的重大问题，也是最难解决的问题，必须依靠新发展理念引领新发展变革。不平衡不充分的发展是过去几十年我国高速发展、长期非均衡发展累积形成的重大结构性发展问题，要改变和突破绝非易事，必须坚持科学发展理念不动摇，以新发展理念引领发展变革。发展理念是发展思路、发展方向、发展着力点的集中体现，是引领发展变革的旗帜。习近平总书记强调，在当代中国，坚持发展是硬道理的本质要求就是坚持科学发展，要坚持用新发展理念统领发展全局。坚持用新发展理念统领发展全局，就要求在发展中更加注重技术创新，实现发展的质量变革、效率变革、动力变革；更加注重发展的平衡性、协调性，不断缩小地区差距、城乡差距和收入差距；更加注重发展的公平性和包容性，不断促进发展机会公平、保障发展成果由人民共享。总之，只有坚持新发展理念，才能从根本上解决不平衡不充分的发展问题，才能实现更高质量、更有效率、更加公平和更可持续的发展，才能不断破解发展难题，增强发展动力，厚植发展优势。

五、供给侧结构性改革：解决生产供给和人民需要矛盾的必然要求

从社会主要矛盾变化的基本规律可见，新时代的社会主要矛盾体现的是生产供给与人民需要之间的矛盾，即：一方面，人民对美好生活有更多需求和期盼；另一方面，不平衡和不充分的发展使得生产供给出现了结构性矛盾。这种结构性矛盾不是生产供给的绝对数量短缺导致的，而是生产供给的相对不足和供给结构性失衡导致的，即与人民不断升级

的美好生活需要相比，中高端产业的产品和服务供给不足和落后产能相对过剩并存，导致有效供给不足。有效供给不足问题，是当前我国经济社会发展的重要矛盾和主要特点。无论从现实需要，还是从长远发展来看，解决生产供给与人民需要之间的矛盾，是当前和今后一段时期内我国发展的根本任务。在这个意义上，深化供给侧结构性改革，是适应我国社会主要矛盾变化的必然要求。只有坚持以供给侧结构性改革为主，同时兼顾需求侧的调节，保证生产供给与人民日益增长的美好生活需要相对接、相匹配，使供给结构能够积极有效适应需求结构的变化，才能从根本上解决社会主要矛盾，才能使经济社会发展成果真正有效地转化为满足人民的美好生活需要。

习近平总书记在 2018 年中央经济工作会议上指出，我国经济运行主要矛盾仍然是供给侧结构性的，必须坚持以供给侧结构性改革为主线不动摇。对如何推进供给侧结构性改革，习近平总书记提出，供给侧结构性改革，重点是解放和发展社会生产力，用改革的办法推进结构调整，减少无效和低端供给，扩大有效和中高端供给①。后来在中央财经领导小组会议上，习近平总书记又总结了"使供给体系更好适应需求结构变化"五大任务，即"去产能、去库存、去杠杆、降成本、补短板"。

当前，我国总体上仍处于国际分工产业链、价值链中低端，供给体系质量不高，高端供给明显不足。供给侧结构性改革，正是从供给一侧开展的以提高供给质量为主攻方向的结构性改革，就是要通过有效的要素供给、产品供给和制度供给，最终有效提升供给水平和质量，从而在更高水平上实现供需的有机平衡。②因此，推进供给侧结构性

---

① 《习近平谈治国理政》第二卷，外文出版社 2017 年版，第 252 页。

② 高国力：《深化供给侧结构性改革的着力点》，《经济日报》2018 年 11 月 22 日。

改革，从根本上来说，要靠推进经济结构优化升级。一是要实施创新驱动战略，通过强化科技创新，推动传统产业优化升级，培育新产业新动能，推进中国制造向中国创造转变，推进中国速度向中国质量转变，推动中国由制造大国向制造强国转变，促进中国产业链从中低端向高端升级；二是实施科教兴国战略和人才强国战略，增强科学技术水平和科研成果向现实生产能力转化的能力，推进技术结构优化升级；三是发挥市场在资源配置中的决定性作用，改变生产要素的配置方式，实现从粗放型到集约型的转变；四是大力破除无效供给，引导企业化解过程产能、淘汰落后产能，加快推动"僵尸企业"出清，促进产业优化重组、降低企业成本；五要培育新产业新动能，大力推动运用新技术、新业态、新模式改造提升传统产业，发展战略性新兴产业、生产性服务产业，发展健康、养老、旅游、教育等消费需求产业，形成适应需求结构变化的有效供给。

六、建设现代化经济体系：适应社会主要矛盾变化的客观要求

党的十九大报告指出，"我国经济已由高速增长阶段转向高质量发展阶段，正处在转变发展方式、优化经济结构、转换增长动力的攻关期，建设现代化经济体系是跨越关口的迫切要求和我国发展的战略目标。"① 新时代是我国由富起来走向强起来的时代，国家要强，经济体系必须先强。建设现代化经济体系，是建设社会主义现代化强国的强大动力。从二战后世界一些国家和地区跨越中等收入陷阱的经验与教训来看，凡是陷入"中等收入陷阱"的经济体，都没有建立起现代化经济体系；凡是顺利跨越了"中等收入陷阱"的经济体，都无一例外地建立起了现代化

---

① 习近平：《决胜全面建成小康社会 夺取新时代中国特色社会主义伟大胜利——在中国共产党第十九次全国代表大会上的报告》，人民出版社 2017 年版，第 30 页。

经济体系。历史告诫我们，只有建设现代化经济体系，才能实现创新驱动发展和发展动能转型，才能实现技术创新和产业升级，经济社会发展才能爬坡越坎、迈向新台阶。建设现代化经济体系，是我国加速实现由经济大国向经济强国跨越的必然选择。

我国社会主要矛盾依然是生产发展与人民需要之间的矛盾，社会主要矛盾的主要方面依然是不平衡不充分的发展问题，最根本的原因是我们还没有完成生产的现代化，尤其是经济体系的现代化。首先，只有建设现代化经济体系，才能为我国社会主要矛盾的解决积累深厚的物质基础和发展基础。现代化经济体系具有更高效益的经济水平和经济增速、更高质量的经济增长方式、更平衡的区域和城乡发展格局、更完善的现代化产业体系、更加合理的空间布局结构，这是解决社会主要矛盾的发展基础。其次，现代化经济体系把提高供给体系的质量作为主攻方向，也唯有如此，才能推动经济发展的质量变革、效率变革、动力变革、才能改变长期以来赶超型旧体制下形成的速度、数量偏好的粗放型供给体系，实现更高水平更高质量的供给，从根木上扭转供需错配现象，以满足人民日益增长的美好生活需要。

现代化经济体系是一个协调、有效率、结构合理的体系。2018 年 1 月 30 日，中共中央政治局就建设现代化经济体系进行第三次集体学习，习近总书记在讲话中，概括为"七大体系"：创新引领、协同发展的产业体系，统一开放、竞争有序的市场体系，体现效率、促进公平的收入分配体系，彰显优势、协调联动的城乡区域发展体系，资源节约、环境友好的绿色发展体系，多元平衡、安全高效的全面开放体系，充分发挥市场作用、更好发挥政府作用的经济体制。可以说，这"七大体系"既是我国经济由大变强的支撑体系，也是我国解决不平衡不充分发展问题和满足人民美好生活需要的支撑体系。

七、适应社会主要矛盾变化新要求的基本逻辑关系

上述"发展是基础和关键""坚持以人民为中心""贯彻新发展理念""供给侧结构性改革""建设现代化经济体系",是社会主要矛盾变化根本要求的具体展开,也是以全局性变革应对社会主要矛盾变化的具体内容,即适应社会主要矛盾变化必须坚持的根本原则、根本立场、必然要求、根本途径和客观要求等。其中"发展是基础和关键"是适应社会主要矛盾变化的根本原则,"坚持以人民为中心"是适应社会主要矛盾变化的根本立场,"贯彻新发展理念"是解决不平衡不充分发展问题的根本途径,"供给侧结构性改革"是解决生产供给与人民需要矛盾的必然要求,"建设现代化经济体系"是适应社会主要矛盾变化的客观要求。

上述几方面相互连接,相互支撑,构成了一个完整的逻辑体系。

展开来说,首先,发展是第一要务,自改革开放以来发展是我国解决任何问题的基础和关键,也是解决社会主要矛盾的基础和关键,构成了适应社会主要矛盾的根本原则。其次,在这一原则下,应对社会主要矛盾变化,不管是解决发展不平衡问题,还是满足人民美好生活需要,本质上体现的都是坚持以人民为中心的根本立场。不明确以人民为中心的根本立场,应对社会主要矛盾变化就失去了根本意义。再次,社会主要矛盾的"根本制约"是不平衡才不充分发展问题,要解决发展不平衡不充分问题,必须落实新发展理念。正如习近平总书记指出的,五大发展理念不是凭空得来的,是针对我国发展中的突出矛盾和问题提出来的[①];五大发展理念中,实现创新发展和开放发展,是解决发展不充

---

① 《习近平关于社会主义经济建设论述摘编》,中央文献出版社 2017 年版,第 21 页。

分问题的根本途径；而落实和实践协调、绿色和共享发展，是解决发展不平衡问题的根本途径。从次，社会主要矛盾变化新要求下，人民需要的内容增加了新的变量、人民需要的层次不断升级，要解决生产供给与人民需要的矛盾，必然要求推进供给侧结构性改革，使供给体系有效适应需求结构变化，以实现从低水平供需平衡向高水平供需平衡飞跃。最后，不管是落实新发展理念解决发展不平衡不充分问题，还是推进供给侧结构性改革满足人民更高更好需要，其实现过程与结果都落脚于建设现代化经济体系上，建设现代化经济体系是我国发展"跨越关口的迫切要求"，也是解决社会主要矛盾的基础硬件，只有建设"现代化经济体系"，才能从根本上解决发展不平衡不充分问题，才能使供给体系更好适应需求变化。

更进一步，这一逻辑关系背后的科学方法论是历史唯物主义和辩证唯物主义。按照历史唯物主义，解放和发展生产力是基本原则和根本标准，这决定了发展是应对社会主要矛盾变化的根本原则。而发展的目的和依靠是必须明确的立场问题，坚持以人民为中心是应对社会主要矛盾变化根本原则基础上必须明确的的根本立场。理念是行动的先导，发展实践都是由发展理念指导的；同时，按照辩证唯物主义抓主要矛盾的原理，应对社会主要矛盾必须抓住主要矛盾即"解决不平衡不充分发展问题"，因此必须落实新发展理念，解决好发展不平衡不充分问题。在此基础上，为了更好满足人民美好生活需要，必须解决好生产供给与人民需要的矛盾，推进供给侧结构性改革。最后，现代化经济体系是当前时代先进生产方式的载体，根据历史唯物主义，物质资料的生产方式是社会发展的决定性力量,社会主要矛盾的解决必须落脚于先进生产方式，因此客观来讲，最终必须以建设现代化经济体系应对社会主要矛盾变化新要求。

| 第四章 | 社会主要矛盾变化对共享发展提出新要求的背景依据

社会主要矛盾转化，意味着我国经济社会整体已经发生了非常显著的变化，新的社会主要矛盾总体上反映了我国基本国情的新特点和社会发展的新的客观实际。新的社会主要矛盾构成了我国开启社会主义现代化建设新征程的逻辑起点，表明我们党的路线、方针、政策和战略的制定，将建立在新的社会主要矛盾的基础上。这是大前提。具体到共享发展，社会主要矛盾转化引起共享发展基础背景的新变化，对共享发展及其实现都提出了全新要求，构成了共享发展新境遇。社会主要矛盾变化对共享发展的新要求具有坚实的哲学依据和政治经济学依据，必须以社会主要矛盾变化为全新境遇，重新审视共享发展的依据、目标、内涵及其实现。

第一节　社会主要矛盾转化引起共享发展基础背景的新变化

一、基本国情的新变化：社会主义初级阶段进入新阶段

社会主要矛盾变化，对我国改革开放后社会主义初级阶段的发展

变化实际进行了总体性判断和历史性表述，使我们对国情的认识更符合快速发展变化的实际。我国的发展思路、发展理念和发展方略的理论和实践，都必须以发展变化了的客观实际为根本依据。

20世纪80年代，邓小平对我国改革开放后的社会主义发展方位有一个总体性判断："中国社会主义是处在一个什么阶段，就是处在初级阶段，是初级阶段的社会主义。社会主义本身是共产主义的初级阶段，而我们中国又处在社会主义的初级阶段，就是不发达的阶段。"[①]在这里，邓小平将初级阶段基本等同于"不发达的阶段"，"不发达"构成了社会主义初级阶段的根本特征。根据十三大报告的阐述，我国之所以处于社会主义初级阶段，是因为我国的社会主义脱胎于半殖民地半封建社会，生产力水平远远落后于发达的资本主义国家，我国要在社会主义初级阶段完成工业化和生产的市场化、社会化和现代化的历史任务。因此，社会主义初级阶段是"特指我国在生产力落后、商品经济不发达条件下建设社会主义必然要经历的特定阶段"。这里的"生产力不发达"和"商品经济不发达"成为我国在很长一段历史内处于社会主义初级阶段的核心依据。可见，"不发达"既是社会主义初级阶段的根本特征，也是社会主义初级阶段的核心依据。按照邓小平的说法，"不发达"的初级阶段"至少需要上百年时间"，大致终结于本世纪中叶，彼时我国基本实现现代化，生产力达到发达资本主义国家水平。

（一）社会主义初级阶段发生"部分质变"

党的十三大在提出我国将长期处于社会主义初级阶段的同时，从过程论的角度提出了社会主义初级阶段的"五个特征"，即"总

---

① 　《邓小平文选》第3卷，人民出版社1993年版，第252页。

起来说，我国社会主义初级阶段，是逐步摆脱贫穷、摆脱落后的阶段；是由农业人口占多数的手工劳动为基础的农业国，逐步变为非农产业人口占多数的现代化的工业国的阶段；是由自然经济半自然经济占很大比重，变为商品经济高度发达的阶段；是通过改革和探索，建立和发展充满活力的社会主义经济、政治、文化体制的阶段；是全民奋起，艰苦创业，实现中华民族伟大复兴的阶段。"①党的十五大在党的十三大关于社会主义初级阶段基本特征的基础上，对社会主义初级阶段的基本特征进行了更具体和全面的概括，扩展为"九个特征"②。"五特征"和"九特征"涵盖了社会主义初级阶段我国"人口结构、工业发展水平、地区发展状况、科学教育文化发展、市场经济完善程度、民主政治发展程度、人民生活水平、国际地位变化"等方面的发展任务，总体上指出了社会主义初级阶段我国要实现从传统到现代、从不发达到发达的根本性变化，也指明了社会主义初级阶段是一个不断发展的过程，是一个不断由量变的积累到"部分质变"、再到"全面质变"的过程。

"五特征"和"九特征"虽然没有明确提出社会主义初级阶段的

---

① 《十三大以来重要文献选编》（上），人民出版社1991年版，第12—13页。

② 党的十五大对社会主义初级阶段的概括更加具体，包括"九个特征"：

1) 摆脱不发达状态，基本实现社会主义现代化的历史阶段；

2) 由农业人口占很大比重，转变为非农业人口占多数；

3) 由自然经济、半自然经济占很大比重，转变为经济市场化程度较高的历史阶段；

4) 由文盲半文盲人口占很大比重，转变为科技教育文化比较发达的历史阶段；

5) 由贫困人口占很大比重，转变为全国人民比较富裕的历史阶段；

6) 由地区经济文化很不平衡，通过有先有后的发展，逐步缩小差距的历史阶段；

7) 通过改革和探索，建立和完善比较成熟的充满活力的社会主义市场经济体制、社会主义民主政治体制和其他方面体制的历史阶段；

8) 广大人民牢固树立中国特色社会主义的共同理想，自强不息，锐意进取，艰苦奋斗，勤俭建国，在建设物质文明的同时努力建设精神文明的历史阶段；

9) 逐步缩小同世界先进水平的差距，在社会主义基础上实现中华民族伟大复兴的历史阶段。

发展具有阶段性，但它是我们分析社会主义初级阶段发展变化过程的认识论基础（党的十九大关于新时代的"五个是"的概括与此具有一脉相承的逻辑）。据此，根据近几十年我国的发展变化实际，我们可以进一步分析我国社会主义初级阶段是否有新的阶段性发展和变化。

习近平总书记指出，党的十八大以来，在新中国成立特别是改革开放以来我国发展取得的重大成就基础上，党和国家事业发生历史性变革，我国发展站到了新的历史起点上，中国特色社会主义进入了新的发展阶段。[①] 如果对照社会主义初级阶段的"五特征"和"九特征"，可以看到，我国社会主义初级阶段发生了带有"部分质变"性质的变化。这种"部分质变"，主要体现为我国已经实现了阶段性的发展跃升：从"工业发展水平"来看，我国的工业化由"自然经济为主"进入全面完成工业化并同步信息化、即将进入后工业化的发展阶段；从"农业人口转变非农业人口"来看，我国即将完成城镇化并开始真正实现农业转移人口市民化；从"贫困人口占多数向富裕人口占多数转变"来看，我国进入上中等收入国家正在迈向高收入国家，中等收入群体成为社会主体人群并带动社会转型；[②] 从"科技教育文化落后向科技教育文化比较发达转变"来看，我国的教育事业发展水平进入世界中上行列[③]，科技创新水平加速迈向国际第一方阵，很多科技水平开始领先世界；从"通过有先有后的发展，逐步缩小差距"来看，我国实现共同富裕进入关键阶段，当前已经从先富带动后富阶段开始进入实现共同富裕阶段；从"逐步缩小同世界先进水平的差距"来看，我国国际地位实现了大幅跃升，已开始由

---

① 《习近平在省部级主要领导干部专题研讨班开班式上发表重要讲话》，《人民日报》2017 年 7 月 28 日。

② 郭春丽：《小康之后的中国》，人民出版社 2018 年版，第 10—14 页。

③ 中华人民共和国教育部：《国家中长期教育改革和发展规划纲要（2010—2020）》，《人民日报》2010 年 7 月 30 日。

区域性大国向具有重大话语权和全球影响力的全球性大国、全球性强国跃进。[①]

（二）"部分质变"并没有改变社会主义初级阶段的"不发达状态"

但必须看到，这种"部分质变"并没有改变我国社会主义初级阶段的"不发达状态"，社会主义初级阶段"不发达"的根本特征和核心依据依然存在。对照社会主义初级阶段"人口结构、工业发展水平、地区发展状况、科学教育文化发展、市场经济完善程度、民主政治发展程度、人民生活水平"等方面的特征来看，一是我国经济总量虽然跃居世界前列，但人均 GDP 还达不到世界平均水平，与发达资本主义国家相比差距很大，仅为美国的六分之一。正如美国经济学家保罗·巴兰所说，"所有不发达国家的共同特点是它们的人均国民生产低下"[②]，这是"不发达"的根本制约；二是我国城乡之间、地区之间以及城乡和地区之间内部发展不平衡的矛盾突出，我国仍然是世界上城乡差距最大的国家之一；三是我国工业化水平取得极大进步，但仍面临产业结构不合理、经济效益不高、科技含量较低等巨大挑战。这说明，新时代我国"市场化、社会化和现代化"的历史任务还没有完成。除此之外，我国社会主义市场经济体制还不够完善，社会主义民主法治、社会管理体制等仍然在不断完善之中。党的十九届四中全会专门研究了"推进国家治理体系和治理能力现代化若干重大问题"[③]，在指出我国国家治理体系的历史成就和显著优势的基础上，提出了"推动各方面制度更加成熟

---

① 郭春丽：《小康之后的中国》，人民出版社 2018 年版，第 10—14 页。

② [美] 保罗·巴兰：《增长的政治经济学》，蔡中兴、杨宇光译，商务印书馆 2016 年版，第 204 页。

③ 《中共中央政治局召开会议，决定召开十九届四中全会》，《人民日报》2019 年 8 月 31 日。

定型""各方面制度更加完善"和"全面实现国家治理体系和治理能力现代化"的时间表和路线图。这些都充分说明，社会主义初级阶段的历史任务还没有完成，社会主义初级阶段还远没有发生"全面质变"。

之所以我国仍然处于"不发达"的社会主义初级阶段，另一个重要原因是初级阶段的核心依据——"不发达"是一个集总体性、过程性和动态性于一体的复杂概念。主要体现在：一是不发达具有明显的长期性和总体性。社会主义初级阶段的长期性和近几十年我国的跨越式发展在特定时间和空间范围内的长期并存，使得我国的"不发达"状态呈现出整体性不发达与局部性发达、长期性不发达与阶段性发达、连续性不发达与变动性发达、落差性不发达与超前性发达并存交织特点。二是不发达具有动态性和变动性。20 世纪 80 年代我们提出社会主义初级阶段就是不发达的阶段，是以当时发达的资本主义国家作为参照的，因此，社会主义初级阶段我国生产力水平不仅要赶上而且要超过发达资本主义国家。然而在我国生产力快速发展的同时，发达资本主义国家同样处于不断发展变化中。党的十三大提出，到 21 世纪中叶，我国人均国民生产总值达到中等发达国家水平，基本实现现代化。当时认为，我国人均国民总收入（GNI）达到 4000 美元左右，就基本实现了现代化。虽然我国人均国民总收入（GNI）已远远超过 4000 美元（国家统计局：2018 年我国人均国民总收入 9732 美元，高于中等收入国家平均水平），但与同时代的发达资本主义国家相比较，还属于"不穷不富、日子好过"（邓小平语）的阶段①。在这个意义上，社会主义初级阶段的历史任务不会在较短历史时期内完成。

---

① 龙平平：《关于"新时代中国特色社会主义"的思考》，《毛泽东邓小平理论研究》2017 年第 12 期。

（三）社会主义初级阶段进入新阶段

习近平总书记指出，"认识和把握我国社会发展的阶段性特征，要坚持辩证唯物主义和历史唯物主义的方法论，从历史和现实、理论和实践、国内和国际等的结合上进行思考，从我国社会发展的历史方位上来思考，从党和国家事业发展大局出发进行思考"①。以此为科学认识论和方法论，他提出，我国"社会主义初级阶段这一基本国情没有变，但我国社会主义初级阶段的发展又出现新的阶段性特征"，必须"准确把握我国不同发展阶段的新变化新特点，使主观世界更加符合客观世界"②。

因此，必须看到，一方面我国仍处于并将长期处于社会主义初级阶段的基本国情没有变，我国是世界上最大发展中国家的国际地位没有变，"这是我们谋划发展的基本依据"。过去很长一段时间我们认为，人民日益增长的物质文化需要同落后的社会生产之间的矛盾将贯穿社会主义初级阶段的整个过程。以新的社会主要矛盾为主要标志的新时代，是否仍然处于社会主义初级阶段？党的十九大明确指出，中国特色社会主义进入新时代，我国社会主要矛盾发生了变化，但没有改变我国社会主义所处的历史阶段。我们必须明确不能离开社会主义初级阶段来定位新时代，新时代仍然处于社会主义初级阶段。

但另一方面，同样必须明确，社会主要矛盾发生转化，我国社会主义初级阶段进入新发展阶段。社会主义初级阶段"不发达"的根本特征和核心依据没有发生"整体性的根本变化"（全面质变），但是不发达的程度和表现形式已经发生"根本性变化"（部分质变）：从不发达

---

① 《习近平谈治国理政》第二卷，外文出版社2017年版，第61页。

② 习近平：《辩证唯物主义是中国共产党人的世界观和方法论》，《求是》2019年第1期。

的程度来看，我国"社会生产力水平总体上显著提高，社会生产能力在很多方面进入世界前列"，发达与不发达呈现出"整体性与局部性""一般性与特殊性"相互交织的特点；从不发达的表现形式来看，新时代的"不发达"状态跨越了"生产力不发达、商品经济不发达"而进入"不平衡、不均衡和不充分的发展"的新阶段。

社会主义初级阶段是从上世纪50年代的"一穷二白"到21世纪中叶"实现社会主义现代化"的"百年长征"，至今已经过改革开放前后60多年，可以说我们已经结束了社会主义初级阶段的"上半程"[①]。社会主要矛盾转化，是社会主义初级阶段发生"部分质变"的结果，也是"部分质变"的标志。其"部分质变"意义在于，它是对社会主义初级阶段"不发达状态"的阶段性克服、扬弃与超越[②]。"下半程"的社会主义初级阶段，以解决新的社会主要矛盾为根本任务，我国在"人口结构、工业发展水平、地区发展状况、科学教育文化发展、市场经济完善程度、民主政治发展程度、人民生活水平、国际地位变化"等方面，将在"部分质变"的基础上实现"全面质变"。

二、社会主义根本任务的新内涵：更加注重生产力发展的质量

社会主义初级阶段的根本任务，是在解决社会主义革命首先发生在经济文化相对落后的国家建设社会主义所面临的一个根本问题，即在优越的社会主义社会制度与落后的生产力和薄弱的物质基础的矛盾问题中产生的。这一根本问题是经济文化相对落后

[①]　关于社会主义初级阶段的"上半程""下半程"的说法，在学术界已经使用比较多，且受到普遍认同。代表性研究参见：《社会主义初级阶段：上下半场与五个阶段》（胡鞍钢，2017）；《强国时代》（韩庆祥，2018）。

[②]　庞元正：《新时代我国社会主要矛盾转化需要深入研究的若干问题》，《哲学研究》2018年第3期。

的国家建设社会主义的艰巨性和长期性的真实写照。马克思主义经典作家一直都把是否促进生产力不断发展作为衡量社会制度是否优越的标准。马克思、恩格斯在《德意志意识形态》中认为，共产主义"是以生产力的普遍发展和与此相联系的世界交往为前提的"①。《共产党宣言》明确提出：无产阶级夺取政权以后应该尽一切办法发展社会生产，"尽可能快地增加生产力的总量"②。经典作家在对未来新社会的科学预测中，就包含了初步进入社会主义社会的根本任务是改变落后的社会生产、发展与社会主义制度相适应的生产力的思想。俄国十月革命胜利后，列宁深知俄国是在生产力落后的条件下进入社会主义社会的，面对帝国主义的武装干涉，他在《苏维埃政权当前的任务》中明确提出，在任何社会主义革命中，当无产阶级夺取政权的任务解决以后，随着剥夺剥夺者及镇压他们反抗的任务大体上和基本上解决，必然要把创造高于资本主义社会的社会经济制度的根本任务，提到首要地位：这个根本任务就是提高劳动生产率；在其后的《俄共（布）党纲草案》中，更加明确提出，提高劳动生产力是苏维埃的"根本任务"③，并一再大声疾呼："要么是灭亡，要么是在经济方面也赶上并且超过先进国家"④。

我国社会主义制度建立后，发展生产力成为根本任务。毛泽东在《论十大关系》中总结了我国社会主义建设的经验，提出了调动一切积极因素为社会主义建设事业服务的基本方针；1956 年 4 月，在我国对生产

---

① 《马克思恩格斯选集》第 1 卷，人民出版社 2012 年版，第 166 页。
② 《马克思恩格斯选集》第 1 卷，人民出版社 2012 年版，第 421 页。
③ 《列宁选集》第 3 卷，人民出版社 1995 年版，第 490 页。
④ 《列宁选集》第 3 卷，人民出版社 1995 年版，第 271 页。

资料私有制的社会主义改造将要完成时，毛泽东明确指出："社会主义革命的目的是为了解放生产力。农业和手工业由个体的所有制变为社会主义的集体所有制，私营工商业由资本主义所有制变为社会主义所有制，必然使生产力大大地获得解放。这样就为大大地发展工业和农业的生产创造了社会条件。"①党的八大指出，在社会主义制度确立后，国内主要矛盾是先进的社会制度同落后的社会生产力的矛盾，党和人民的根本任务是集中力量把我国从落后的农业国变为先进的工业国。但是由于社会主义建设经验不足，加上毛泽东对国内外形势产生严重误判，阶级斗争成为了首要任务，最后导致"文化大革命"发生，发展生产力的根本任务没有坚持下来。

改革开放后，党和国家的工作重心转移到经济建设上来，发展生产力重新成为社会主义的根本任务。邓小平指出，"社会主义阶段的最根本任务就是发展生产力"②。后来，他进一步阐述了社会主义根本任务理论："坚持社会主义的发展方向，就要肯定社会主义的根本任务是发展生产力，逐步摆脱贫穷，使国家富强起来，使人民生活得到改善。没有贫穷的社会主义。社会主义的特点不是穷，而是富。"③"社会主义经济政策对不对，归根到底要看生产力是否发展，人民收入是否增加。这是压倒一切的标准。空讲社会主义不行，人民不相信。"从中可以看出，邓小平提出的社会主义根本任务的主要依据是：落后的社会生产、贫穷的人民生活、短缺的生产供给，无法满足人民的物质文化需要，最终也会影响人民对社会主义的信心。

因此，能否创造出更高的生产力，是经济文化落后的国家进入社

---

① 《毛泽东文集》第7卷，人民出版社1999年版，第1页。
② 《邓小平文选》第3卷，人民出版社1993年版，第63页。
③ 《邓小平文选》第3卷，人民出版社1993年版，第264—265页。

会主义社会面临的根本挑战，也是根本任务。这成为了改革开放初期确立我国社会主要矛盾的根本依据。事实上，党的八大提出党和人民的根本任务是集中力量把我国从落后的农业国变为先进的工业国，所依据的也是党的八大提出的社会主要矛盾，即先进的社会制度同落后的社会生产力的矛盾。可见，社会主要矛盾与根本任务是高度关联的①。进一步分析，社会主要矛盾与根本任务的这种关联，呈现出了一种基本逻辑关系，就是"根本问题—根本路径"的逻辑关系。即社会主要矛盾是特定历史时期一个国家和社会的根本问题，而根本任务是解决特定历史时期一个国家和社会的根本问题的根本路径。根本问题决定着解决问题的根本路径，根本问题的变化意味着根本路径的变化，根本路径变化的程度取决于根本问题变化的程度。与此相对应，特定社会特定时期的社会主要矛盾，决定着特定社会特定时期的根本任务；特定社会特定时期社会主要矛盾的变化，决定了特定社会特定时期根本任务的变化，根本任务的变化程度取决于社会主要矛盾的变化程度。

发展生产力是一个整体性的概念，也是一个历史性概念，随着社会历史条件的变化，发展和生产力各自的具体内涵必然会不断嬗变和扩展。1956年，党的八大依据"落后的农业国与建立先进的工业国之间的主要矛盾"提出的发展生产力，核心内涵是在短时期内建设社会主义工业化国家，通过工业化促进生产力的发展。工业化是那个时代人们对现代化的最主要表达形式，这是符合当时的历史条件的。1981年，党的十一届六中全会依据"人民日益增长的物质文化需要同落后的社会生产之间的矛盾"提出发展生产力的根本任务，其核心内涵是坚持以经济建设为中心、改变全社会的生产落后和全体人民的生活贫穷问题。这也

---

① 陶文昭：《科学把握社会主要矛盾转化》，《中国高校社会科学》2017年第6期。

是符合结束"文化大革命"的理论和实践错误，全面开启改革开放的历史条件和时代要求的。这一根本任务决定了我们必须"牢牢扭住经济建设这个中心"，通过改革开放"集中力量进行社会主义现代化建设"，让我国"先发展起来"。

新的社会主要矛盾变化，意味着我国进入了"发展起来以后"的新发展阶段，我国的发展基础、发展条件、发展方向和时代条件已经完全不同于社会主义制度建立之初和改革开放初期，这决定了我国"解放生产力和发展生产力"的根本任务的具体内涵也发生了重要变化。第一，新发展阶段，发展生产力的根本任务的内涵，已不再是解决"生产力落后"的问题，而是生产力"不平衡不充分的发展问题"；第二，发展生产力的根本任务的内涵，不仅仅是生产力发展的速度问题，更重要的是促进生产力"更加高水平的发展""更加可持续的发展"，即更加注重生产力发展的质量；第三，社会主要矛盾发生变化后，发展生产力不再完全局限于单纯通过经济发展提高收入水平，而是更加关注社会发展、文化发展和生态文明以及人的全面发展；第四，社会主要矛盾变化条件下，发展生产力不再主要通过让一部分地区和一部分人先发展起来的"非平衡战略"，而是更加关注发展在区域之间、城乡之间以及人与自然之间的平衡。

社会主要矛盾发生转化引出发展生产力根本任务的新内涵，决定了新时代发展生产力的根本任务，要以追求公平、高质量、有效率、可持续为发展目标，以新发展理念为根本指引，以解决不平衡不充分的发展问题为核心，以跨越中等收入陷阱为历史任务。社会主要矛盾发生转化引出发展生产力根本任务的新内涵，是新时代实践共享发展的重要背景依据，使共享发展进入全新境遇。

三、党和国家工作重心的新聚焦：满足人民美好生活需要目标

党和国家的工作重点，是由党和国家所面临的形势和主要任务决定的，而党和国家所面临的形势和主要任务从根本上取决于对社会主要矛盾的判断和把握。因此，党和国家的工作重点与社会主要矛盾紧密联系。进一步来说，社会主要矛盾贯穿于党和国家工作的全局和始终，决定着党和国家工作的重点和方向；社会主要矛盾的变化，意味着党和国家所面临的形势和所要完成的主要任务的变化，党和国家工作的重点和方向也随时在发生变化。实践表明，能否正确地认识和把握社会的主要矛盾，并以此来确定工作重心，事关党和国家的前途和命运。由于社会主要矛盾会发生变化，党的工作重心也就会随之发生转移，这要求我们必须从全局和整体的高度看待和把握社会主要矛盾变化对党和国家工作的新要求。

对于马克思主义执政党执政的社会主义中国来说，最广大人民的利益和需要就是党和国家一切工作的出发点和落脚点。在中国共产党革命、建设和改革的历史过程中，为中国人民谋幸福是党不变的"初心"。早在延安时期，毛泽东就说："一切群众的实际生活问题，都是我们应当注意的问题。假如我们对这些问题注意了，解决了，满足了群众的需要，我们就真正成了群众生活的组织者，群众就会真正围绕在我们的周围，热烈地拥护我们。"①改革开放以后，党和国家一切工作的根本着眼点，就是通过发展社会生产力不断提高人民生活水平。1978 年在酝酿改革开放大计之时，邓小平指出，"我们是社会主义国家，社会主义制度优越性的根本表现，就是能够允许社会生产力

---

① 《毛泽东选集》第 1 卷，人民出版社 1991 年版，第 137 页。

以旧社会所没有的速度迅速发展，使人民不断增长的物质文化生活需要能够逐步得到满足。按照历史唯物主义的观点来讲，正确的政治领导的成果，归根到底要表现在社会生产力的发展上，人民物质文化生活的改善上……我们一定要根据现在的有利条件加速发展生产力，使人民物质生活好一些，使人民的物质文化生活、精神面貌好一些。"①江泽民在《庆祝中国共产党成立八十周年大会上的讲话》中指出，我们建设有中国特色的社会主义的各项事业，我们进行的一切工作，就是要着眼于人民现实的物质文化生活需要，必须始终把体现人民群众的意志和利益作为我们一切工作的出发点和归宿。胡锦涛在十六届六中全会通过的《中共中央关于构建社会主义和谐社会若干重大问题的决定》中指出，必须始终把最广大人民的根本利益作为党和国家一切工作的出发点和落脚点，实现好、维护好、发展好最广大人民的根本利益，不断满足人民日益增长的物质文化需要，做到发展为了人民、发展依靠人民、发展成果由人民共享，促进人的全面发展。党的十八大以来，习近平总书记提出了以人民为中心的发展思想，强调党和国家一切工作的出发点和落脚点，都是为了实现好、维护好、发展好最广大人民的根本利益。2015 年 11 月，习近平在主持中共中央政治局集体学习时强调指出，"要坚持把增进人民福祉、促进人的全面发展、朝着共同富裕方向稳步前进作为经济发展的出发点和落脚点"。2018年 12 月，习近平在庆祝改革开放 40 周年大会上指出，"检验我们一切工作的成效，最终都要看人民是否真正得到了实惠，人民生活是否真正得到了改善"，不管发生怎样的变化，党和国家一切工作的出发点和落脚点，一切工作的着眼点，判断一切工作成效的根本标准是人

---

① 《邓小平年谱（一九七五——一九九七）》（上），中央文献出版社 2004 年版，第379—380 页。

民的利益和需要，这一点在任何时候都不会产生任何变化。但是，人民的利益和需要，会随着社会主要矛盾的变化而发生变化，因此，社会主要矛盾新变化对党和国家的工作必然会提出新要求，做好党和国家一切工作的重点也会随之发生变化。

社会主要矛盾的重要变化体现为：从以往"人民日益增长的物质文化需要"转变为"人民日益增长的美好生活需要"。这是涉及党和国家工作全局的重大变化。它要求我们党和国家的工作，要从过去主要以满足人民物质文化需要为重点，进一步扩展为以满足人民美好生活的需要为重点。①正如习近平总书记指出的，我们的人民需要"更好的教育、更稳定的工作、更满意的收入、更可靠的社会保障、更高水平的医疗卫生服务、更舒适的居住条件、更优美的环境，期盼孩子们能成长得更好、工作得更好、生活得更好"。社会主要矛盾变化要求党和国家一切工作的重点必须聚焦在"人民日益增长的美好生活需要"上，要求党和国家与时俱进地研究分析人民群众需要的时代特点和演变发展规律，制定新的发展战略和发展理念；要求党和国家更加全面地分析和把握多方面、多样化、个性化、多层次的人民需要，改进各项体制机制、制定各项政策措施，更好地坚持以人民为中心发展思想；要求改革发展成果要更加公平地惠及全体人民，在公共服务、脱贫攻坚、教育就业、缩小收入差距、建立更公平的社会保障制度等方面为人民共享发展成果作出有效制度安排。

社会主要矛盾变化，要求把人民对美好生活的向往作为党和国家的奋斗目标。在庆祝中国共产党成立 95 周年大会上，习近平总书记指出："带领人民创造幸福生活，是我们党始终不渝的奋斗目标"。党的

---

① 朱菊生、郭广银：《我国社会主要矛盾的科学概括及其划时代意义》，《南京社会科学》2019 年第 4 期。

十九大报告强调，"一定要永远与人民同呼吸、共命运、心连心，永远把人民对美好生活的向往作为奋斗目标"。把人民对美好生活的向往作为党和国家的奋斗目标，就要求把人民日益增长的美好生活需要，作为我国经济社会政治文化生态文明建设和中国特色社会主义事业发展的根本动力。这要求我们建设现代化经济体系，坚持把发展的质量和效益放到更重要位置上，大力促进我国的生产供给从"有没有"转向"好不好"，不断适应人民消费升级的现实需要，不断满足人民日益提升的物质文化生活需要；要求我们坚持全面依法治国，保障人民依法享有广泛充分、真实具体、有效管用的民主权利，满足人民民主法治需要；要求我们建设体现效率、促进公平的收入分配体系，逐步缩小收入分配差距，促进先富帮后富，使全体人民朝着共同富裕道路稳步前进，满足人民公平正义需要；要求我们建设生态文明，形成绿色发展方式和生活方式，提供更多优质生态产品，让人民生活在天更蓝、山更绿、水更清的优美环境之中，满足人民优良生活环境的需要 ①。

总之，社会主要矛盾变化引起党和国家工作重点内涵的新变化，对党和国家一切工作提出了新要求，这些新变化及其引起的新要求同样构成了共享发展新的背景依据，构成了共享发展的全新境遇。

第二节 社会主要矛盾变化对共享发展提出新要求的哲学依据

习近平总书记在全国哲学社会科学工作座谈会上指出，"人们必

---

① 颜晓峰：《论新时代我国社会主要矛盾的变化》，《中共中央党校学报》2019 年第 2 期。

须有了正确的世界观、方法论，才能更好观察和解释自然界、人类社会、人类思维各种现象，揭示蕴含在其中的规律。马克思主义关于世界的物质性及其发展规律、人类社会及其发展规律、认识的本质及其发展规律等原理，为我们研究把握哲学社会科学各个学科各个领域提供了基本的世界观、方法论。"①我们必须科学理解、正确把握马克思主义辩证唯物论、唯物辩证法和唯物史观，把社会主要矛盾变化的新要求和共享发展的新依据，建立在科学的世界观和方法论基础上。

一、辩证唯物论依据：社会存在和社会意识的辩证关系与社会主要矛盾变化对共享发展的新要求

（一）坚持社会存在的第一性，依据社会主要矛盾发生转化的客观实际，重新审视和把握发展理念

科学认识物质与精神、社会存在与社会意识的辩证关系。马克思主义的辩证唯物论认为：世界是物质的，物质决定意识，物质的决定作用是第一位的；意识是物质世界长期发展的产物，是客观事物在人脑中的反映，是第二位的。物质包括了自在存在（自然界）和自为存在（人类社会）两个基本存在形式。同样，社会存在决定社会意识，社会存在的性质决定了社会意识的性质，社会存在的变化决定了社会意识的变化，社会意识是对社会存在的反映。这就告诉我们，必须首先尊重社会存在，从客观实际条件出发，尊重客观存在规律。

坚持辩证唯物论，首先要依据社会主要矛盾发生转化的客观实际，重新审视和把握共享发展理念。作为一个有着十四亿多人口体量的发展中国家，我国长期处于社会主义初级阶段；但同时，随着改革开放四十

---

① 习近平：《在哲学社会科学工作座谈会上的讲话》，《光明日报》2016 年 5 月 19 日。

多年的历史性飞跃，我国社会主义初级阶段的基本国情发生了阶段性变化，呈现出一系列阶段性特征。社会主要矛盾发生转化，就是基本国情发生了阶段性变化的集中体现；社会主要矛盾发生转化，意味着我国发展的社会存在和客观实际发生了新的变化。具体来说，社会主矛盾转化，意味着我国改革开放四十年社会生产力得到极大解放和发展，但整体上还处于城市化和工业化发展阶段，生产的社会化程度还有待提高，不同区域、不同领域经济社会发展还不平衡、不协调，经济社会发展的不可持续问题依然存在。社会主要矛盾转化，从人民需要方面来说，人民生活水平有了极大提升，全国人民告别了贫困和温饱，实现了小康；但同时，人民对物质文化需要有了个更高水平需求，人民在民主法治、公平正义、安全环境等方面的新需要更加突出。这是我国发展现阶段的社会存在和客观实际。

习近平总书记指出，"我们党现阶段提出和实施的理论和路线方针政策，之所以正确，就是因为它们都是以我国现时代的社会存在为基础的"[①]。只有科学准确把握我国发展的客观存在，及其在不同发展阶段的新变化和新特点，使主观世界更好符合客观实际，遵循客观规律，才能不断将我国社会主义现代化建设推向前进。当前，在发展理念上，必须首先坚持发展是第一要务，不断解放和发展社会生产力，不断提高人民生活水平，不断增强我国综合国力，这是解决一切问题的基础和关键。同时，必须明确，在社会主要矛盾发生变化的背景下，必须坚持科学发展和高质量发展，必须以新发展理念为根本指引，在解决不平衡不充分发展问题的过程中，不断满足人民美好生活新需要。作为社会意识的共享发展理念，必须依据和适应社会主义初级阶段社会主要矛盾转化

---

① 《习近平关于全面深化改革论述摘编》，中央文献出版社 2014 年版，第 11 页。

这个社会存在，坚持发展为了人民、发展依靠人民、发展成果由人民共享，坚持通过发展促进社会公平正义问题的解决，通过更好解决发展不平衡不充分问题，更好满足人民日益增长的美好生活需要。

（二）坚持社会意识对社会存在能动的反作用，发挥发展理念的先导作用

唯物辩证法同样认为，意识能反映事物的外部现象、本质和规律，意识能客观反映事物，可以指导人们开展有效的实践活动，使客观事物得到发展。坚持以唯物辩证法为基本立场、观点和方法的中国共产党，历来高度重视思想理论对社会实践的指导作用。无论是在革命、建设和改革的各个时期，我们党历来主张把思想、理论和理念的创新发展放到非常突出的位置。可以说，突出思想理论的指引作用，是我们党的光荣传统和政治优势。在革命、建设、改革各个历史时期，我们党系统、具体、历史地分析中国社会运动及其发展规律，充分发挥思想理论的先导作用和引领作用，推动党和人民事业取得了一个又一个胜利。

发展理念是发展行动的先导，是发展思路、发展方向、发展着力点的集中体现，有什么样的发展理念就会引领什么样的发展实践，必须充分发挥科学理念对发展实践的引导指引作用。新发展理念对社会主要矛盾化解的重要能动作用，主要体现在两个方面：一方面，社会主要矛盾变化引起人民美好生活需要不断增长，新的发展实践和发展行动，必须要以人民美好生活需要作为目标导向和价值导向。这里的美好生活所强调和倡导的，不仅仅是生活质量、品质的美好，它更注重通过先进发展理念，实现经济社会的合理发展、合规律发展，最终要通过合理发展、合规律发展彰显人类的优良道德生活、实现人的自由全面发展。也就是说，这里的美好生活需要，既是具体的实际的美好的生活需要，也是符

合人类道德理性和美好愿望的生活理念。只有这样的美好生活，才能给人以真正的幸福感、满足感、安全感。新的发展实践，应该以人民的美好生活理念作为目标导向和价值导向。另一方面，解决发展不平衡不充分的矛盾和问题，必须坚持共享发展理念"管全局、管根本、管方向、管长远"的指引作用。只有坚持全民共享、全面共享和渐进共享的发展理念，才能从根本上解决不平衡不充分的发展问题；只有坚持以人民为中心的发展思想、坚持包容性发展理念，才能从根本上推动实现更高质量、更有效率、更加公平、更可持续的发展，才能解决发展不平衡不充分问题。可以说，坚持和发挥共享发展理念的指引作用，是解决我国社会主要矛盾的内在要求。

二、唯物辩证法依据：联系、发展和矛盾的观点与社会主要矛盾变化对共享发展的新要求

唯物辩证法是最全面、最丰富、最深刻的发展学说，它深刻揭示了世界是普遍联系和不断运动变化的统一整体，是马克思主义认识世界和改造世界的强大思想武器，是科学分析中国特色社会主义社会发展变化的认识论工具，也是正确认识社会主要矛盾变化与新发展理念的方法论基础。

（一）用联系的观点分析社会主要矛盾转化及对共享发展的要求

联系具有客观性，联系是事物本身所固有、不以人的主观意志为转移的。联系也具有普遍性和多样性，一切事物、现象和过程，及其内部各要素、部分、环节，都不是孤立存在的，而是相互作用、相互影响、相互制约的。这种联系可能是内部联系和外部联系、本质联系和非本质联系、必然联系和偶然联系，也可能是主要联系和次要联系、直接联系和间接联系，等等。恩格斯指出，当我们深思熟虑地考察自

然界或人类历史或我们自己的精神活动的时候，首先呈现在我们眼前的，是一幅由种种联系和相互作用无穷无尽地交织起来的画面①。普遍联系的观点，要求人们在观察和分析问题时，要从事物之间的相互联系和相互作用入手，不能只看到一个个孤立的事物；要求把事物的现状与它的过去和将来联系起来考查；要求既要看到事物数量的增减变化，也要看到事物根本性质的发展变化；在分析事物发展的原因时，既要着重抓住事物发展的内部矛盾，又不忽视事物发展的外部矛盾和其他矛盾，等等。

首先，对社会主要矛盾转化本身的认识，充分体现了普遍联系的观点。社会主要矛盾的主要制约因素是"不平衡不充分的发展"问题，不平衡发展主要包括了经济与社会发展不平衡、经济与生态发展不平衡、区域发展不平衡、城乡发展不平衡、收入分配不平衡等方面。按照普遍联系的观点，经济、政治、文化、社会、生态各要素是相互联系、相互制约、相互作用的，每个要素不可能独立存在；在其他要素没有较好发展的条件下，任何一个单独要素领域要取得长足发展进步是不可能的。各要素无法实现互相协同促进、有机配合，就必然会出现发展不平衡的矛盾，甚至出现畸形发展的问题，进而影响全面、健康、协调发展的整体目标。

因此，当不平衡不协调的发展成为经济社会全面发展的主要矛盾和"主要制约因素"的时候，我们必须把发展的平衡性、协调性放在更加突出的地位。针对经济发展数量和结构的关系问题，习近平总书记指出，在新常态大背景下，要全面认识健康持续发展和生产总值增长的关系，防止把发展简单化为增加生产总值，一味以生产总值比高低、论英

---

① 《马克思恩格斯选集》第3卷，人民出版社2012年版，第411页。

雄①。针对经济发展与生态文明的不平衡问题，习近平总书记明确要求，要处理好"金山银山"与"绿水青山"的关系，二者是相互依存、相互补充的关系，不是相互替代、相互否定的关系，"我们既要绿水青山，也要金山银山"，"绿水青山，就是金山银山"。针对城乡发展不平衡和收入分配不平衡等影响全面建成小康社会问题，习近平总书记指出，"全面建成小康社会，最艰巨最繁重的任务在农村、特别是在贫困地区。没有农村的小康，特别是没有贫困地区的小康，就没有全面建成小康社会"②，必须"努力在统筹城乡关系上取得重大突破"，"让广大农民平等参与改革发展进程、共同享受改革发展成果"。对区域发展失衡，党的十八届五中全会提出，要着力形成平衡发展结构、推动区域协调发展，要深入实施西部大开发战略，推动东北老工业基地振兴，促进中部崛起，支持革命老区、民族地区、边疆地区、贫困地区加快发展。这些既是解决社会主要矛盾的现实战略，也是唯物辩证法总特征的具体体现。以社会主要矛盾转化为总要求，实施新发展理念，推动更加协调、更加平衡、更加健康、更加可持续发展，就是唯物辩证法在发展实践中的充分运用、充分实践。可以说，唯物辩证法构成了落实新发展理念、实践新发展理念的方法论基础。

其次，社会主要矛盾变化必然要求产生新的发展理念与之相适应，这是对普遍联系的唯物辩证法基本结论的坚持和运用。社会主要矛盾与发展理念具有高度相关性，社会主要矛盾集中体现着一个国家或社会在特定发展阶段的发展实际、发展特征、发展命题和发展方向之间内在关系，集中体现了该发展阶段所要解决的全局性矛盾和结构性问题，决定

---

① 《习近平谈治国理政》第二卷，外文出版社 2017 年版，第 234 页。
② 《习近平谈治国理政》，外文出版社 2014 年版，第 189 页。

了该发展阶段的根本任务和中心工作。发展理念是在对特定发展阶段各种内在要素关系和全局性矛盾、结构性发展问题科学判断的基础上，形成的关于协调各种发展关系、解决各种发展矛盾的目标、思路、任务和方略等的总和。

一方面，社会主要矛盾的转化，决定了新发展理念的产生和内容，构成了新发展理念的主要依据。社会主要矛盾转化意味着我国解决了既有的社会主要矛盾，又产生了新的社会主要矛盾，新的社会主要矛盾意味着我国进入新的发展阶段，意味着新的发展理念的产生。人民日益增长的物质文化需要同落后的社会生产之间的矛盾转化为人民美好生活需要与不平衡不充分发展之间的矛盾，意味着"落后的社会生产"条件下的社会主要矛盾已经基本解决，意味着我国已经跨过了以摆脱贫困、解决温饱为主要目标的发展阶段。"这个阶段的许多发展问题和低收入阶段时是不一样的"。与解决"落后的社会生产"相适应的单纯追求以经济高速增长和非均衡增长为核心要素的发展思路和发展理念，已不再适应新的社会主要矛盾。

另一方面，社会主要矛盾的转化必然要求通过革新发展理念来重新确立新的发展目标、发展思路、发展任务和发展方略，来适应和解决新的社会主要矛盾。新发展理念适应于新的社会主要矛盾而存在和变革，成为化解新的社会主要矛盾的根本指引。新的社会主要矛盾提出了"更高质量、更有效率、更加公平、更可持续发展"的发展要求，新的发展要求必须有新的发展理念与之相适应。共享发展理念适应了社会主要矛盾的转化，是指引实现"更高质量、更有效率、更加公平、更可持续为目的的发展"的新发展理念。

（二）用发展的观点看待新旧矛盾的转化和发展理念的更替

唯物辩证法认为，事物之间的相互联系、相互作用，又构成事物的运动、变化与发展。事物内部要素之间的相互联系、相互作用构成了事物运动的内因，事物内因的改变，最终造成了事物的运动、变化和发展。发展就是新事物的产生、旧事物的灭亡，体现了事物性质的根本变化。恩格斯指出，"世界不是既成事物的集合体，而是过程的集合体，其中各个似乎稳定的事物同它们在我们头脑中的思想映象即概念一样都处在生成和灭亡的不断变化中"。①这句话深刻说明了一切事物都是作为过程而存在、作为过程而发展的，每个事物的存在都具有暂时性和相对性。因此，坚持发展的观点，就是要坚持把事物看成一个变化发展的过程，要明确事物的过程性和渐进性，要明确事物处于怎样的阶段和地位。

社会主要矛盾的新旧转化和变化过程，充分反映了事物发展变化的过程性和渐进性的唯物辩证法原理。经济社会本身是不断发展变化的，以经济社会为现实依据的社会主要矛盾也是发展变化的。社会主要矛盾实际上是对一个国家特定生产力发展阶段和特定社会发展阶段的根本问题的客观反映。社会主要矛盾的发展变化，实质上就是社会生产力水平不断进步和发展的过程。社会主要矛盾的变化是经济社会发展的必然结果，经济社会的发展也必然会产生出新的矛盾。因此，社会主要矛盾也是渐进性的、相对性的、暂时性的，而不是一成不变的。从1981年党的十一届六中全会提出社会主要矛盾，到2017年党的十九大提出社会主要矛盾发生转化，这一历史阶段与我国改革开放四十年经济社会的历史性变化基本吻合，经济社会的发展变化与社会主要矛盾的转化，都"处在生成和灭亡的不断变化中"，都是"过程的集合体"。

同样，发展理念从根本上决定于发展阶段、发展过程和以此为基

---

① 《马克思恩格斯选集》第4卷，人民出版社2012年版，第250页。

础依据形成的社会主要矛盾。发展阶段的跃升和社会主要矛盾的转化，也必然会引起发展理念的变化发展。发展理念也"处在生成和灭亡的不断变化中"，也是"过程的集合体"。改革开放后，我国发展理念总体上经历了从以经济增长为主，到可持续发展，再到科学发展观，再到新发展理念的演变与创新过程。1979年邓小平提出，"经济工作是当前最大的政治，经济问题是压倒一切的政治问题"；1980年又提出，"讲社会主义，首先就要使生产力发展"。20世纪90年代，随着改革开放的全面推进和社会主义市场经济体制建立，我国生产力总量在迅速增加，但增长方式与资源环境问题的矛盾日益突出。2002年在中央人口资源环境工作座谈会上，江泽民同志提出了"要着眼未来，确保实现可持续发展的目标"，"发展不仅要看经济增长指标，还要看人文指标，资源指标，环境指标"[①]。同年召开的党的十六大将"可持续发展能力增强"作为全面小康社会的重要目标。党的十六大后，全面建设小康社会、构建和谐社会成为重大时代课题，我国不仅面临环境资源与可持续发展问题，还面临贫富差距扩大、区域、城乡发展不协调、社会矛盾突出等问题，胡锦涛同志在党的十七大上明确提出了科学发展观，强调要坚持以人为本，以统筹兼顾为根本方法，实现协调、全面、可持续发展。党的十八大后，我国经济发展进入新常态，经济由高速增长转入高质量发展阶段，我国进入决胜全面建成小康社会、建成社会主义现代化强国的关键发展阶段，习近平总书记在党的十八届五中全会上提出了新发展理念。

上述发展理念的发展变化呈现出了阶梯式跃进与循序渐进的动态过程。每一次新的发展理念的产生和更替，都是对经济社会发展规律的新认识、新探索，都极大促进经济社会发展再上新的台阶，从而推

[①] 《江泽民文选》第3卷，人民出版社2006年版，第461—462页。

动我国的发展取得了历史性成就。每一次发展理念的转化，都是经济社会发展的现实需要和迫切要求，每一次发展理念的转化也都实现了对经济社会发展的有效指引，促进了经济基础和上层建筑的升级和优化。新时代，只有坚持新发展理念，才能不断破解发展难题、厚植发展优势，才能不断适应和解决社会主要矛盾变化提出的新要求，推动我国发展再上新台阶。

（三）坚持矛盾分析法，自觉用新发展理念化解社会主要矛盾

唯物辩证法不仅揭示了事物之间的联系和发展，更揭示了联系的实质和发展的动力，这就是矛盾。列宁认为，就本来的意义说，辩证法就是研究对象的本质自身的矛盾。也就是说，矛盾运动是辩证法的核心。矛盾所揭示的是事物内部两方面之间既对立又统一的关系。矛盾具有普遍性、特殊性和不平衡性。所谓普遍性，正如恩格斯所说，"运动本身就是矛盾"，矛盾存在于一切事物的发展过程中，旧的矛盾解决了，新的矛盾产生了，事物始终在矛盾中运动。所谓特殊性，是说任何事物的矛盾，以及不同发展阶段的矛盾，都各具特点、各不相同；所谓不平衡性，是说在复杂的矛盾中总有居于主要地位、决定事物根本性质的主要矛盾和居于次要地位、可能转化为主要矛盾的次要矛盾。习近平总书记指出，问题是事物矛盾的表现形式，我们强调增强问题意识、坚持问题导向，就是承认矛盾的普遍性、客观性，要善于把认识和化解矛盾作为打开工作局面的突破口。[①]

矛盾是事物发展的源泉和动力，社会是在矛盾运动中前进的。改革开放以来，正是由于我们能够发现和认识社会主要矛盾，我们才走上了改革开放的道路，才坚定不移坚持以经济建设为中心、不断解放和发

[①]　习近平：《辩证唯物主义是中国共产党人的世界观和方法论》，《求是》2019 年第 1 期。

展社会生产力；正是我们不断解决了社会主要矛盾，中国人民才迎来了从温饱不足到小康富裕的伟大飞跃，并极大促进了人的全面发展和社会全面进步。新的矛盾解决的过程，就是旧的矛盾产生的过程。"当前，我们面临的矛盾更加复杂，既有过去长期积累而成的矛盾，也有在解决旧矛盾过程中新产生的矛盾，大量的还是随着形势环境变化新出现的矛盾。"习近平总书记指出，"党的十八大之后，我们强调不能简单以国内生产总值增长率论英雄，提出加快转变经济发展方式、调整经济结构，提出化解产能过剩，提出全面深化改革、全面依法治国，提出加强生态文明建设，等等，都是针对一些牵动面广、耦合性强的深层次矛盾去的。"①从根本上来说，这些矛盾都是基于当前的发展模式、发展理念与人民的美好生活需要相比较，还不够匹配、不够适应，才产生的。当前，人民"期盼有更好的教育、更稳定的工作、更满意的收入、更可靠的社会保障、更高水平的医疗卫生服务、更舒适的居住条件、更优美的环境，期盼孩子们能成长得更好、工作得更好、生活得更好"，不平衡不充分的发展无法满足人民的美好生活期待，就成为了现阶段的主要矛盾。要解决这一主要矛盾，就必须坚持和落实新发展理念。

矛盾是普遍存在的，但不同事物及其不同阶段的矛盾具有特殊性。其方法论意义在于，必须运用科学的认识方法，坚持矛盾普遍性和特殊性相结合，即既要看到基本矛盾的连续性和长期性，也要看到主要矛盾在不同阶段的具体性和特殊性，坚持具体问题具体分析，坚持重点论和两点论相结合。新中国成立以来，我国社会的主要矛盾基本上保持了连续性和长期性，这就是生产力发展水平与人民不断变化的需要的矛盾。中共八大决议指出，我们国内的主要矛盾，已经是人民建

---

① 习近平：《辩证唯物主义是中国共产党人的世界观和方法论》，《求是》2019 年第 1 期。

立先进的工业国的要求同落后的农业国的现实之间的矛盾，已经是人民对于经济文化迅速发展的需要同当前经济文化不能满足人民需要的状况之间的矛盾，其实质是"先进的社会主义制度同落后的社会生产力之间的矛盾"。1979 年 3 月，邓小平指出："我们的生产力发展水平很低，远远不能满足人民和国家的需要，这就是我们目前时期的主要矛盾"。这要求必须集中一切力量发展工业、坚持以经济建设为中心，不断解放和发展社会生产力。

随着中国特色社会主义进入新时代，我国的社会主要矛盾依然在生产发展与人民需要的框架下叙事和表述，但具有明显的"特殊性和具体性"，即已不是总体落后的社会生产与人民需要之间的矛盾，而是部分落后、整体跃升的社会生产与人民需要不断升级之间的矛盾；重点已不再是增加总量生产力，而是生产力的协调发展；重点已不再是让部分人富起来，而是逐步实现共同富裕。坚持矛盾在不同发展阶段的特殊性，抓住不同阶段的重点矛盾，就必须坚持新发展理念。尤其是要坚持协调发展理念和共享发展理念。通过协调发展促进部分落后地区的发展水平和发展质量提高，解决发展不协调的主要矛盾；通过共享发展促进全体人民共享改革发展成果，保证全面建成小康社会，朝着实现共同富裕的方向稳步前进。

三、唯物史观依据：社会基本矛盾原理与社会主要矛盾变化对共享发展的新要求

（一）坚持社会基本矛盾原理推动社会主要矛盾的解决

历史唯物主义认为，社会历史的发展有其自身固有的客观规律。历史唯物主义以物质生产为根源探索了社会关系发展的客观规律性。马克思在经典表述历史唯物主义基本思想的《〈政治经济学批判〉序言》

中将生产力和生产关系之间的矛盾、经济基础与上层建筑之间的矛盾，作为研究社会历史发展的出发点。

唯物史观认为，生产力和生产关系、经济基础和上层建筑之间的矛盾构成了社会发展的根本动力。生产力、生产关系（经济基础）和上层建筑，相互联结、相互制约、相互作用。这种层层决定和层层反作用，由适合到不适合再到新的适合，循环往复，不断前进，最终构成了以生产力发展为根本动力，社会形态由低级向高级不断演进的历史。这一规律表明，在人类社会历史发展过程中，生产力是决定性因素，生产力的变化发展最终决定了生产关系的性质和变化，决定了生产关系是否需要变革以及变革的方向和形式。同时，生产力、生产关系，经济基础、上层建筑之间，各自相对独立但又辩证联系。这一原理强调，社会发展是一个有机的系统，必须用有机的系统的观点和方法来看待和推动社会发展。恩格斯曾把唯物史观的方法看作是"所有过程都处在一种系统联系中的认识"①。列宁也认为，要"把社会看作处在经常发展中的活的有机体"，并认为，唯物史观就是"社会学中的科学方法"②。因此，我们要把社会发展看作以生产力发展为中心的、各种内在结构和内在机制有机的、综合的、总体的发展，不能以唯生产力论、唯生产关系论、唯政治论、唯文化论方式看待和推动社会发展。③ 这要求我们，必须把生产力和生产关系的矛盾运动同经济基础与上层建筑的矛盾运动结合起来，将社会基本矛盾作为一个整体来观察，才能更加全面和准确地把握经济社会发展的基本面貌和发展趋势。

---

① 《马克思恩格斯选集》第 3 卷，人民出版社 2012 年版，第 412 页。

② 《列宁选集》第 1 卷，人民出版社 1995 年版，第 32 页。

③ 袁吉富：《彰显历史唯物主义的当代价值》，《人民日报》2019 年 10 月 21 日。

当代中国依然处于社会主义初级阶段，生产力还达不到"发达"的程度，这依然是决定我国生产力发展方向、途径和形式的根本依据，依然是判断我国社会生产关系的内容、形式，以及是否调整的根本因素。基于此，我国必须坚持发展是第一要务，坚持发展仍然是解决我国一切问题的基础和关键。但同时，还要认识到，现实的生产力发展的前提条件和生产力发展阶段性的变化特征，对既有的生产力发展理念和发展路径有新的要求。因此，还要坚持稳中求进、稳中求变，在坚持社会主义初级阶段的基本路线不动摇的同时，根据不同的历史时期和生产力发展阶段的变化特征和使命任务，对发展理念做出相应调整。

具体到现阶段来说，一方面，我国生产力发展出现了很多新特征和新变化，我们对生产力不能仅仅局限于数量增长的认识，还必须追求实现生产力又好又快的发展，只有这样，才能更好处理各种生产关系和经济关系，包括实现社会公平正义，改善人们在生产中的地位及其相互关系，以及改善社会分配方式，等等。另一方面，要全面解决新的社会矛盾和问题，既要处理生产力不适应生产关系的问题，也要注意上层建筑不适应经济基础的问题，要根据生产力发展要求和新特点，及时更新发展理念、变革发展战略，创新发展政策，通过生产关系和上层建筑的适应性调整和变革，推动经济社会协调健康可持续发展。党的十八届五中全会正式提出共享发展理念，其中根本指向就是，适应生产力发展的新阶段和新要求，更加重视生产关系的适应性变革和调整，通过坚持和实践共享发展，逐步解决社会公平正义问题，更好推动人的全面发展，逐步解决全体人民共同富裕的问题。

（二）坚持人民主体地位更好满足人民美好生活需要

历史唯物主义从社会存在决定社会意识的基本观点出发，认为社会发展的历史是物质资料生产的历史，是社会生产方式新陈代谢的历史，因而也是人民群众创造活动的历史。作为人类解放的学说，历史唯物主义认为，人类社会的全部物质财富和精神财富，归根结底都是人民群众创造的，人民群众才是历史的主人。在这个意义上，群众史观就是对人类解放和实现共产主义的哲学论证。当然，人民群众作为历史创造者，存在一个由自发到自觉的发展过程，人民群众的历史创造作用发展的总趋势是，作用的范围越来越广，强度越来越大。"相信谁、依靠谁、为了谁"，是否始终站在最广大人民的立场上，不仅是区分唯物史观和唯心史观的分水岭，也是判断马克思主义政党的试金石。无产阶级革命导师把人民群众是历史创造者这一历史唯物主义原理和无产阶级的革命实践结合起来，提出无产阶级政党必须相信群众、依靠群众、把群众团结在自己周围，领导群众夺取胜利。总之，人民是历史和社会发展进步的根本力量，构成了唯物史观的根本内容和核心主题。

坚持群众史观，就必须贯彻群众路线。中国共产党坚持为人民服务的宗旨，并结合中国革命建设的实践，提出了无产阶级政党的群众观点和群众路线。刘少奇提出，群众观点即人民群众自己解放自己的观点、全心全意为人民服务的观点、向人民群众负责的观点、向人民群众学习的观点。群众路线，即一切为了群众、一切依靠群众，从群众中来、到群众中去。中国共产党把群众路线作为根本政治路线和组织路线，以始终保持同人民群众的血肉联系为核心，始终把群众路线贯彻到治国理政全部活动之中，从而真正依靠人民创造历史伟业。群众史观可以说是执政党长期执政，永葆青春活力和战斗力的重要传家宝。在新的历史条件下，基本实现社会主义现代化和建成社会主义现代化强国，都必须坚信，一切伟大事业从根本上都依赖于人民群众的伟大实践，一切社会变革也都必须紧紧依靠人民群众的伟大智慧，必须始终贯彻群众路线，紧紧依靠人民群众，充分运用群众路线。

坚持群众史观，就必须维护人民群众各项权益，把人民对美好生活的向往作为奋斗目标。为无产阶级和广大人民群众的根本利益而奋斗，是马克思主义政党最鲜明的政治立场。习近平总书记指出："中国共产党人的初心和使命，就是为中国人民谋幸福，为中华民族谋复兴。"我们认为，中国特色社会主义发展的根本目标就是不断满足人民美好生活需要，保障人民的经济、政治、文化、社会和生态权益，促进人的全面发展。党的十八届五中全会指出，人民是推动发展的根本力量，实现好、维护好、发展好最广大人民群众根本利益是发展的根本目的。党的十九大把坚持以人民为中心的发展思想作为新时代中国特色社会主义的基本方略，也是首要方略。

社会主要矛盾转化，要求不断满足人民日益增长的美好生活需要，充分反映了对唯物史观的坚持和运用。社会主要矛盾变化的根本要求，是要致力于满足人民日益提升和扩展的物质文化生活需要，以及满足人民在美好生活需要方面的增量需要：人民不断增长的民主法治、公平正义和安全环境需要。社会主要矛盾变化的根本要求，充分彰显了人民利益和人民需要至上的价值追求。满足人民美好生活需要，从根本上说仍然必须坚持以人民为中心的发展思想，坚持以人民为主体，把实现人民福祉作为发展的根本目的，把紧紧依靠人民作为发展的根本动力，把促进共享共富作为发展的根本方向，坚持群众观点和群众路线。这些都是新时代社会主要矛盾转化对唯物史观的实践要求，充分体现了人民群众创造历史的唯物史观。

共享发展坚持"发展为了人民、发展依靠人民、发展成果由人民共享"的本质内涵，体现的是唯物史观的根本要求。党的十八届五中全会在提出共享发展的同时着重强调，共享发展注重解决社会公平正义问题，坚持共享发展，必须作出更有效的制度安排，注重机会公平，保障基本民生，实现全体人民共同迈入全面小康社会。无论是致力于公平正义问题的解决，或是保障基本民生、实施精准扶贫、建成"一个也不能少"的全面小康社会，还是实现共同富裕，都充分体现了在社会历史发展进步中的人民主体地位，都充分体现了把人民利益放在第一位和维护人民群众各项权益、为人民谋福祉的奋斗目标，都充分体现了"一切依靠人民群众、一切为了人民群众"和"把人民群众的利益和需要作为一切工作的出发点和落脚点"的群众观点。

总之，无论是社会主要矛盾变化强调"人民日益增长的美好生活需要"，或是共享发展坚持"发展为了人民、发展依靠人民、发展成果由人民共享"，还是以坚持以人民为中心的发展思想、把人民对美好生活的向往作为奋斗目标，都充分体现了唯物史观基本原理，都是对唯物史观基本原理的坚持和运用。

第三节　社会主要矛盾变化对共享发展提出新要求的政治经济学依据

政治经济学是马克思主义理论体系的重要组成部分。马克思在《资本论》序言中写道："本书的最终目的就是揭示现代社会〈即资本主义社会，资产阶级社会〉的经济运动规律。"[①]列宁指出："使马克思的理论得到最深刻、最全面、最详尽的证明和运用的是他的

[①] 《马克思恩格斯选集》第2卷，人民出版社2012年版，第83页。

经济学说。"①2015 年 12 月召开的中央经济工作会议强调，要坚持中国特色社会主义政治经济学的重大原则。

一、社会主要矛盾变化对共享发展的新要求体现社会主义生产目的论

生产目的体现了社会生产关系的本质，是马克思主义政治经济学的核心问题。以雇佣劳动为基础的资本主义生产方式，以获取剩余价值或最大利润为目的。而社会主义的生产目的，是为了最大限度地满足全体人民的需要。这是社会主义生产方式与资本主义生产方式的本质区别，也是我国适应社会主要矛盾变化，不断满足人民美好生活需要，坚持实践共享发展理念的政治经济学依据。

（一）社会主义的生产目的是更好满足人民的需要

马克思主义政治经济学关于社会主义的生产目的论，是建立在对资本主义生产目的批判基础之上的。在资本主义条件下，劳动力成为商品，资本主义生产过程是资本家消费劳动力的过程，因而也是资本家榨取雇佣劳动者的剩余价值的过程，这是资本主义生产方式的实质，使得生产的目的不是有限数量的使用价值，而是价值的不断增值。马克思的政治经济学深刻批判了资本主义社会中资本奴役劳动、物统治人的弊端。资产阶级经济学家李斯特②通过把生产力美化为发展人自身才能的目的，来掩盖资本主义制度把工人沦为交换价值的社会弊端。马克思指出，李斯特的生产力理论"把工人只当作劳动的动物，当作

---

① 《列宁选集》第 2 卷，人民出版社 1995 年版，第 428 页。

② 弗里德里希·李斯特（Friedrich List，1789—1846），号称资产阶级古典经济学的怀疑者和批判者，是德国历史学派经济学的先驱。

仅仅有最必要的肉体需要的牲畜"①。在资本主义生产方式下，劳动者仅仅作为追求剩余价值生产和资本增值的工具而存在，资本家对于劳动者消费需要的满足，也仅仅以维持劳动力的再生产为标准。工人本身就像他们在资本主义生产中表现的那样，只是生产资料，而不是目的本身，也不是生产的目的。

以追求生产剩余价值为生产目的的资本主义制度，产生了人的需要的异化现象。这种异化正如马克思在《1844年经济学哲学手稿》中指出的那样，"工人对自己的劳动的产品的关系就是对一个异己的对象的关系"，"工人生产的财富越多，他的产品的力量和数量越大，他就越贫穷。工人创造的商品越多，他就越变成廉价的商品。物的世界的增值同人的世界的贬值成正比。"② 对此，资产阶级经济学只关注交换价值或价值，只谈论供给和需求的关系，不关注使用价值，以此为资本主义制度辩护。19世纪英国著名历史学家托马斯·卡莱尔很形象地形容这种现象："培养一个经济学家是容易的，只要像教一只鹦鹉那样说'需求'和'供给'就可以了。"③ 马克思在其政治经济学批判巨著《资本论》中，深刻批判了伴随资本增值过程而发生的需要异化过程，进而认为资本主义拜物教并不是人对货币和资本产生了崇拜，而是对以物为手段和以人为目的正常关系的颠倒④。在马克思看来，只有替代资本主义生产方式，建立"联合生产者"的社会，才能实现需要的"人化"。

《共产党宣言》提出，共产主义社会里，已经积累起来的劳动只

---

① 《马克思恩格斯文集》第1卷，人民出版社2009年版，第125页。

② 马克思：《1844年经济学哲学手稿》，人民出版社2014年版，第47页。

③ 杨伯华、缪一德：《西方经济学原理》，西南财经大学出版社2011年版，第21页。

④ 张士引：《解决新时代中国社会主要矛盾的两种经济学范式》，《宁夏社会科学》2019年第2期。

是扩大、丰富和提高工人的生活的一种手段①。根据恩格斯在《反杜林论》中对未来社会主义的生产目的预示，社会主义社会"通过社会化生产，不仅可能保证一切社会成员有富足的和一天比一天充裕的物质生活，而且还可能保证他们的体力和智力获得充分的自由的发展和运用"②。列宁在恩格斯这一思想的基础上提出，"工人阶级要获得真正的解放，必须……组织由整个社会承担的社会主义的产品生产代替资本主义商品生产，以保证社会全体成员的充分福利和自由的全面发展"；社会主义之所以要替代资本主义，根本在于，社会主义通过发展生产力，可以使"所有劳动者过上最美好最幸福的生活"③。经过社会主义建设实践，斯大林对社会主义生产目的，有了更为明确的看法。在《苏联社会主义经济问题》中，他提出："保证最大限度地满足整个社会经常增长的物质和文化的需要，就是社会主义生产的目的。"④斯大林的这一阐述影响深远，被认为是社会主义生产目的论的普遍说法。

新中国成立后的很长一段时间，苏联社会主义政治经济学的探索对中国有很大影响。1951 年斯大林出版了《苏联社会主义经济问题》，随后 1954 年苏联科学院经济研究所又出版了《社会主义政治经济学教科书》，对社会主义制度的经济规律问题和社会主义政治经济学的基本原则进行了深入探讨。我国很大程度上沿用了苏联政治经济学关于社会主义生产目的的理论主张和基本原则。1956 年党的八大提出我国确立社会主义基本制度后的国内主要矛盾。毛泽东强调指出，社会主义建设

---

①　《马克思恩格斯选集》第 1 卷，人民出版社 2012 年版，第 415 页。
②　《马克思恩格斯选集》第 3 卷，人民出版社 2012 年版，第 670 页。
③　《列宁选集》第 3 卷，人民出版社 1995 年版，第 546 页。
④　斯大林：《苏联社会主义经济问题》，人民出版社 1952 年版，第 62 页。

的目的就是"要使几亿人口的中国人生活得好"①。这是对刚刚建立的社会主义社会的主要矛盾的科学认识，也是对斯大林关于社会主义生产目的论的创造性运用，明确了社会主义新社会的生产目的是"人民的经济文化需要"。改革开放后，在如何重新认识社会主义的过程中，邓小平提出，社会主义的首要任务是发展生产力，逐步提高人民的物质和文化生活水平。1981年党的十一届六中全会作出了"我国社会的主要矛盾是人民日益增长的物质文化需要同落后的社会生产之间的矛盾"的重大论断，要解决这一矛盾，必须将一切有利于"发展生产力"的因素都利用起来，作为手段，来实现"满足人民日益增长的物质文化需要"的目的。

改革开放几十年后，我国人民物质文化生活得到极大改善，人民的美好生活需要更加丰富和多元，习近平总书记提出，人民对美好生活的向往，就是我们的奋斗目标。2016年，党的十八届五中全会正式提出了以人民为中心的发展思想，同时也提出了包括共享在内的五大新发展理念，重申共享是中国特色社会主义的本质要求。在学习党的十八届五中全会精神专题研讨班讲话中，习近平总书记非常明确地指出："从政治经济学的角度看，供给侧结构性改革的根本，是使我国供给能力更好满足广大人民日益增长、不断升级和个性化的物质文化和生态环境需要，从而实现社会主义生产目的。"②

（二）社会主要矛盾变化及其对共享发展的新要求是对社会主义生产目的论的坚持和运用

新中国成立后，中国特色社会主义政治经济学关于社会主要矛盾

---

① 《建国以来重要文献选编》第10册，中央文献出版社1994年版，第119页。
② 《习近平谈治国理政》第二卷，外文出版社2017年版，第252页。

的正式表述中都包含了社会主义的生产目的与社会主义生产力两个方面。从生产目的来说，三次社会主要矛盾的变化，先后使用了"人民的经济文化需要""人民日益增长的物质文化需要"和"人民日益增长的美好生活需要"，这同马克思恩格斯、列宁、斯大林和毛泽东关于社会主义生产目的论，是一脉相承、一以贯之的。从社会主义生产力来看，三次社会主要矛盾的表述，先后使用了"落后的农业国""落后的社会生产"和"不平衡不充分的发展"。这三个表述是对不同时期与社会主义生产目的相对应的、制约人的发展需要的生产力发展状况的经典表述。从马克思恩格斯对资本主义生产目的深刻批判和社会主义生产目的的深刻揭示，到斯大林明确提出"社会主义生产目的"至今，从社会主要矛盾变化的表述中可以发现，社会主义生产目的的内涵，是随着社会主义生产力不断发展而不断丰富和完善的，即社会主义生产要满足的"人的需要"的内容越来越全面、越来越多样，层次越来越高、越来越有时代性。

发展生产力是实现社会主义生产目的的根本手段，但适应社会主义生产目的内涵的不断丰富和完善，生产力必须通过新发展理念不断改进和提高。对于高质量的人民美好生活需要，必须要以高质量的生产力水平和生产力结构来实现。党的十九大报告指出，发展是解决我国一切问题的基础和关键，但发展必须是科学发展，必须坚定不移贯彻创新、协调、绿色、开放、共享的发展理念。只有坚持新发展理念，坚持不断提高生产力发展的质量和水平，才能更好地适应社会主要矛盾的变化要求，进而才能更好实现内涵越来越丰富的社会主义生产目的。尤其是作为新发展理念根本出发点和落脚点的共享发展，以促进社会公平正义为问题导向，从人民群众最关心最直接最现实的利益问题着手，顺应人民对美好生活的向往，把增进人民福祉、促进人的全面发展作为发展的根本目的，集中地诠释了社会主义生产目的。

可见，社会主要矛盾作为社会主义初级阶段不同历史时期要解决的根本问题，其表述和内容集中体现了社会主义生产方式；社会主要矛盾变化和应对，集中体现了生产力发展和满足人民需要之间的社会主义生产方式的根本性质和互相之间适应性的调整变化关系。社会主义生产目的作为社会主义生产方式的根本问题，是发展社会主义社会生产力的政治经济学根据，也是社会主要矛盾变化的政治经济学依据。社会主义生产目的论要求，一方面要在发展生产力的基础上，坚持新的生产力发展理念，以不断提高生产力质量、持续改善生产力结构，进而更好地适应和满足人民的各种需要，促进人的自由全面发展；另一方面，生产力越发展，越要明确社会主义生产方式的本质，越要让社会主义生产目的得到更加明显的体现，越要坚持以人民为中心的发展思想，让最广大人民共享发展成果。总之，社会主义生产目的是社会主要矛盾变化的政治经济学依据，也是坚持共享发展理念的政治经济学依据，同时也是适应社会主要矛盾变化的新要求坚持共享发展理念的政治经济学依据。

二、社会主要矛盾变化对共享发展的新要求体现生产力与生产关系矛盾运动

（一）生产力与生产关系矛盾运动的基本原理

马克思主义政治经济学是以历史的生产关系为研究对象的学科，尤其侧重于以生产和再生产中人和人的关系作为研究对象。马克思在《资本论》第一卷序言中鲜明指出："我要在本书研究的，是资本主义生产方式以及和它相适应的生产关系和交换关系"[①]；恩格斯强调，

[①] 《马克思恩格斯选集》第 2 卷，人民出版社 2012 年版，第 82 页。

政治经济学从分析商品开始，但"经济学研究的不是物，而是人和人之间的关系"①。马克思更多强调政治经济学的主要研究对象是生产关系，是因为判断社会制度性质的标准是生产关系。当然，根据历史唯物主义，必须紧密联系生产力去研究生产关系。马克思在《政治经济学批判》导言中首先提出："摆在面前的对象，首先是物质生产。"《共产党宣言》也明确提出：无产阶级取得政权后，要把生产资料掌握在国家手中，尽快增加生产力的总量，以提高工人阶级的生活水平。因此，生产力和生产关系的矛盾运动原理构成了马克思主义政治经济学的核心主线。

马克思认为，人类社会存在错综繁杂的各种关系，要科学地阐述社会发展规律，就要从中找出基本关系："人们在自己生活的社会生产中发生一定的、必然的、不以他们的意志为转移的关系，即同他们的物质生产力的一定发展阶段相适合的生产关系。"②生产力的不断发展构成了整个社会存在和发展的最终决定力量，因此，生产关系一定要适应生产力发展状况，是人类社会发展的普遍规律。资本主义生产关系是人类社会生产过程的最后一个对抗形式，必然会被社会主义所替代。

（二）社会主义制度下生产力和生产关系的基本矛盾及其解决

那么，社会主义制度建立后，是否存在生产力和生产关系的基本矛盾，社会主义生产关系能否为生产力发展创造无限的发展空间？这些问题成为社会主义政治经济学要解答的根本问题。斯大林起初并不认为社会主义制度下，还存在生产关系和生产力有矛盾的情形。在《关于正确处理人民内部矛盾的问题》中，毛泽东明确提出，"社会主义生产关

---

① 《马克思恩格斯选集》第 2 卷，人民出版社 2012 年版，第 881 页。
② 《马克思恩格斯选集》第 2 卷，人民出版社 2012 年版，第 2 页。

系还很不完善"，但是"它不是对抗性的矛盾，它可以经过社会主义制度本身，不断地得到解决"①。毛泽东关于社会主义生产关系和生产力的发展既相适应、又相矛盾，以及这些矛盾可以经过社会主义制度本身得到解决的思想，既坚持了社会主义生产关系具有比资本主义无比优越性的马克思主义基本观点，同时也为社会主义生产关系下不断解放和发展生产力，推进社会主义制度自我完善，留下了很大空间。

那么，为什么说，社会主义生产关系和生产力的发展既相适应、又相矛盾，同时，这些矛盾可以经过社会主义制度本身得到解决呢？这是因为，在社会主义制度下，生产力是不断变化的，生产关系是相对稳定的；生产力的快速发展，也会使社会主义生产关系产生与之不相适应的矛盾，社会主义生产关系的调整，就是不断解决与生产力发展不相适应的社会矛盾。旧的矛盾解决了，生产关系相对适应了；但随着生产力的发展，又会产生新的矛盾。这种矛盾—解决—又矛盾—又解决的不断循环解决的过程，正是社会主义制度自我完善的动力。这是一般原理。

但问题在于，作为对各种社会形态共同具有的社会矛盾的高度概括，社会基本矛盾具有高度抽象性和一般性，是揭示和解释人类社会发展动力和社会基本规律，以及社会制度的革命性变革现象——比如社会主义替代资本主义——的一般原理，但对特定社会矛盾的具体变化和阶段性特征，则无法进行准确而具体的解释。然而事实上，要更准确、更具体地分析生产力和生产关系的适应性变化，还必须依据特定社会中的不同发展阶段都会产生的社会主要矛盾。社会基本矛盾是长期性和根本性的矛盾，而特定阶段的社会主要矛盾则是基本矛盾的具体表现形态，

---

① 《毛泽东文集》第7卷，人民出版社1999年版，第213—214页。

这个具体表现形态对现实的经济社会发展具有更为具体的反映，是把握阶段性特征的主要理论工具。科学把握和不断化解不同社会发展阶段的主要矛盾，是调整和完善生产关系，使之与快速发展的生产力相适应的关键。社会基本矛盾决定了社会主要矛盾的根本性质和表现形式，但社会基本矛盾的解决，是个长期的过程，必须要分解到具体阶段的社会主要矛盾的不断解决。

新中国成立之初，我国社会主义生产关系的确立及其运行，从根本上适应了生产力的发展，但随着我国经济社会的发展，高度集中的计划经济体制弊端不断显现。由于复杂的社会历史原因，社会主义生产关系后来被人为地一味拔高，忽视了生产力的实际发展状况，导致生产力与生产关系的矛盾突出，带来了灾难性后果。党的八大在确立社会主义基本矛盾的基础上，概括了社会主义改造后一段历史时期内的社会主要矛盾，但并没有得到很好实践。

改革开放后，邓小平坚持从马克思主义政治经济学原理出发，坚持和重新概括了社会主义基本矛盾与主要矛盾。在《坚持四项基本原则》中，他指出，"关于基本矛盾，我想现在还是按照毛泽东同志在《关于正确处理人民内部矛盾的问题》一文中的提法比较好。……当然，指出这些基本矛盾，并不就完全解决了问题，还需要就此作深入的具体的研究。"[1] 党的十一届六中全会纠正了以将阶级斗争作为社会主要矛盾的观点，重新确立了以发展生产力为核心的社会主要矛盾（人民日益增长的物质文化需要同落后的社会生产之间的矛盾），作为对社会基本矛盾"深入的具体的研究"，开启了中国特色社会主义政治经济学新篇章。1984 年，党的十二届三中全会通过了《中共中央

---

① 　《邓小平文选》第 2 卷，人民出版社 1994 年版，第 181—182 页。

关于经济体制改革的决定》明确提出：要从根本上改变束缚生产力发展的经济体制，建立起具有中国特色的，充满生机和活力的社会主义经济体制。这一决定被认为是"写出了中国特色社会主义政治经济学的初稿"。由此，开启了中国特色社会主义政治经济学的重大转变和重大创新。这一重大创新和转变主要体现在：中国特色社会主义政治经济学不仅要研究生产关系，也要研究生产力，而且要把怎样解放生产力和更好更快地发展生产力的研究，放在更加重要的地位。这里的解放生产力，主要涉及生产关系的完善和变革，要求从根本上改革束缚我国生产力发展的经济制度体制，即通过解放生产力来发展生产力，在此基础上逐步实现社会主义共同富裕和实现人的自由全面发展的根本追求。基于此，1992年邓小平在南方谈话时提出了"三个有利于"，即把"是否有利于发展社会主义社会的生产力、是否有利于增强社会主义国家的综合国力、是否有利于提高人民的生活水平"，看作是衡量一切工作是非得失的判断标准。这对于一个处在初级阶段的生产力水平不高、人民生活水平不高的发展中大国来说，具有极其特殊的重要意义。正如习近平总书记指出的，"社会主义的根本任务是解放和发展社会生产力……要推动我国社会生产力不断向前发展，推动实现物的不断丰富和人的全面发展的统一。"①

（三）社会主要矛盾变化及其对共享发展的新要求，充分体现了对社会基本矛盾运动原理的坚持和运用

改革开放几十年，我国社会主义改革的主要方式就是通过渐进式改革不断调整社会主义生产关系，促进社会生产力的发展。改革开放后，我国先后进行了资源配置方式改革，建立了社会主义市场经济体制；进

---

① 《掌握工作制胜的看家本领》，《人民日报》2014年7月17日。

行了所有制结构调整和公有制经济的改革，建立了社会主义初级阶段基本经济制度；进行了基本分配制度改革，建立了社会主义初级阶段基本分配制度；目前正在推动供给侧结构性改革，将有力推动我国高质量发展和现代化经济体系的建立。习近平总书记在十八届中共中央政治局第十一次集体学习时指出："社会基本矛盾总是不断发展的，所以调整生产关系、完善上层建筑需要相应地不断进行下去。"①

正是由于坚持改革开放，不断适应社会生产力发展调整生产关系，我国生产力和生产关系发生了巨大变化。在此基础上，党的十九大报告提出，"经过长期努力，中国特色社会主义进入了新时代，这是我国发展新的历史方位"。新时代的根本依据是我国生产力与生产关系之间矛盾发展出现了新的阶段性变化，其核心依据是：一方面，我国生产力取得了历史性飞跃，取得了长足的"量变"甚至部分"质变"，生产关系也与传统社会主义生产关系相比，产生了质的飞跃；另一方面，生产力的变化既没有超越社会主义初级阶段生产力水平要实现现代化、追赶并超越资本主义发达国家生产力水平的根本要求；生产关系也没有超越社会主义初级阶段"一个中心、两个基本点"的总路线，没有超越社会主义初级阶段基本经济制度与分配制度的范围。这是生产力与生产关系基本矛盾在新时代的阶段性表现。从理论上来说，社会基本矛盾决定和制约社会主要矛盾，社会主要矛盾体现、决定于社会基本矛盾，是对社会基本矛盾的反映。上述生产力与生产关系的变化引起的基本矛盾的变化，集中反映和体现在新时代社会主要矛盾的新变化中。党的十九大报告提出，"我国社会主要矛盾已经转化为人民日益增长的美好生活需要和不平衡不充分的发展之间的矛盾"，这一主要矛盾集中体现了新时代我国

---

① 《掌握工作制胜的看家本领》，《人民日报》2014 年 7 月 17 日。

生产力与生产关系的新特征。这一社会主要矛盾判断，来自于对我国生产力发展不平衡不协调不充分等现阶段"主要制约因素"的新概括，来自于人民对美好生活新向往新期待的新洞察，来自于新时代要逐步实现共同富裕和实现人的自由全面发展的根本追求的新要求。

新时代生产力和生产关系变化的结果，就是对生产力质量和水平有了更高要求，对生产关系更好地体现社会主义本质有了更高要求。对生产力质量和水平的更高要求，主要体现在新发展理念上，即追求创新成为第一动力、协调成为内生特点、绿色成为普遍形态、开放成为必由之路、共享成为根本目的发展。具体到共享发展上，就是要适应人民美好生活需要不断升级的规律性特征，满足人民更加有普惠和公平的民生福祉，不断缩小城乡、区域发展差距，优先满足落后地区和较为贫困人群公共服务水平，整体上提升基本民生的保障水平，不断提升人民获得感幸福感安全感。生产关系方面的更高要求，就是更加注重彻底消除贫困、调节贫富差距、更加注重公平正义；就是要通过改革和完善社会分配制度，把"蛋糕"分好；通过乡村振兴战略、区域发展战略缩小发展差距；实施脱贫攻坚战略，集全社会力量，发扬先富帮后富精神，促进共同富裕的实现。

三、社会主要矛盾变化对共享发展的新要求彰显中国特色社会主义政治经济学根本立场

政治经济学是一门以人与人之间的生产关系及其根本的经济利益关系为研究对象的学科，这决定了政治经济学是一门具有鲜明阶级性的科学。马克思在创立马克思主义政治经济学时，就明确提出了政治经济学的阶级属性问题："政治经济学所研究的材料的特殊性质，把人们心中最激烈、最卑鄙、最恶劣的感情，把代表私人利益的复仇女神召唤到战场上来反对

自由的科学研究。"① 马克思批评古典经济学把政治经济学的研究对象仅仅视为财富而不是生产关系，根本原因就在于古典经济学站在资产阶级立场上，代表新兴资产阶级的利益。他说："古典政治经济学几乎接触到事物的真实状况，但是没有自觉地把它表述出来。只要古典政治经济学附着在资产阶级的皮上，它就不可能做到这一点。"② 20世纪西方著名经济学家凯恩斯公开声称，"如果当真要追求阶级利益，那我就得追求本属于我自己的那个阶级利益……在阶级斗争中会发现，我是站在有教养的资产阶级一边的。"③ 凯恩斯这番表述，其实是真实的利益表达，充分证实了马克思的批评是正确的。马克思主义政治经济学自产生之日起，就公开宣称站在无产阶级和广大劳动人民立场上。《共产党宣言》指出："共产党人为工人阶级的最近的目的和利益而斗争。"恩格斯在《路德维希·费尔巴哈和德国古典哲学的终结》中指出，"科学越是毫无顾忌和大公无私，它就越符合工人的利益和愿望。在劳动发展史中找到了理解全部社会史的锁钥的新派别，一开始就主要是面向工人阶级的。"④ 恩格斯在《资本论》第一卷英文版中提出，《资本论》一经出版，就成为"工人阶级的圣经"。马克思主义政治经济学揭示的关于生产关系及其运动的规律，是完全站在工人阶级和劳动人民的立场上的。

中国特色社会主义政治经济学是研究社会主义初级阶段生产力和生产关系及其发展和运行规律的科学，其首要问题同样是"站在什么立场、为谁服务"，其根本问题依然是"发展依靠谁、为了谁"。习近平总书记在全国哲学社会科学工作座谈会上强调，"为什么人的问

---

① 《马克思恩格斯选集》第2卷，人民出版社2012年版，第84页。

② 马克思：《资本论》第1卷，人民出版社2004年版，第622页。

③ 约翰·梅纳德·凯恩斯：《劝说集》，商务印书馆1962年版，第224—225页。

④ 《马克思恩格斯选集》第4卷，人民出版社2012年版，第265页。

题是哲学社会科学研究的根本问题"，哲学社会科学需要搞清楚"站在什么立场上，为谁说话"。在纪念马克思诞辰 200 周年大会上，习近平总书记讲话指出，人民性是马克思主义最鲜明的品格。在主持十八届中央政治局第二十八次集体学习时，习近平总书记指出："发展为了人民，这是马克思主义政治经济学的根本立场"。以人民为中心的中国特色社会主义政治经济学，是对马克思主义政治经济学根本立场的重要贡献。坚持以人民为中心的发展思想，深刻揭示了中国特色社会主义政治经济学的本质特征、规律要求和根本立场[①]。党的十九大把坚持以人民为中心作为新时代坚持和发展中国特色社会主义的基本立场，指出"人民是历史的创造者，是决定党和国家前途命运的根本力量"；"必须把人民对美好生活的向往作为奋斗目标，依靠人民创造历史伟业"。这一系列重要观点，深刻表明了人民立场是中国特色社会主义政治经济学的根本立场，是新时代中国特色社会主义经济制度、发展战略、发展理念的根本原则。

新时代坚持和彰显中国特色社会主义政治经济学根本立场，主要体现在三个方面。第一，解放和发展生产力，不断满足日益增长的人民需要。《共产党宣言》指出："无产阶级将利用自己的政治统治，一步一步地夺取资产阶级的全部资本，把一切生产工具集中在国家即组织成为统治阶级的无产阶级手里，并且尽可能快地增加生产力的总量。"[②]我国社会主义初级阶段的历史任务，一是解放和发展生产力，极大增加全社会的物质财富；二是在此基础上不断满足人民美好生活需要，增进人民福祉。中国特色社会主义建设的根本任务，就是牢牢

---

① 陈光林：《以人民为中心的发展思想彰显中国特色社会主义政治经济学的鲜明党性》，《党建》2016 年第 2 期。

② 《马克思恩格斯选集》第 1 卷，人民出版社 2012 年版，第 421 页。

抓住解放和发展社会生产力的实践，不断改善人民生活，逐步满足人民生存和不断发展的需要。其中，解放和发展生产力是基础，社会主义初级阶段各种社会矛盾的解决，人民需要的满足程度，根本上都决定于生产力的发展水平和质量；只有通过不断解放和发展生产力，提高生产力水平和质量，才能促进各种社会矛盾解决。不断满足人民日益增长的需要，增进人民福祉，是目标。党的十三大提出了"三步走"的发展战略，集中体现了通过解放和发展生产力满足人民日益增长的需要的内在要求。"三步走"发展战略从"解决人民的温饱"到"人民生活达到小康水平"，再到"人民生活比较富裕"，集中体现了社会主义初级阶段通过解放和发展生产力满足人民需要的根本目的。中国特色社会主义进入新时代，在人民基本生存和发展需要得到基本满足的基础上，"人民美好生活需要"，成为不断发展着的人民需要的主要内容。与此相适应的不再是生产力水平的普遍落后，而是生产力发展不均衡不协调不充分的问题。这要求新时代仍然要把解放和发展生产力作为基础，但同时要把重点放在提高发展质量和效益上，放在解决发展不均衡不协调不充分上，放在供给侧结构性改革主线上，通过全面发展和高质量供给，适应人民美好生活需要的新变化。这是"发展为了人民"的政治经济学立场的根本要求。

第二，以实现共同富裕为目标，坚持共享发展。如果说，解放和发展生产力，满足人民日益增长的需要，是"发展为了人民"的政治经济学立场的根本要求，那么，以实现共同富裕为目标，坚持共享发展，是更加体现社会主义政治经济学本质属性的根本要求。在社会主义初级阶段，共同富裕目标的实现，仍然受到生产力发展水平的制约，实现共同富裕是一个长期的过程。现阶段劳动还只是谋生的手段，各种生产要素共同参与分配，不可避免地存在先富、后富的差别，以及富裕程度的差别。但必须明确，共同富裕是社会主义本质的要求，是无产阶级政党始终不渝的奋斗目标。共享发展正是逐步消除先富、后富的差别，以及富裕程度的差别，循序渐进实现共同富裕的过程。在纪念中国共产党成立 95 周年大会的讲话中，习近平总书记站在"不忘初心，继续前进"的高度，对此作出明确阐述：我们必须"坚持以人民为中心的发展思想，以保障和改善民生为重点，发展各项社会事业，加大收入分配调节力度，打赢脱贫攻坚战，保证人民平等参与、平等发展权利，使改革发展成果更多更公平惠及全体人民，朝着实现全体人民共同富裕的目标稳步迈进"[1]。新时代，必须始终把广大劳动人民的利益放在首位，更加聚焦社会公平正义问题，更好协调好人民内部不同利益群体的诉求，突出解决让低收入群体和落后地区公平合理地分享经济社会发展成果的问题，更好地回答中国特色社会主义"发展依靠谁""发展为了谁""发展成果由谁共享"的问题。

第三，以实现人的自由全面发展为最高价值目标，实现社会全面发展进步。马克思把共产主义运动的最终目标确立为建立"自由人联合体"。人的自由全面发展是社会主义所追求的终极价值理想，也是坚持人民立场的马克思主义政治经济学立场的最高命题。社会主义制度从根本上消除了妨碍人的自由全面发展的社会制度障碍，使人的自由全面发展具有了可能性和现实性。社会主义政治经济学的本质属性在于，坚持发展以人民为主体、以人民的需要为根本动力，以人的发展为社会发展的根本目标。社会主义初级阶段，我们坚持发展为了人民的政治经济学立场，使我国的"经济将更加发展、民主更加健全、科教更加进步、文化更加繁荣、社会更加和谐、人民生活更加殷实"，这为在更高层次、

---

① 《十八大以来重要文献选编》（下），中央文献出版社 2018 年版，第 352 页。

更高水平上推动人的自由全面发展奠定了坚实基础。在中国特色社会主义新时代，我们坚持在提高生产力发展水平和质量的基础上，不断满足人民美好生活需要，坚持在共享发展中逐步实现全体人民共同富裕，使人民在共建共享中有更多获得感幸福感安全感，这些成为实现人的自由全面发展价值目标的根本途径。随着新时代中国特色社会主义的不断发展，我们统筹推进"五位一体"总体布局和协调推进"四个全面"战略布局，我国社会将全面进步，人民的美好生活需要将不断得到满足，我国的科技、文化、教育、医疗水平将大幅提高，人民的身体素质、文化素质、道德素质将不断得到提升。2035 年我国将基本实现现代化，2050 年我国将建成社会主义现代化强国。彼时，人的自由全面发展价值目标将有更加坚实的根基，发展为了人民的政治经济学立场将更加充分彰显。

　　总之，人民立场是中国特色社会主义政治经济学的根本立场，社会主要矛盾发生变化，人民的美好生活需要日益增长，这对我国的发展提出了更高要求，要求必须不断提高发展的质量和效益；要求必须解决好社会公平正义问题，逐步实现共同富裕；要求不断促进社会全面发展，提高人的自由全面发展的水平。这就要求必须坚持共享发展理念，坚持发展为了人民、发展依靠人民、发展成果由人民共享，让人民在共建共享中有更多获得感幸福感安全感。

第五章 社会主要矛盾变化新要求下共享发展的新内核

　　社会主要矛盾的变化，是关系全局的历史性变化，对党和国家工作提出了许多新要求。共享发展作为新时代党和国家的重大发展战略、发展理念，必须适应社会主要矛盾变化的新要求。如果脱离社会主要矛盾变化，共享发展就无法获得新时代的崭新性质，也就不可能真正成为新时代的重大方略。社会主要矛盾的辩证运动及其引起的"不平衡不充分的发展"和"人民美好生活需要"，分别构成了共享发展的理论依据、实践依据和现实依据。适应社会主要矛盾变化的新要求，应赋予共享发展满足人民美好生活需要的新目标，应坚持共享发展解决不平衡不充分发展问题的新途径。新依据、新目标和新途径，是社会主要矛盾变化赋予共享发展新的本质内核，丰富了共享发展的本质规定性，共享发展理念在社会主要矛盾变化新要求下实现了新飞跃。

第一节　社会主要矛盾变化新要求下共享发展的新依据

　　社会主要矛盾决定了党和国家的根本任务和中心工作，是制定各项方针政策和发展战略、发展理念的重要依据，必须紧扣社会主要矛盾变化，并以此为重要依据，重新审视新时代的发展战略和发展理念。紧扣社会主要矛盾变化，就必须深入分析社会主要矛盾变化的具体内容。按照党的十九大的表述，社会主要矛盾变化的内容体现在"人民需要"和"生产发展"两方面，这两方面的新变化赋予共享发展理念新要求和新依据。

一、社会主要矛盾及其运动规律：共享发展的理论依据

按照第三章关于社会主要矛盾运动规律的分析，"人的需要"和"生产发展"之间的矛盾运动，是人类社会历史中最基本、最普遍的矛盾，也是诸多社会矛盾中起决定性和根本制约性作用的矛盾。社会主要矛盾的本质就是人的需要和生产发展之间的矛盾，社会主要矛盾根本上就是围绕人的需要和生产发展之间的矛盾关系确立起来的。[①] 因此，"人的需要"和"生产发展"的辩证运动关系，构成了社会主要矛盾的运动规律。"人的需要"和"生产发展"的辩证运动过程及其结果，是指引时代方位和规定时代特征的理论坐标，也是确立时代发展战略和发展理念的理论依据。

"需要"表明了主体的满足程度。人为了自身和社会的生存与发展，必然会对衣、食、住、行、安全等产生基本需求，这种需求反映在人们的主观世界中，就形成了需要。需要是人的本性，也是作为人的"内心的意向"，构成了人们活动的原动力和原目的。"人的需要"是复杂多样、变动不居的。从需要的主体角度，可以划分为群体性(社会的、阶级的)需要和个体性需要；从需要的对象来说，有物质的需要、交往的需要和

---

① 参见韩庆祥：《深刻把握我国社会主要矛盾转化的新特点》，《浙江日报》2017 年 10 月 21 日。

精神的需要；从满足需要的方式来看，有对象性的需要（必须用对象来满足的需要）和活动性的需要（只能通过活动来满足的需要）等等。人的需要是不断变化发展的，并呈现出一种不断上升的趋势和过程，这个趋势和过程又把人的需要构成了"需要的历史序列"，使人的需要不断地由"较低的系统"向"较高的系统"发展。基于此，马克思把人的需要划分为"三级阶梯"：人的生存或生理需要、人的谋生或占有需要，以及人的自我实现和全面发展的需要①。美国心理学家马斯洛也提出了需要层次理论，认为人的需要包括：生理需要、安全需要、社会需要、自尊需要和自我实现的需要等。马斯洛认为，人的需要是有层次的，呈梯形状态由低级向高级需要发展，每当低一级的需要获得满足以后，接着高一级的需要就要求满足②。

生产活动是最基本的实践活动，人类社会的存在以生产活动为基础。人是社会的动物，人的生产活动是社会活动。人类在不断的社会生产中创造了越来越多的物质和精神财富，以满足人类不断增长的需要。人类社会越进步，生产活动的社会化程度就越高。社会生产发展必然引起政治法律制度和思想观念的变化，从而使整个社会面貌都发生变化。辩证唯物主义认为，人的需要是在人与客观环境相互作用的过程中，在人的积极活动中产生的。人的"需要体系"以社会"劳动的体系"或"生产的体系"为基础，并随后者的发展而发展③。人的需要及其满足程度都受到社会生产和历史条件的制约，有什么样的生产发展水平，社会主体就会有什么样的需要满足程度。正是在生产活

---

① 姚顺良：《论马克思关于人的需要的理论——兼论马克思同弗洛伊德和马斯洛的关系》，《东南学术》2008年第2期。

② ［美］马斯洛：《存在心理学探索》，云南人民出版社1987年版，第8—16页。

③ 姚顺良：《论马克思关于人的需要的理论——兼论马克思同弗洛伊德和马斯洛的关系》，《东南学术》2008年第2期。

动中，人改造了自己的自然需要，产生了新的历史的需要。已经得到满足的需要本身和满足这一需要的"历史活动"，又引起新的需要。但另一方面，正如马克思指出的，"没有消费，也就没有生产，因为如果没有消费，生产就没有目的"①。即生产决定消费需求，消费需求引领生产发展。这是"人的需要"和"生产发展"之间的基本关系。

"生产发展"和"人的需要"关系，根本上是运动变化和不断演进的。社会主要矛盾运动演进的基本过程可以概括为："生产发展"满足"人的需要"，"人的需要"反作用于"生产发展"。当生产发展水平显著提高时，就可以满足既有的需要；但与此同时，已经得到满足的需求和满足原有需要的发展过程和水平，又构成了新需要的基础，并且不断驱动和引起新的需要。②也就是在这个基本过程中，"人的需要"的内涵不断拓展、层次不断提高，"生产发展"的水平不断提高、阶段不断升级、特征不断变化。"人的需要"和"生产发展"在一定程度上的量变，就促成了特定阶段的质变，质变的结果即是社会主要矛盾内容的转化。

"生产发展"和"人的需要"是在追求动态平衡的关系中运动变化和不断演进的。二者在实现供需动态平衡中相互依存、相互比较。一方面，"不平衡不充分的发展"，是相对于人民美好生活需要而言的，脱离了从基本的物质文化需要跃升到内容更丰富、层级更高的人民的美好生活需要，就无法定义不平衡不充分的发展。所谓城乡不平衡、区域不平衡、产业不平衡、收入不平衡，就没有依据。因为不管发展到什么程度，城乡、区域、行业和收入都不可能绝对平衡。另一方面，

---

① 《马克思恩格斯选集》第2卷，人民出版社2012年版，第691页。
② 吕普生：《论新时代中国社会主要矛盾历史性转化的理论与实践依据》，《新疆师范大学学报（哲学社会科学版）》2018年第4期。

人民的"民主、法治、公平、正义、安全和环境"的美好生活需要，也是相对于现阶段的"不平衡不充分发展问题"而言的。脱离了不平衡不充分的发展，就无法定义人民美好生活需要，因为脱离了不平衡不充分的发展，人民的民主、法治、公平、正义、安全和环境需要是无法衡量和确定的。

社会主要矛盾的转化是客观存在，人们的主观认识只有真实反映社会主要矛盾转化的客观存在，才能形成正确的关于发展的理念和方法。因此，根据上述"人的需要"和"生产发展"的基本关系及其辩证运动规律，我们认为，新发展理念的确立，不是主观判定的结论，而是社会主要矛盾的辩证运动演进的客观结果，是在"人的需要"层次不断提升和"生产发展"不断跃升的基础上而产生的发展观的自觉；是"生产发展"和"人的需要"在运动变化和不断演进中，在一定程度上实现了动态平衡的必然结果。这是共享发展的理论依据。

二、从"社会生产落后"到"发展不平衡不充分"：共享发展的实践依据

（一）从"社会生产落后"到"发展不平衡不充分"

在"生产发展"与"人的需要"构成的社会主要矛盾运动过程中，生产发展是满足人民需要的根本途径，是社会主要矛盾的"主要方面"。改革开放之初，我国生产力水平落后，生产发展处于起步阶段，邓小平以此为实践依据，提出了我国的中心任务："我们的生产力发展水平很低，远远不能满足人民和国家的需要，这就是我们目前时期的主要矛盾，解决这个主要矛盾就是我们的中心任务。"[①] 在此基础上，党的十一届

---

① 《邓小平文选》第2卷，人民出版社1994年版，第182页。

六中全会明确提出了我国社会的主要矛盾，即"人民日益增长的物质文化需要同落后的社会生产之间的矛盾"，其中，"落后的社会生产"是社会矛盾的"主要方面"。

为了解决社会主要矛盾的这个"主要方面"，邓小平从各种角度，反复强调了发展生产力的重要性。他将发展生产力与"什么是社会主义"以及"社会主义制度的优越性"联系在一起，认为在认识和发展社会主义问题上，发展生产力是最大的社会实践："社会主义的任务很多，但根本一条就是发展生产力"[1]，而且"发展太慢也不是社会主义"[2]；社会主义制度的优越性很多，但"首先要体现在经济发展的速度和效果方面"。在这里，邓小平关于社会主义制度与发展生产力关系的新的论述，实现了从改革开放以前更加强调通过变更生产关系来推动社会变革，到改革开放以后更加强调把发展生产力作为实现社会变革的根本因素的转变。社会生产实践，被认为是解决社会主要矛盾的根本途径。不管是"让一部分人、一部分地区先富起来"的政策导向，还是社会主义的本质首先是解放生产力、发展生产力，消灭剥削、消除两极分化，最终达到共同富裕的理论创新，都是以"落后的社会生产"这一社会矛盾的主要方面为实践依据。

经过改革开放四十年"生产发展"的伟大实践，我国在生产效率、生产水平、科技尖端、综合国力等方面取得了跨时代的进步，很多方面的生产发展已经走在了世界前列。我国稳居世界第二大经济体，成为世界制造业第一大国、200多种工业品产量位居世界第一、货物贸易第一大国、商品消费第二大国、外资流入第二大国，外汇储备连续

---

[1]　《邓小平文选》第3卷，人民出版社1993年版，第137页。

[2]　《邓小平文选》第3卷，人民出版社1993年版，第255页。

多年位居世界第一。总体来看，我国的"生产发展"尤其是物质生产，已经难言"落后"，生产落后状态下的社会主要矛盾基本得到解决。当前我国"生产发展"正处于转折性变化的时期，党的十九大敏锐捕捉到了这种新变化，并以此为依据，作出了我国社会主要矛盾发生转化的重大论断。

按照社会主要矛盾的辩证运动规律，生产发展是在不断解决新旧矛盾的过程中不断升级变化的。在取得跨时代进步的基础上，新时代的"生产发展"又呈现出一系列新的阶段性特征和时代性矛盾，这就是发展不平衡不充分。发展不平衡，主要是指发展中的诸多关联要素力量不均、层次不齐、速度快慢不一、节奏不统一，从而导致发展的过程、结果和机会不平衡。发展不充分，主要是指发展中的诸多要素的发展潜力、发展动力、发展空间没有得到充分、有效的释放。[①] 新时代不平衡不充分的发展主要包括：第一，城乡发展不平衡，包括城乡产业发展不平衡、城乡居民收入不平衡、城乡公共服务不平衡等，这是发展不平衡的最主要表现；第二，区域发展不平衡，区域发展在市场、产业、人才、技术和制度创新方面存在全面差距，不仅东部、中部、西部大区域之间发展差距很大，而且同一区域内各省份之间，甚至省域内、市区内、县域内发展失衡现象也明显；第三，城乡、产业、行业、阶层、人群、体制内外在收入水平、消费水平和社会保障等方面共享发展成果不平衡。除此之外，经济与社会发展不平衡、经济与文化发展不平衡、经济与生态发展不平衡、经济与总体安全不平衡等，都是这几方面不平衡发展的具体反映和不同侧重的体现。种种发展的不平衡不充分已经成为影响人民美好生活需要的"主要制约因素"，构成新时代社会主要矛

----

① 杨继瑞、康文峰：《中国经济不平衡不充分发展的表现、原因及对策》，《贵州师范大学学报（哲学社会科学版）》2018年第3期。

盾的"主要方面"。

从根本上来说，上述"不平衡不充分的发展问题"，是我国过去很长一段历史时期为摆脱"落后的社会生产"，而实行的不均衡发展战略和追求高速增长战略导向的结果。不均衡发展战略和一味追求高速增长战略，是我国过去一段时期内整体生产力水平的提升、经济社会的长期发展和人民生活水平的伟大跃升的重要原因，也是解决我国落后的社会生产与人民日益增长的物质文化需要的社会主要矛盾的重要途径。但在新时代，不均衡发展战略和发展模式逐步成为解决新的社会主要矛盾的关键障碍，成为新发展理念矫正的主要对象，成为要破解的主要"发展难题"。

（二）解决"不平衡不充分的发展问题"，必须实现从不均衡发展到均衡发展的转变

改革开放一开始我国就实施了不均衡的发展战略。改革开放之前，在单一公有制和计划经济体制下，几十年职工吃企业"大锅饭"、农民吃集体"大锅饭"、企业吃国家"大锅饭"，造成了发展资金利用率和劳动力资源利用率"双低"的结果。为了打破改革开放前高度集中的"大锅饭"和过于强调齐步走式的计划经济模式，1978 年邓小平在十一届三中全会闭幕式讲话中提出："在经济政策上，我认为要允许一部分地区、一部分企业、一部分工人农民，由于辛勤努力成绩大而收入先多一些，生活先好起来。一部分人生活先好起来，就必然产生极大的示范力量，影响左邻右舍，带动其他地区、其他单位的人们向他们学习。这样，就会使整个国民经济不断地波浪式地向前发展。"[①]这段讲话内含了我国改革开放向非均衡发展思路的转变：一是经济发展速度是波浪式前进，

---

① 《邓小平文选》第 2 卷，人民出版社 1994 年版，第 152 页。

而不是均衡匀速；二是地区之间的发展是有先有后的、不平衡的；三是人群之间的收入是不均衡的；四是通过这种不均衡的发展，最终要实现均衡发展。① 从当时我国对于现代化的迫切需要出发，快速发展才是最关键的，不均衡发展，甚至在快速发展中有点不稳定，也是被允许的。在南方谈话中，邓小平指出，"对于我们这样发展中的大国来说，经济要发展得快一点，不可能总是那么平平静静、稳稳当当。要注意经济稳定、协调地发展，但稳定和协调也是相对的，不是绝对的。发展才是硬道理。"②

均衡发展与非均衡发展是辩证的。邓小平后来在区域发展步骤上又提出了"两个大局"的思想，在发展目标上提出了最终实现共同富裕的思想。1988 年，邓小平在会见肯尼亚领导人时提出了"两个大局"的发展思想：沿海地区要加快对外开放，较快地先发展起来，内地要顾全这个大局。反过来，发展到一定的时候，又要求沿海拿出更多力量来帮助内地发展，这也是个大局。③ 在此基础上，邓小平在南方谈话中又提出了区域发展从不均衡走向均衡的路线图和时间表，他说："可以设想，在本世纪末达到小康水平的时候，就要突出地提出和解决这个问题。"但这绝非易事。后来，邓小平在晚年认为，"社会主义不是共同贫穷"的问题解决了，但是先富带动后富、坚持共同富裕目标问题还没有解决。"富裕起来以后财富怎样分配，这都是大问题。"④

习近平总书记指出，"由平衡到不平衡再到新的平衡是事物发展的基本规律"⑤。发展不均衡是世界各国工业化初期的客观规律。中国

① 武力：《均衡与非均衡：邓小平关于经济发展的辩证思想研究》，《党的文献》2012 年第 6 期。

② 《邓小平文选》第 3 卷，人民出版社 1993 年版，第 377 页。

③ 《邓小平文选》第 3 卷，人民出版社 1993 年版，第 277—278 页。

④ 《邓小平年谱（一九七五——一九九七）》（下），中央文献出版社 2004 年版，第 1343 页。

⑤ 《习近平谈治国理政》第二卷，外文出版社 2017 年版，第 206 页。

作为一个发展基础薄、底子差的落后国家，作为城乡和地区之间发展不平衡的发展中大国，在国家经济起飞阶段，不断扩大生产规模、提升工业化水平的阶段，在资本和技术有限的条件下，只能实行"部门不平衡发展战略"，不平衡是不可避免的。但这种发展模式必会产生导致上述一系列结构性的不平衡、不均衡的发展问题，使发展的质量、效率和公平性、可持续性受到影响。在进入上中等收入阶段和高收入阶段，发展的不平衡和不均衡问题，必然反过来会成为进一步发展的主要矛盾，解决发展不平衡问题就成了新阶段的历史性任务。因此，在发展起来以后，能否适应发展阶段的变化，科学把握新发展阶段的规律，顺利实现发展战略和发展理念的转变，成为实现更高质量更有效率更加公平更可持续发展的关键。

当均衡发展的条件具备后，就必须及时调整发展思路，更新发展理念。新发展理念指明了当前和今后一个时期我国的发展思路、发展方向和发展着力点，蕴含着破解发展不平衡问题的取向和路径，新发展理念就是实现这一关键转换的根本指引。只有在新发展理念指引下推动梯度发展，转入协调发展、实现共享发展，才能实现从不均衡到均衡的发展，也才能避免陷入"中等收入陷阱"并最终实现发展阶段的跃升。

（三）解决"不平衡不充分的发展问题"，必须实现从数量增长到高质量发展转变

数量与质量是问题的两个方面，没有数量就谈不上质量，没有质量的数量必然要大打折扣。[①] 不同的历史阶段，发展需解决的根本问题和实现的根本任务有所不同。在落后的社会生产条件下，发展必然要以

---

① 史丹、李鹏：《中国工业 70 年发展质量演进及其现状评价》，《中国工业经济》2019 年第 9 期。

最大程度增加产品供给和快速实现数量的增长为中心任务，以在较短的时间内解决人民的基本生存和发展问题为目标，因此，速度型和数量型为导向的发展模式的选择具有必然性。速度型和数量型为导向的发展模式集中体现为粗放型发展模式，即在生产要素的质量、结构、使用效率和技术水平不变的情况下，依靠生产要素的大量投入和扩张来实现快速发展。

然而，一味侧重于加快特定方面的发展实现的补偿式发展效应，必然会引起结构性的问题。首先，单纯依靠生产要素高投入的发展模式，无法避免地会以牺牲资源环境为代价，无法避免地会产生不全面和不可持续的发展问题，如我国经济社会持续发展面临着资源环境的硬约束，长期单纯以经济增长为指挥棒、追求高投入高增长，也忽略了社会建设。其次，单纯以数量增长和速度为中心的发展导向，无法避免地会产生收入差距拉大、收入分配不公平、公共服务普惠性和共享性不足、发展收益不平衡问题。新时代我国城乡、区域发展不平衡、城乡区域收入不平衡，经济与生态、社会、安全等发展不平衡，与此是高度相关的。

党的十九大指出，我国已由高速增长阶段转向高质量发展阶段，必须坚持质量第一、效益优先的原则。这要求我们要以提高发展的质量和效益为中心，正如习近平总书记指出的，"不能简单以生产总值论英雄"[①]，不再刻意追求增长的高速度。党的十九大及其以后，我国再没有提及未来 GDP 翻番的目标。中财办副主任杨伟民在党的十九大报告解读专题发布会上解释认为：根本原因在于，"社会主要矛盾变了，未来要解决的问题是提高发展质量"，要把"促进社会收

---

① 《习近平谈治国理政》第二卷，外文出版社 2017 年版，第 234 页。

入的更公平分配，把民生感受和生存环境质量考核放在更高位置"，
"着力解决不平衡不充分的发展问题"。高质量发展的根本思路，是
从以往短缺经济时代的注重数量增加，转向更加注重品质提升的发展；
从以往注重物质性追求为主，转向更加注重通过全面发展提升人民的
发展需要。

高质量发展意味着高效率增长和高质量供给。2018 年 4 月习近平主
席在同印度总理莫迪举行非正式会晤时提出，过去，我们要解决的是"有
没有"的问题，现在是要解决"好不好"的问题。经过改革开放几十年
的高速增长，我国的社会生产力能力有了质的提升，我国已拥有全球门
类最齐全的产业体系和配套体系，许多种工业品产量居世界第一，传统
产业供给能力已大幅超出需求，一些产能和产出出现了超出实际需要的结
构性过剩与区域性过剩问题；但与此同时，我国许多产品仍处在价值链的
中低端，一些有大量购买力支撑的消费需求在国内得不到有效供给。[1] 习
近平总书记指出，以提高发展质量和效益为中心，就是要加快供给端升级，
提高商品和服务供给质量，实现更高质量、更有效率、更加公平、更可持
续的发展，"实现由低水平供需平衡向高水平供需平衡的跃升"[2]。

高质量发展是以人民为中心的发展。高质量发展要求必须坚持发
展为了人民、发展依靠人民、发展成果由人民共享。为此，必须在脱贫
攻坚战、教育就业、收入分配和社会保障体系方面取得实质进展，把全
面消除贫困作为底线任务，构建起全面的民生发展体系和保障体系，让
"人民获得感、幸福感、安全感更加充实、更有保障、更可持续"。高
质量发展要求实现包容性发展，增强发展的普惠性和公平性，要求不同

---

① 汪青松、林彦虎：《美好生活需要的新时代内涵及其实现》，《上海交通大学学报》
2018 年第 6 期。

② 《习近平谈治国理政》第二卷，外文出版社 2017 年版，第 254 页。

社会群体、社会阶层的民生福祉，都能随着经济增长而实现普遍增长、随着社会发展而普遍受益。为此，必须不断改革和完善税收制度、社会保障制度和收入分配制度，在做大"蛋糕"的同时，更加注重分好"蛋糕"，在让一部分人先富起来的同时，更加注重共同富裕。

（四）从不均衡发展到均衡发展、从注重数量增长到高质量发展，客观上要求必须坚持共享发展理念

按照邓小平关于"发展的问题"和"发展起来以后的问题"的区分，"落后的社会生产"是"发展的问题"，而"不平衡不充分的发展"则是"发展起来以后的问题"。新时代的"生产发展"已经不是改变落后的社会生产面貌的问题，而是着力解决不平衡不充分的发展问题，是着力解决"发展起来以后的问题"。"发展起来以后的问题"的解决，主要是要实现从不均衡发展到均衡发展转变、从数量增长到高质量发展的转变。"发展起来以后的问题，比不发展的时候还要多，还要困难"[1]，主要的"困难"就是实现向均衡发展转变难、向高质量发展转变难，而"难点"就在于推动和实施新发展战略、形成和落实新发展理念。只有在落实新发展理念中才能实现均衡发展和高质量发展。

"对实践的唯物主义者即共产主义者来说，全部问题都在于使现存世界革命化，实际地反对并改变现存的事物。"[2] 当前，我国处于由上中等收入国家向高收入国家迈进的阶段，正是着力解决"发展起来以后的问题"，推动实现从不均衡发展到均衡发展转变、从数量增长到高质量发展的转变的关键阶段。问题是时代的声音，时代是思想之母。马克思恩格斯指出：一切划时代的体系的真正的内容都是由于

---

① 《邓小平年谱（一九七五——九九七）》（下），中央文献出版社 2004 年版，第 1364 页。

② 《马克思恩格斯选集》第 1 卷，人民出版社 2012 年版，第 155 页。

产生这些体系的那个时期的需要而形成起来的。新发展理念就是应新时代"发展起来以后的问题"而产生的。习近平总书记深刻指出，新发展理念是分析国内外发展大势的基础上形成的，也是针对我国发展中的突出矛盾和问题提出来的。这一重要论述深刻表明，不平衡不充分发展问题是提出新发展理念的客观基础和现实背景，不平衡不充分发展的各种矛盾和问题，构成了形成和落实新发展理念的实践依据。反过来，着力解决好发展不平衡不充分问题，必须要深入贯彻新发展理念。新发展理念是克服和消除不平衡不充分发展的行动纲领，是新时代实现高质量发展的根本指针。只有坚持把新发展理念贯穿于发展全过程，注重平衡发展和高质量发展，才能从根本上破解发展不平衡不充分的问题。正如习近平总书记指出的，必须适应社会主要矛盾发生变化的必然要求，紧紧扭住新发展理念推动发展，把注意力集中到解决各种不平衡不充分的问题上。[①]

具体到新发展理念中的共享发展理念。首先，共享发展理念坚持以人民为中心的发展思想实质，体现逐步实现共同富裕的根本要求，旨在保障发展主体的全民性和发展客体的全面性，追求机会公平和保障基本民生，让人民在共建共享中有更多获得感，让全体人民更多更公平共享发展成果，这是实现均衡发展的根本途径。

其次，在新发展理念中，共享发展理念是直接针对和依据我国生产发展新阶段出现的不平衡不充分的矛盾和问题而提出的，共享发展理念的现实聚焦和核心问题，针对的都是新时代的不平衡不充分的矛盾和问题。如，居民收入不平衡、城乡发展不平衡、区域发展不平衡，以及革命老区、民族地区、边疆地区、贫困地区的发展不平衡。

---

① 《中央经济工作会议在北京举行　习近平李克强作重要讲话》，《人民日报》2019 年12 月13 日。

再次，共享发展的实现及其评价指标和评价尺度，围绕的也是不平衡不充分的发展矛盾和问题。如反映居民收入差距的收入基尼系数、家庭财产基尼系数；反映城乡发展差距的城乡居民收入水平差距、城乡居民享受公共服务差距等；反映区域发展差距的区域间经济总量差距、人均 GDP 差距、居民收入差距等；反映老少边穷地区发展不平衡不充分的贫困人口收入、社会保障发展程度的民生短板，以及产业发展不平衡不充分；以及反映经济结构的均衡性的经济增长对工业尤其是传统工业和资源型产业的依赖程度，与发达国家相比我国产业结构中相对滞后的方面，等等。这些核心指标围绕的都是不平衡不充分的发展问题，同样也反映的是共享发展的实现程度和人民的共享水平。

总之，社会主要矛盾变化意味着发展不平衡不充分的矛盾和问题成为新发展阶段的根本制约因素。共享发展理念是针对、围绕和依据不平衡不充分的发展矛盾和问题而产生的，共享发展理念蕴含着解决不平衡不充分发展难题的价值理念和方法路径。要实现均衡发展、高质量发展，要坚持以人民为中心的发展思想，就必须坚持共享发展理念。不平衡不充分的发展矛盾和问题，构成了新时代坚持和落实共享发展理念的实践依据。

三、从"物质文化需要"到"美好生活需要"：共享发展的现实依据

马克思把人的需要放到生产活动的历史进程中来考察，认为人们的需要是具体的、历史的，人类生产活动发展的历史阶段，也是满足人的需要的历史阶段。"需求的产生，也像它们的满足一样，本身是一个

历史过程。"①人类的生产活动，经历了从生产生存资料到生产享受资料，再到生产发展资料的历史过程。与其对应的人的需要的满足程度的发展阶段，经历了从满足人的生存需要，到满足高级享受需要，再到满足最高级的发展需要。

　　在"生产发展"与"人的需要"构成的社会主要矛盾的辩证运动中，满足"人的需要"是生产发展的根本目的，也是改革开放初期社会主义面临的现实挑战。与落后的社会生产相对应的，是人民的基本物质文化生活需要得不到满足，即马克思所讲的人的"生存的需要"得不到满足，这成为"人民日益增长的物质文化需求同落后的社会生产之间的矛盾"这一社会主要矛盾的最大现实挑战。1981年，党的十一届六中全会在提出"人民日益增长的物质文化需要"之时，"占全国人口百分之八十的农民连温饱都没有保障"，"九亿多人口，百分之八十在农村，革命胜利三十年了还有要饭的"②。按照现行农村贫困标准计算，当时我国农村贫困发生率约97.5%，7.7亿人生活在贫困中③。邓小平指出，"我们干革命几十年，搞社会主义三十多年，截至一九七八年，工人的月平均工资只有四五十元，农村的大多数地区仍处于贫困状态。"④在这种现实挑战面前，邓小平出于强烈的责任感和危机感，坦言："我们太穷了，太落后了，老实说对不起人民。我们现在必须发展生产力，改善人民生活条件。"⑤因此，要体现出比资本主义更高的优越性，社会主义的重大现实挑战就是，"逐步提高人民的物质文化水平"。

---

① 《马克思恩格斯选集》第1卷，人民出版社2012年版，第203页。
② 《陈云文选》第3卷，人民出版社1995年版，第251页。
③ 王一鸣、李晓琳：《为什么我们对未来充满自信》，《人民日报》2019年11月22日。
④ 《邓小平文选》第3卷，人民出版社1993年版，第10—11页。
⑤ 《邓小平年谱（一九七五——一九九七）》（下），中央文献出版社2004年版，第381页。

1981年，国务院副总理姚依林代表国家计委向中央政治局汇报二十年发展展望，提出从1980年到2000年二十年的经济发展，要把"满足人民物质文化生活的基本需要"作为主要目标。在战略部署上，把今后二十年分为两个阶段：前十年打好基础，后十年取得较快发展，使人民过上"小康"的生活。1982年党的十二大通过了二十年"翻两番"的战略目标。党的十三大提出了"三步走"的发展战略，在提出国民生产总值翻番的要求的同时，也明确提出了"温饱水平""小康水平""中等水平"等直接描述人民物质文化生活需要的概念。可以说，"三步走"战略既是发展生产的现代化战略，更是满足人民需要的现代化战略，深刻揭示了社会主要矛盾的内在规律。

（一）"温饱水平"的人民需要

改革开放前，"供给短缺"是"人民需要"最主要的现实问题。食物匮乏单调，老百姓凭粮票供应，很多农村未解决温饱，人口营养不足问题较为普遍；人们凭票买布买衣服，穿着打扮大多雷同，千篇一律的灰色中山装和蓝色解放装；住房条件普遍成为问题，出行多是步行或者是自行车，等等。因此，"温饱水平"的人民的物质文化需要，主要是解决人民衣食住行的基本生存问题，其目的也仅在于实现实物数量的较为充分的供应，对实物的质量诉求，仅仅局限于其使用价值和实际功用方面。人民最渴望的是能通过勤劳和肯干来改善生活，实现衣食无忧、安居乐业。

20世纪80年代的改革开放尤其是农村的家庭联产承包责任制改革，使我国社会生产力得到解放和发展，国家政策聚焦在人民的物质利益的提升上，实现了城乡人民群众物质财富的明显增加，长期的"供给短缺"局面得到极大改善。统计数据显示，我国在1988年提前实现了国民生产总值比1980年翻一番的目标。我国城镇居民人均可支配收入从

1978 年的 343 元增加到 1991 年的 1701 元；农村居民人均可支配收入从 1978 年的 134 元增加到 1991 年的 709 元。[①]可以说，改革开放十年后，人民生活水平实现了由贫困到温饱的历史性跨越。

（二）"基本小康水平"的人民需要

1979 年 12 月，邓小平在回答日本首相大平正芳关于中国现代化蓝图的规划时，提出了到 20 世纪末达到"小康之家"的说法。"小康"是中国古代思想家描绘的社会理想，是普通百姓对宽裕、殷实的理想生活的追求。邓小平借用了"小康"这一说法，并参照世界通用的衡量一个国家或地区生产水平和生活水平的人均国民生产总值的概念，为"小康之家"确定了人均 1000 美元的量化标准。邓小平说，"小康之家"是"四个现代化的最低目标"，"就是还不富裕，但日子好过"[②]。但要实现人均收入 1000 美元的目标并不容易。按照当时的核算，要达到 20 世纪末人均 1000 美元的目标，大约每年需要 8% 至 10% 的增长率，但当时制定的我国第六个五年计划（1981—1985 年）中年均增长率预期仅为 4% 到 5%。因此，后来又将 1000 美元的目标下调为"争取人均达到一千美元，最低达到八百美元"[③]的标准。

1992 年，党的十四大确立了建立社会主义市场经济体制的改革目标，此后，我国改革开放和现代化建设步入了"快车道"，到 2000 年前后总体上实现了邓小平"前十年打基础，后十年跑得快一点"[④]的设想。党的十四大后，我国非公有制经济迅速发展，城镇就业岗位明显增加，

---

① 详见国家统计局：《居民生活水平不断提高　消费质量明显改善——改革开放 40 年经济社会发展成就系列报告之四》，http://www.stats.gov.cn/ztjc/ztfx/ggkf40n/201808/t20180831_1620079.html。

② 《邓小平年谱（一九七五——一九九七）》（下），中央文献出版社 2004 年版，第 1243 页。

③ 《邓小平年谱（一九七五——一九九七）》（下），中央文献出版社 2004 年版，第 785 页。

④ 《邓小平年谱（一九七五——一九九七）》（下），中央文献出版社 2004 年版，第 838 页。

城乡居民收入增长迅速。原定 2000 年国民生产总值比 1980 年"翻两番"目标提前 5 年到 1995 年完成，人均国民生产总值实现翻两番的目标也提前到 1997 年完成，"总量"和"人均"都提前实现目标，使我国实现了由温饱到总体小康的历史性跨越。

这一历史性跨越使我国的发展开始从解决较为普遍的低收入和大规模贫困问题，进入到较为稳定的大规模积累社会财富和生活富裕的阶段。反映城乡居民生活水平的恩格尔系数从 1990 年的 54.2%（城镇）和 58.8%（农村），下降到 2001 年的 37.9%（城镇）和 47.7%（农村），按照联合国粮农组织的标准 ①，这个标准介于小康和富裕阶段。产业发展带动了社会流动性增强，使人民的消费从以"吃穿"为主，转向以"住行"为重点，很多耐用消费品如手机、电脑、空调等进入寻常百姓家，2002 年我国手机用户数达到 1.8 亿户，居世界榜首；1994 年互联网接入中国后，到 2002 年平均每周至少上网 1 小时的公民超过 4500 万人，位居世界第三位。我国人口平均预期寿命，从 1990 年到 2000 年提高了 2.85 岁，高于发达国家年均每 10 年增长 2.36 岁的增长 ②。从反映人民发展需要的受教育程度来看，我国小学毕业升学率从 1990 年的 74.6% 上升到 2001 年的 95.5%；普通高等学校招生人数从 1990 年到 2001 年由 60.9 万人增加到 268.3 万人；从 1990 年到 2001 年，高等教育毛入学率从 3.4% 提高到 12%。③总之，人民的物质文化需要的获得感得到了崭新发展，从需要的类型来看，人民的需要已经开始由生存需要向享受需要和发展需要转变。

---

① 按照联合国粮农组织的标准，恩格尔系数达 59% 以上为贫困，50%—59% 为温饱，40%—50% 为小康，30%—40% 为富裕，低于 30% 为最富裕。

② 根据英美等经济发达国家的资料计算，发达国家的人口平均预期寿命从 41 岁提高到 64.6 岁，用了整整 100 年的时间，平均每 10 年增长 2.36 岁。

③ 数据来源：综合 OECD 数据库和中国国家统计局公布的统计数字。

从温饱到小康的跨越，是极为重要、极为关键的跨越。一方面，它意味着"基本小康水平"的人民物质文化需要得到满足，人民基本生活水平得到显著提高，消费结构得到优化；另一方面，它也为人民的高质量生活水平创造了新起点。"十五"计划明确提出，要将提高人民生活质量作为经济社会发展的基本目标；党的十六大首次提出，社会主义建设要注重"居民生活质量提高"。人民的"高质量生活"需要，在延续了"富足生活"需求的基础上，又把人民需要的内涵扩展到多个层面，人民开始追求更加富裕、更加和谐、更加公平、更加有质量的生活需要。

（三）"迈向全面小康水平"的人民需要

在达到基本小康水平后，第三步的战略目标如何部署？根据2000年11月国家统计局发布的《中国小康进程综合分析》报告，我国74.84％的人口达到小康水平，12.82％接近小康水平，12.34％离小康还有较大差距。也就是说，我国小康社会的"低水平、不全面、不平衡"的特征还比较明显。低水平，是说人均水平还比较低；不全面，是说人民的物质需要和生存性消费得到满足，精神需要和发展性消费还没有得到有效满足；不平衡，是说地区之间、城乡之间以及社会各阶层之间的需要满足程度和生活消费水平差距比较大。基于此，江泽民同志在2002年党的十六大报告中明确提出，要在21世纪的头20年，力争使国民生产总值比2000年翻两翻，全面建设惠及十几亿人口的更高水平的小康社会。党的十七大在十六大确立的全面建设小康社会目标的基础上，提出了全面建设小康社会目标的新要求，进一步丰富了全面小康的内涵。

从2001年到2017年，我国紧紧抓住可以有所作为的重要战略机遇期，通过完善社会主义市场经济体制、全方位扩大开放、加快进度推进改革开放，我国社会财富得到极大增长；同时，这一时期，党和国家更加注重保障和改善民生，人民收入水平和生活水平实现快速增长。2017年全国恩格尔系数达到29.3%，按照联合国粮农组织的标准，已达联合国富足标准，满足了人的较高层次的享受需要。从国民消费水平的变化可以佐证这一点。我国普通家庭消费水平达到万元级，形成了以汽车、住房和旅游三大标志为代表的高消费水平。据统计，我国个人汽车保有量从1990年的81.6万辆增加到1999年的534万辆，再增加到2017年的3.2亿辆，平均每4个人有1辆。2000年我国人均居住建筑面积突破21平方米，宣告我国告别住房短缺时代，到2017年全国人均住房面积40.8平方米，超过了德国、荷兰等发达国家。我国公民出境人数更是从2001年的1213万人次，增长到2017年的1.3亿人次。

整体来看，我国的经济基础已由短缺转变为比较富裕，人民的消费结构已从量的扩张逐渐过渡到质的提高阶段，正在实现"迈向全面小康水平"，不断地满足了人的较高层次的享受需要和发展需要。在此过程中，随着物质文化需要不断地量变累积，人民新的美好生活憧憬开始产生，生活质量、自由发展和幸福指数等"美好生活"观念开始出现，人们对美好生活产生了新畅想。可以说，"迈向全面小康水平"的人民需要，为人民美好生活需要的出现，奠定了坚实基础，为更好满足人民美好生活需要创造了新的起点。

（四）新时代人民美好生活新需要

按照社会主要矛盾辩证运动规律，在人民日益增长的物质文化需要的满足过程中，已经得到满足的需要和快速发展的社会生产催生了新的需要。党的十八大以来，习近平总书记多次提到人民的"美好生活"，党的十九大报告指出，"我国稳定解决了十几亿人的温饱问题，总体上实现小康，不久将全面建成小康社会，人民美好生活需要日益广泛"①。满足人民美好生活新需要，是我国新的社会主要矛盾的根本要求。

第一，与人民的物质文化需要相比，日益广泛的"人民美好生活需要"的内容更为丰富更为复杂。一是需要层次开始提升。就物质文化需要而言，人民已经不满足于简单的衣食住行等温饱需要，也不满足于保证基本生活和达到丰衣足食水平的小康需要；而是对物质文化生活有了高质量、高水平、多样性、丰富性等更高要求。二是需要重心发生转化。物质文化需要主要产生于经济和文化领域，而人民美好生活新需要则分布领域广泛，除了物质经济和文化领域外，还包括政治、社会、生态等多个领域，并且人民需要的重心开始由经济领域向政治、社会、生态等领域转化。三是需要内涵得以拓展，即除了物质文化需要以外，人民需要出现了民主、法治、公平、正义、安全、环境等方面的现实增量。

第二，社会主要矛盾发生转化之前，人民物质文化需要主要聚焦在解决温饱需要、富足小康需要和高质量生活需要上，人民物质文化需要不断地层次递进，实质上反映的是人民的需要从"生存"需要向"享受"需要层面的递进，而社会主要矛盾变化突出的人民美好生活需要，则是人民需要的更大飞跃，它标志着人们开始主要在"发展"的层面追求"美好生活"。真正的美好生活一定蕴含着人的德智体美各方面充分、自由、和谐、整体的发展，即人的全面发展。人们对美好生活的追求，归根到底是对人的全面发展的追求。党的十九大报告也正是在"满足人民日益增长的美好生活需要"的意义上强调了"促进人的全面发展"。从人民美好生活需要的内涵来看，正是因为人民需要正在发生由生存型

① 习近平：《决胜全面建成小康社会　夺取新时代中国特色社会主义伟大胜利——在中国共产党第十九次全国代表大会上的报告》，《人民日报》2017 年 10 月 28 日。

需要和享受型需要向发展型需要转变，人民才更加注重获得感、幸福感、安全感、尊严感等，同时人民的公平诉求、法治诉求、权利诉求更加明显，参与意识、表达意识、民主意识更为强烈。小康生活需要描述的，是人民生活水平高于温饱但还不够富裕，基本上达到丰衣足食、安居乐业、生活舒适便利、精神健康充实的程度。除了人均国民生产总值以外，还可用一系列较为具体的评价标准和指标反映小康生活，如居民收入、成人识字率、人均蛋白质日摄入量、人均居住面积等。因此，小康生活虽具有阶段性的特征，但其内涵是确定的、具体的。但与之不同，美好生活需要很难界定基本的具体标准和质量目标，在某种程度上可以说，美好生活更多是一种心理感受、主观诉求。

第三，与人民的物质文化生活相比较，"美好生活需要"越来越强调人的全面发展与社会全面进步的有机统一。人的全面发展要求呈现人多方面的完整的全面的需要，是包含了人的物质生活与精神生活、感性生活与理性生活、现实生活与可能生活、个体生活与群体生活、私人生活与公共生活等多个维度、多种形态的统一体。[①] 在这个意义上，美好生活、人的全面发展与社会全面发展是同一个实现过程。人们渴望更多人文关怀和更加符合人的全面发展需要的社会环境，需要社会的全面发展和整体的文明进步。这无疑包含了经济、政治、文化、社会、生态文明等"五位一体"的全方位的社会发展，而且是各领域之间的协同发展、平衡发展、共同发展。

第四，与人民的物质文化生活相比较，"美好生活需要"更加指向社会公平正义。"美好生活"作为一种社会憧憬，公平正义是其中的标配，也是核心。唯有蕴含公平正义的"美好生活"才更有内涵和

---

① 郑航：《和谐社会的"好生活"与道德理性的生长》，《华南师范大学学报》2006年第2期。

境界，才更加符合人类社会的道德理性。人民的生活越富足越有质量，人们就越发希望通过制度的改革完善，推进社会公平、机会均等、法律公正。近几年来，我国以公平正义为中心重构改革话语，提出"让每个人获得发展自我和奉献社会的机会，共同享有人生出彩的机会，共同享有梦想成真的机会"，"保证人民平等参与、平等发展权利，维护社会公平正义"，正是顺应了以公平正义为指向的人民美好生活需要的普遍趋势。

（五）适应人民需要层次和内涵的提升，满足人民的发展需要，必须坚持共享发展理念

总体来看，改革开放几十年，中国人民生活需要经历了基本消除贫困—解决温饱—实现总体小康—迈向全面小康的历史进程。这一伟大历史进程，不仅使人们的生活水平不断飞跃、生活观念不断变革；更重要的是，与之相对应，人的需要的类型也经历了从生存需要，到享受需要，再到发展需要的升级变革。

适应人民生活需要层次不断提升、内涵不断扩展的要求，必须坚持共享发展理念。共享发展在思想实质上体现的是坚持以人民为中心的发展思想，人民美好生活需要的满足，是共享发展的根本着力点。党的十八届五中全会在提出了共享发展理念的同时，一方面提出了"人民生活水平和质量普遍提高"的新目标，另一方面也提出了"更好满足人民在经济、政治、文化、社会、生态等方面日益增长的需要"的新要求。新目标和新要求根本上都是在适应人民在实现了"解决温饱、总体小康、迈向全面小康"的生活需要的历史性跨越的基础上，需求结构和需要层级出现的新的升级和扩展。具体来说，"人民生活水平和质量普遍提高"的新目标，对应的就是人民在物质文化生活需要方面的高质量、高水平、多样性、丰富性等更高要求；"更好满足人民在经济、政治、文化、社

会、生态等方面日益增长的需要"的新要求，对应的是人民需求结构正在发生的由以前主要集中在经济和文化领域向包括经济、政治、社会、文化和生态等多种领域的拓展，对应的是除了物质文化需要以外，人民需要出现的民主、法治、公平、正义、安全、环境等方面的现实增量。在这个意义上，共享发展理念的提出，就是适应人民生活需要层次和内涵不断提升的结果，人民生活需要层次和内涵不断提升，构成了共享发展的现实依据。要适应人民生活需要层次和内涵不断提升，就必须坚持共享发展。只有坚持共享发展，才能实现"人民生活水平和质量普遍提高"的新目标，才能实现"更好满足人民在经济、政治、文化、社会、生态等方面日益增长的需要"的新要求。

适应主要聚焦于满足人的发展需要的变革趋势，必须坚持共享发展。伴随着从基本消除贫困—解决温饱—实现总体小康—迈向全面小康的历史进程，人民需要实现了从满足生存需要，到满足享受需要，再到满足发展需要的变革趋势，我国总体上已处于满足人的发展需要的阶段。要满足人的发展需要，就必须对发展的价值和目标提出更高的要求，要求更好推动人的全面发展和社会全面进步。共享发展以"发展为了人民、发展依靠人民、发展成果由人民共享"为本质内涵，满足人的发展需要是共享发展的本质要求。党的十八届五中全会在提出共享发展的同时，就"坚持共享发展"，从增加公共服务供给、实施脱贫攻坚工程、提高教育质量、促进就业创业、缩小收入差距、建立更加公平更可持续的社会保障制度、推进健康中国建设、促进人口均衡发展等八个方面作出了部署。这八个方面的内容或者致力于提升人力资本（如教育、就业、健康、人口和公共服务），或者致力于促进社会公平正义（如脱贫攻坚和更加公平更可持续的社会保障制度），从根本上来说，都是在更好满足人的全面发展需要，适应人的需要由生存型需要到享受型需要，再到发展型需要的转变。因此，更好适应人民需要从生存需要，到享受需要，再到发展需要的变革趋势，不断满足人的发展需要，就必须坚持共享发展。不断满足人的发展需要的变革趋势，也构成了落实共享发展的现实依据。

第二节　社会主要矛盾变化新要求下共享发展的新目标

适应社会主要矛盾变化的新要求和新依据，新时代的共享发展应坚持满足人民美好生活需要的新目标，坚持在满足贫困群体的物质文化需要的基础上，不断满足人民在经济、政治、文化、社会、生态等方面美好生活需要的新增量，更加注重满足人民的发展权利需要和发展机会需要，更好体现共享发展坚持以人民为中心的发展的思想实质。

一、共享发展内含满足人民美好生活需要的根本追求

共享发展应坚持满足人民美好生活需要的新目标，既是作为共享发展新依据——社会主要矛盾变化提出的新要求，同时也是共享发展的内在要求，即共享发展本身内含满足人民美好生活需要的根本追求和价值取向。

（一）满足人民美好生活需要体现社会主义的根本追求

资本主义生产方式由于其生产关系的内在矛盾，限制了人民的美好生活需要的满足。在资本主义社会，劳动者的需要及其美好生活被资

本增殖的逻辑所建构和限制。① 在资本主义生产关系下，劳动者与生产资料相分离，劳动力成为商品。资本的生产关系排除掉了社会大多数人对社会财富的共享②，资本剥削剩余劳动、占有剩余价值，劳动者靠出卖自身的劳力以维持自身的生存需要。随着生产力的提高和利润的增加，资本家把更多的剩余价值投入到不变资本上，而不是劳动力上。劳动者的劳动和消费，仅仅是为资本的生产和再生产服务。资本主义社会之所以必须被超越，就在于它从根本上扭曲或消解了人的美好生活需要，从而也彻底抛弃了实现真正美好生活的可能性③。

当然，资本主义生产的发展在客观上为构建美好生活提供了现实的可能性与必要的条件。马克思始终从世界历史发展规律来审视人的发展，认为人类历史的最终目的，是每个人自由而全面的发展，人的自由而全面的发展是真正的人类美好生活，但这是一个历史的发展过程。资本主义生产方式下人们之间的生产关系表现为物的关系，人的主体性脱离了生产力不发达情况下人对人的依赖性而具有了独立性的特征，这种生产关系在"产生出个人同自己和同别人相异化的普遍性的同时，也产生出个人关系和个人能力的普遍性和全面性"④，即形成了普遍的社会物质交换、全面的关系、多方面的需求，以及全面的能力体系，从而为"建立在个人全面发展和他们共同的、社会的生产能力成为从属于他们的社会财富这一基础上的自由个性"⑤的人的发展的第三阶段创造了条件。

---

① 杨丽京等：《共产党宣言中的美好生活观初探》，《集美大学学报》2019 年第 3 期。

② 《论〈共产党宣言〉对资本主义的批判》，《探索与争鸣》2018 年第 5 期。

③ 沈湘平、刘志洪 .：《正确理解和引导人民的美好生活需要》，《马克思主义研究》2018 年第 8 期。

④ 《马克思恩格斯全集》第 30 卷，人民出版社 1995 年版，第 112 页。

⑤ 《马克思恩格斯全集》第 30 卷，人民出版社 1995 年版，第 107—108 页。

作为对资本主义社会的积极扬弃，社会主义社会要让人民过上比资本主义社会更加真实美好的生活。马克思虽然没有明确提出共享发展的具体概念，但毋庸置疑，上述可见，人民的美好生活之所以能成为社会主义的根本追求，根本上是因为社会主义社会是真正共享型的社会，共享的理念深刻而科学地蕴含在马克思主义的宏大理论体系之中，尤其是科学社会主义基本原则和马克思主义关于未来社会的基本设想中。按照马克思、恩格斯的构想，共产主义社会将彻底消除阶级之间、城乡之间、脑力劳动和体力劳动之间的对立和差别，实行各尽所能、按需分配，真正实现社会共享、实现每个人自由而全面的发展。马克思主义运用历史唯物主义和辩证唯物主义的本体论、方法论，科学深刻地论证了只有在共产主义社会和它的初级形态的社会主义条件下，每位社会成员占有社会生产资料、参与共同劳动、共同分享劳动成果，人民的美好生活才能真正成为社会共同体的根本原则。只有在社会主义社会，才能从根本上要求社会发展的各个环节以人民的美好生活需要为出发点和归宿。①

新中国成立到改革开放前，我国建立了以生产资料公有制为核心的社会主义制度，使共享发展有了根本保障。但由于我国的社会主义经济文化落后、人口多、底子薄、束缚生产力发展的因素较多，社会物质财富无法充分满足几亿人的物质文化需要，因此真正意义上的共享并没有实现。改革开放后，我们提出了共同富裕、共享发展成果、以人为本等发展理念。党的十七大指出要"走共同富裕道路，促进人的全面发展，做到发展为了人民、发展依靠人民、发展成果由人民共享"。党的十八大以后，我们明确提出了共享理念。共享发展以马克

---

① 杨丽京、林密：《〈共产党宣言〉中的美好生活观初探》，《集美大学学报》(哲学社会科学版)2019 年第 3 期。

思主义的共享理念为思想理论渊源，坚持着马克思主义关于社会主义共享社会的精髓要义，体现着社会主义制度的优越性和中国特色社会主义的本质规定，体现着中国特色社会主义追求人民美好生活的价值目标。总之，人民美好生活是社会主义的根本追求，是中国特色社会主义的根本原则；只有坚持共享发展，才能真正坚持社会主义的根本追求，才能真正坚持中国特色社会主义的根本原则，也才能从根本上保证人民美好生活。

（二）共享发展内含满足人民美好生活需要的价值目标

从共享发展理念的形成背景和目标指向来看，共享发展的提出，本身就是对已有发展理念和发展模式的既有弊端的纠偏和纠正，内含着回归发展本质和发展价值的目的，内含着满足人民美好生活需要的价值取向。

首先，从共享发展的价值取向来看，共享发展不同于单纯追求经济增长和效率至上的增长主义。共享发展理念在国际上产生的重要背景，是世界范围内（尤其是亚洲的发展中国家）在取得 GDP 增长成就的同时，并没有实现预期的发展目标，社会不平等问题严重，人民福祉并没有得到应有提升，即出现了"有增长无发展"的现象。亚洲开发银行在分析这一现象时认为，其根源在于部分社会群体和个体被排斥在经济社会发展机会之外，于是提出了"共享式增长"的理念。2007 年林毅夫等经济学者编写了《以共享式增长促进社会和谐》一书，将"共享式增长"命题用于分析我国收入差距扩大现象及其所带来的问题和挑战，探讨通过实现共享式增长构建和谐社会。2010 年，时任国家主席胡锦涛在亚太经合组织峰会上强调，共享式增长的"根本目的是让经济全球化和经济发展成果惠及所有国家和地区、惠及所有人群"，我们应"坚持社会公平正义，着力促进人人平等获得发展机会，不断消除人民参与经济发展、分享经济发展成果方面的障碍"。这一重要论述深刻揭示了共享发展理念的根本价值和根本目标。共享式增长强调，发展必须为所有人创造平等的机会，必须通过减少与消除机会不均等来增强发展的共享性，这成为共享发展理念的根本价值取向，即：人人有平等机会参与发展过程，发展要给所有人带来公平的机会。事实上，社会发展的本质就体现在改善人们生活环境和生活质量的发展机会的增加及公平配置上，这体现的是发展本应固有的根本价值。

其次，从共享发展的目标指向来看，共享发展以社会的公平正义为主要指向，是走向共同富裕的必由之路。这部分内容在分析共享发展的鲜明特征时，我们作了深入分析，这里不再展开，只作简要陈述。党的十八届五中全会在提出共享发展理念时就着重强调，一方面要继续把蛋糕做大，另一方面更要把蛋糕切好分好，努力使全体人民在学有所教、劳有所得、病有所医、老有所养、住有所居上持续取得新进展。习近平总书记在对五大发展理念作出阐释性说明时指出，"共享发展注重的是解决社会公平正义问题"[1]。共享发展理念作为我国"全面建成小康社会"进入攻坚阶段和"全体人民共同富裕时代"的重要发展战略，其目标就是以打好脱贫攻坚战、缩小收入差距为基本着力点，以推进城乡基本公共服务均等化为重点任务，保障全体人民共享改革发展成果，保障社会公平正义，最终使全体人民朝着共同富裕的方向稳步前进[2]。

二、赋予共享发展满足人民美好生活需要的最高目标

适应社会主要矛盾变化赋予共享发展的新依据新要求，在明确了

---

① 习近平：《在党的十八届五中全会第二次全体会议上的讲话（节选）》，《求是》2016年第1期。

② 马占魁：《准确理解和把握共享发展理念的深刻内涵》，《光明日报》2016年6月19日。

共享发展满足人民美好生活需要的价值取向和目标指向的基础上，我们应明确共享发展满足人民美好生活需要的新目标。即在坚持共享发展的本质内涵（发展为了人民、发展依靠人民、发展成果由人民共享）和基本内涵（全民共享、全面共享、共建共享、渐进共享）的基础上，明确共享发展以满足人民美好生活需要为最高目标。

（一）人民美好生活需要是发展的最高目标

人民群众是社会物质财富的创造者、社会精神财富的创造者，是社会变革的决定力量。历史唯物主义认为：发展的本质是人类通过劳动不断改造自然的过程，在生产力诸要素当中，劳动者是最活跃、最革命的因素；社会发展的核心是人的发展，人既是社会发展的前提，也是社会发展的目的；让每个人的创造能力和自身价值得到充分体现，实现人的自由而全面的发展，是发展的最高价值目标。因此，将人民美好生活需要作为发展的最高目标，是对历史唯物主义关于发展理论的充分运用和发挥，是对发展的本质、动力和主体的高度概括和深刻揭示，其核心要义是坚持发展的人民主体地位和发展的人民福祉目的，以人的需要、人的幸福、人的自由全面发展为最高价值目标。

在中国特色社会主义伟大实践中，我们坚持满足人民美好生活需要的发展目标这个唯物史观的基本原理和马克思主义政治经济学的根本原则，提出了以满足人民美好生活需要为核心的党治国理政的一系列重大理论观点。如"党的奋斗目标论"：人民对美好生活的向往，就是我们的奋斗目标；带领人民创造美好生活，是我们党始终不渝的奋斗目标。如"以人民为中心的发展思想论"：党和国家一切工作的出发点和落脚点，都是为了实现好、维护好、发展好最广大人民的根本利益，"中国梦归根到底是人民的梦，必须紧紧依靠人民来实现，必须不断为人民造福"。这些重要思想都是人民美好生活需要是发展的最高目标的逻辑展开。

（二）人民美好生活需要是共享发展的最高目标

具体到共享发展而言，第一，人民美好生活需要是共享发展的根本目的。在发展目的上，共享发展坚持发展为了人民、发展依靠人民、发展成果由人民共享，维护人的主体地位，其根本目的是满足人的福祉需要、为了人的幸福生活、为了让人民拥有更多获得感和幸福感，这是人民美好生活需要的核心要义。第二，人民美好生活需要的实现以共享发展为根本路径。共享发展坚持全民共享、全面共享、共建共享、渐进共享，要求通过全民共建共享和全面共创共享，将发展的过程与人的需要的满足过程结合起来，这是满足人民美好生活需要的根本路径。第三，人民美好生活需要体现共享发展的根本要求。共享发展坚持人人参与、人人尽力、人人享有的根本要求，所谓"人人参与、人人尽力、人人享有"，实际上是要求保障人参与发展的权利、满足人参与发展的需要、发挥人的发展潜能，根本上是将人的自由全面发展需要视为社会发展的根本意义和价值尺度，这是对人民美好生活需要的完整体现，也是最高体现。

（三）人民美好生活需要无论从内容上还是特征上来看，都不是可以轻而易举满足的

一是美好生活是主观化、形象化和理想化的表达，人民美好生活需要是无尽的追求。正如马克思所指出的，"已经得到满足的第一个需要本身、满足需要的活动和已经获得的为满足需要而用的工具又引起新的需要"①。美好生活总是生成新的、更高的美好生活需要。因此，对美好生活的需要不可能被绝对地满足。如果按照马斯洛的需要层次理论，

---

① 《马克思恩格斯选集》第 1 卷，人民出版社 2012 年版，第 159 页。

人的需要由较低需求到中级需求再到较高需求，呈现层次递进的过程，美好生活需要应该属于人的中高级需求。尽管人民的美好生活需要已经是一个中高级层次的需要，但按照社会主要矛盾运动变化的规律来看，它仍然是一个动态和变化的过程。不断升级和跃升是人的需要发展变化的基本趋势，人民的美好生活需要更是无尽的追求。

二是人民的美好生活需要的满足还要与具体的历史条件、经济社会的发展状况相联系，因而其实现必然是一个渐进的过程。必须深刻认识到，人民的美好生活的满足必须立足于社会主义初级阶段的基本历史方位。必须看到，我国生产发展虽然取得了历史性成就，但我国发展基础差、起步晚、人口多、短板多，发展不平衡不充分的制约因素具有长期性和艰巨性。因此，满足人民美好生活需要是个历史的过程、渐进的过程，不可能一蹴而就，必定是随着我国经济社会发展的整体水平的提高和对发展不平衡不充分问题的逐步解决而逐步满足的过程。

三是美好生活需要的实现归根到底是长期奋斗的结果。列宁说："世界不会满足人，人决心以自己的行动来改变世界。"[1]美好生活需要的实现，一定要经过一个长期耕耘奋斗、艰辛努力的过程。人类必须通过改造世界来创造价值、来获得自己的需要。没有人能随随便便成功，也没有国家和民族能够随随便便成功。中国在一穷二白的基础上，在百分之八十的人口生活在贫困状态的条件下，满足了人民基本的物质文化生活需要，满足了人民不断提升的物质文化需要，根本上都是几代中国人坚韧不拔接续奋斗的结果。人民美好生活需要，是更高层级的人的需要，更需要长期奋斗。这不仅仅是因为美好生活需要更加难以实现，更重要的是因为，奋斗不仅是

---

[1]　《列宁全集》第55卷，人民出版社2017年版，第183页。

满足美好生活需要的重要手段，而且奋斗本身是美好生活需要的重要组成部分。"奋斗本身就是一种幸福"。习近平总书记指出："奋斗者是精神最为富足的人，也是最懂得幸福、最享受幸福的人。"[1]马克思主义认为，"在改造对象世界的过程中，人才真正地证明自己是类存在物"[2]，只有在实践活动中才能使人的本质力量得以确证，人的自我价值得以实现。正如马克思所说："历史把那些为共同目标工作因而自己变得高尚的人称为最伟大的人物；经验赞美那些为大多数人带来幸福的人是最幸福的人"。[3]十四亿多中国人民要创造属于自己的美好生活，奋斗本身就是美好。

简而言之，人民的美好生活需要是一个不断发展的过程，人民群众美好生活需要的满足是一个逐步实现的过程。满足人民美好生活新需要，是共享发展的目标，但只能是最高目标。

三、共享发展更加突出满足人民的发展权利需要和发展机会需要

以人民美好生活需要为最高目标，就要求将人民美好生活需要的重要内容贯穿和落实于共享发展的全部过程和最终结果之中，尤其要特别注重人民美好生活需要的现实增量，即人民在民主、法治、公平、正义方面需要的满足。人民的民主、法治和公平、正义新需要，体现在发展过程中，就是发展权利需要和发展机会需要。因此，共享发展尤其要更加注重满足人民的发展权利需要和发展机会需要，如此才能更全面诠释人民美好生活新需要，也才能真正实践人民美好生活需要

---

[1]　习近平：《在新春团拜会上的讲话》，《人民日报》2018年2月15日。

[2]　《马克思恩格斯选集》第1卷，人民出版社2012年版，第57页。

[3]　《马克思恩格斯全集》第1卷，人民出版社1995年版，第459页。

的最高目标。

（一）更加注重满足人民的发展权利需要

"权利"是法律赋予社会成员实现其正当利益的一种力量。发展权利是社会成员全面参与社会发展并公平享有发展所带来的利益的一种权利。公平是发展权利的基本要求。发展权利公平，意味着每一个人——不分出身、性别、民族、职业、财富等条件——毫无例外地享有国家法律基于保障人们获得基本生存和平等发展而赋予公民的基本权利。发展权利公平，意味着国家的法律和政治制度必须正义，这要求必须不断完善法律制度体系，不断健全公民行使权利的体制机制，使公民的政治权利和经济、社会、文化等各方面权利得到切实保障。[①]

发展权利需要是人民美好生活需要的本质要求。党的十九大重申，必须保证人民平等参与、平等发展的权利，并将其作为我国"基本实现社会主义现代化"和"建成社会主义现代化强国"的重要衡量标准。联合国《2030 年可持续发展议程》的目标体系及其具体指标均指向人民的"发展权利"。可见，发展权利公平是人民美好生活需要的题中应有之义，是人民追求美好生活需要的本质要求。反过来，发展权利的缺失，对人民追求美好生活能力有着深层制约。专注于研究贫困和发展问题的诺贝尔经济学奖得主阿马蒂亚·森认为，发展本身就是扩展人的权能的过程，穷人的发展能力有限，可以归因于他们资产的贫乏，但根本上是发展权利的贫乏。贫困的本质是对"基本的可行能力"即发展权利的剥夺[②]。发展权利贫困的结果，必然是低收入、人力资本不足、无力负担疾病变故、社会关系脆弱、无话语权、不受尊重、被排斥获得新的经济

---

① 魏志奇：《我国社会公平保障体系的战略转向与治理路径》，《甘肃社会科学》2018年第 2 期。

② ［印］阿玛蒂亚·森：《以自由看待发展》，中国人民大学出版社 2002 年版，第 15 页。

机会等。也就是说，个体发展权利决定了他具备"可行能力"的大小，并最终决定他的生活能力和实际生活状态。可见，发展权利需要是人民美好生活的动力来源，满足人民的发展权利需要，是以人民美好生活需要为最高目标的共享发展的题中应有之义。

（二）更加注重满足人民的发展机会需要

机会是实现价值的现实条件。在任何社会中，机会都是稀缺资源，因此，保障机会公平是社会公平的核心概念。机会公平旨在保证每一个人在同一起跑线上，保证人们能够获得参与社会经济政治事务的平等机会和获得社会资源的同等可能性。相对于实质公平而言，机会公平是形式公平，是社会公平正义的重要实现形式，也是保证社会公平正义的第一道防线。在现代社会，机会公平要求改革和完善市场经济体制，建立公平开放透明的市场规则，废除垄断和地方保护；要求清除各种制度性歧视，搭建制度性平等竞争渠道；要求保障弱势群体的基本权益，尤其是教育、就业等基本权益，确保社会中的弱势群体及其子女后代不"输在起跑线上"。[①]

发展机会需要是人民美好生活需要的关键保证。发展机会是个人成功的关键要素，尽管个人的幸福生活与个体禀赋相关很大，但由社会规则、社会规范、社会习惯、社会体制等形成的发展环境和发展机会，至关重要。[②] 如果说发展权利需要是所有社会成员对共创美好生活的权利的一种确认的话；那么，发展机会需要就是所有社会成员享有获得这一权利的公平性和平等性，这种公平性和平等性构成了发展机会共享的衡量标准。因此，当我们强调"共同享有人生出彩的机会"时，更大程

---

①　魏志奇：《我国社会公平保障体系的战略转向与治理路径》，《甘肃社会科学》2018年第2期。

②　李强：《让更多的人享有人生出彩机会》，《青年记者》2013年第24期。

度上强调的是，在社会发展过程中人人享有参与共创美好生活需要的机会。那么，如何更好满足人民的发展机会需要？罗尔斯认为，"对每个具有相似动机和禀赋的人来说，都应当有大致平等的教育和成就前景。那些具有同样能力和志向的人的期望，不应当受到他们的社会出身的影响。"①上述可见，发展机会需要，本质上是人们拓展自我发展空间、提高自我发展能力、实现自我发展价值的需要。不断满足人民的发展机会需要，是人民追求和实现美好生活的关键保障。

第三节　社会主要矛盾变化新要求下共享发展的新途径

社会主要矛盾变化新要求下，发展不平衡不充分成为我国人民美好生活需要的"根本制约因素"。我国城乡、地区之间发展的不平衡，使得城乡人民、不同地区人民的生存和发展水平不均衡；不同社会群体收入水平不平衡，使得不同社会群体的民生发展不平衡；基本公共服务资源配置不平衡，使得人民的发展权利和发展机会差异较大。共享发展"全面共享、全民共享、共建共享、渐进共享"的基本内涵和"人人参与、人人尽力、人人享有"的根本要求，蕴含着普惠性、公平性和均等化、均衡化的目标原则，是解决不平衡不充分发展问题，尤其是不平衡发展问题的理念原则和方法路径。

因此，社会主要矛盾变化新要求下，共享发展应坚持以解决不平衡不充分发展问题为根本途径，聚焦普惠、公平和均衡目标，提高保障

---

① 〔美〕罗尔斯：《正义论》，中国社会科学出版社1988年版，第69页。

和改善民生水平，尤其是低收入群体的民生保障水平；应通过全面消除贫困、缩小发展差距，全面建成小康社会，不让一个人掉队；应通过实施乡村振兴战略，补齐三农短板，解决我国不平衡发展最突出的城乡发展不平衡问题；应推动实现基本公共服务均等化，解决基本公共服务供给不平衡不充分的问题。

一、聚焦普惠公平和均衡优质满足人民物质文化生活的更高需求

保障和改善民生，体现了以人民为中心的发展思想，适应了不断满足人民美好生活需要的新要求，是实现共享发展的基本途径。新时代坚持共享发展，首先应提高保障和改善民生的水平。民生是否普惠公平和均衡优质，是保障和改善民生水平的重要体现，是全面建成小康社会的主要标准，也是满足人民更高的物质文化生活需要的根本要求。通过聚焦普惠公平和均衡优质目标，提高保障和改善民生水平，根本上就是要"使人民获得感、幸福感、安全感更加充实、更有保障、更可持续"，更好满足人民更好的物质文化生活需要。

第一，普惠公平，就是要解决地区之间、城乡之间、群体之间民生发展的不平衡不充分问题，使发展的成果真正惠及全体人民。党的十九大报告指出，我国"民生领域还有不少短板，脱贫攻坚任务艰巨，城乡区域发展和收入分配差距依然较大，群众在就业、教育、医疗、居住、养老等方面面临不少难题。"改革开放几十年，我国经济快速发展提升了大部分人的获得感、幸福感和安全感。但与此形成鲜明对比的是，一部分人在基本民生方面有"失落感"和"被剥夺感"，主要表现为：部分地区和部分社会群体已经进入小康甚至富裕和最富裕阶段，但仍然有很多人没有摆脱贫困；社会财富分配格局失衡、收入分配差距扩大、

不同群体利益失衡，以及社会阶层格局固化问题突出；在经历了近几十年的持续高速增长的条件下，劳动者报酬占 GDP 比重仍然无明显提升，基尼系数一直居高不下，这表明我们离全体人民共享改革发展成果还有相当差距。在不平衡不充分发展成为根本制约因素的条件下，聚焦普惠公平和均衡，着力提高低收入群体生活水平、改善低收入群体的民生，成为共享发展的重点任务。

党的十八届五中全会在提出共享发展的同时，为如何"坚持共享发展"作出了系统部署，即"坚守底线、突出重点、完善制度、引导预期，注重机会公平，保障基本民生"。坚守底线，就是托住普遍的基本保障的底，为人民群众在基本医疗、义务教育和住房安全方面提供基本保障；突出重点，就是要突出关注重点地区、重点人群，把重点放在集中连片特殊困难地区；完善制度，就是要统筹推进城乡社会保障体系，建立更加公平和可持续的社会保障制度；引导预期，就是要根据经济发展和财力状况逐步提高人民生活水平，不作过多过高的承诺，引导和鼓励人民群众通过勤劳致富追求美好生活。

第二，优质均衡，就是要适应人民美好生活需要不断提升的需要，解决人民最关心最直接最现实的利益问题。党的十九大报告提出了新时代"民生七有"，即我们要"在幼有所育、学有所教、劳有所得、病有所医、老有所养、住有所居、弱有所扶上不断取得新进展，保证全体人民在共建共享发展中有更多获得感"。习近平总书记还用"民生八更"概括了社会主要矛盾变化新要求下人民对美好生活的向往，即人民"期盼有更好的教育、更稳定的工作、更满意的收入、更可靠的社会保障、更高水平的医疗卫生服务、更舒适的居住条件、更优美的环境、更丰富的精神文化生活"。均衡优质，就集中体现为"民生七有"和"民生八更"。

新时代保障和改善民生，必须准确把握人民美好生活需要的新特点，以"民生七有"和"民生八更"为主要着力点。要以高质量公共服务满足人民美好生活需要，不断探索教育、就业、医疗、社保、住房、社会治理、环境保护等领域民生保障发展的新模式，在"学有所教、劳有所得、病有所医、老有所养、住有所居"上不断取得新进展，满足人民多层次民生需要。要解决好人民群众最关心最直接最现实的利益问题，包括就业、安全生产、教育、社会治安、社会保障、住房等；不断扩大中等收入群体，并将之视为维护社会和谐稳定、国家长治久安的必然要求；要推进健康中国建设，把人民健康放在优先发展的战略地位。

新时代保障和改善民生，必须不断满足人民公平正义需要。共享发展注重的是解决社会公平正义问题，实现共享发展，涉及深刻的利益格局调整，需要在收入分配改革方面取得重大突破，不断满足人民的公平正义需要。习近平指出，落实共享发展理念，归结起来就是两个层面的事：一是不断把"蛋糕"做大；二是把不断做大的"蛋糕"分好[①]。要在充分调动人民群众的积极性、主动性和创造性，举全民之力不断把"蛋糕"做大的同时，推进制度改革和制度创新，把不断做大的"蛋糕"分好，让人民群众有更多获得感。要不断调整国民收入分配格局，提高劳动报酬在初次分配中所占比重，初次分配也必须注重公平；要完善以税收、社会保障、转移支付等为主要手段的再分配调节机制，维护社会公平正义，解决好收入差距问题。

二、打赢脱贫攻坚战让贫困地区和贫困人口共享全面小康生活

决胜全面小康是"发展起来后"新发展方位的历史使命，是逐步

---

① 习近平：《深入理解新发展理念》，《求是》2019 年第 10 期。

实现共同富裕的"重要一步"。党的十八大提出到 2020 年我国要全面建成小康社会，党的十八大以后，特别是"十三五"期间，我国进入了全面建成小康社会的攻坚阶段和收官阶段。全面建成小康社会要求国内生产总值和城乡居民收入在 2010 年的基础上翻一番，但重点是要全面覆盖，即覆盖所有地区和所有人口，不让一个地区、一个民族、一个人掉队。改革开放几十年来，我国集中精力发展社会生产，解决人民的物质文化需要，人民生活不断改善，部分地区和部分人口已经率先实现了小康、达到了富裕甚至最富裕的水平，但仍然有一批人由于各种原因，没有摆脱贫困。习近平总书记强调指出，没有全民小康，就没有全面小康。全面小康是惠及全体人民的小康，全面小康首先是覆盖人口要全面。党的十九大作出了"到二〇二〇年我国现行标准下农村贫困人口实现脱贫，贫困县全部摘帽""让贫困人口和贫困地区同全国一道进入全面小康社会"的庄严承诺。

因此，决胜全面小康社会的重心是打赢脱贫攻坚战，让贫困地区和贫困人口与全国人民一起进入小康社会。根据"十三五"期间我国的脱贫攻坚目标，2020 年稳定实现农村贫困人口"两不愁""三保障"；同时贫困地区农民人均可支配收入增长幅度要高于全国平均水平、基本公共服务主要领域指标要接近全国平均水平。完成上述脱贫攻坚任务，绝非易事，是啃硬骨头、攻坚拔寨的冲刺战，要求必须以更大的决心、更明确的思路、更精准的举措、超常规的力度，坚持人人参与、人人尽力、人人享有，实现脱贫攻坚目标。

打赢脱贫攻坚战，必须以精准扶贫政策为根本保证。精准扶贫是新时代我国落实共享发展理念、打赢脱贫攻坚战的伟大创造。党的十九大明确把精准脱贫作为决胜全面建成小康社会必须打好的三大攻坚战之一，作出了部署。党的十八大以来，通过精准扶贫我国贫困人口从 2012 年的 9899 万人减少到 2018 年的 1660 万人 ①，精准扶贫成效显著。但剩下的深度贫困地区的脱贫任务是"硬骨头"，现存贫困人口大多贫困程度较深，依靠自身脱贫的内生动力不足，脱贫又返贫现象依然突出。习近平总书记指出，脱贫攻坚一定要扭住精准，明确靶向。当前，要向深度贫困地区聚焦，充分了解真实的贫困人群以及相应的贫困程度、贫困原因，做到因地施策、因人施策、因贫困原因施策，确保精准发力，提高扶贫实效；要把扶贫与扶志扶智结合，更新发展观念，激发内生脱贫动力；要发挥党的集中统一领导和社会主义团结协作的制度优势，深化地区对口扶贫、对口帮助，健全党政机关、企事业单位结对帮扶机制，做到脱真贫、真脱贫，确保全面建成小康社会道路上"一个也不能掉队""一个地区、一个民族都不落下"。

总之，坚决打赢脱贫攻坚战，完成 2020 年贫困人口和贫困地区全部脱贫，进而实现全面建成小康社会的奋斗目标，是共享发展的底线任务和阶段目标。必须坚持人人参与、人人尽力、人人享有，实施精准脱贫，不允许任何地区、任何民族、任何人掉队，决胜全面建成小康社会。

三、对照乡村振兴战略要求解决城乡发展不平衡问题

解决"不平衡不充分的发展"问题，是"发展起来后"新发展方位的关键命题，是新时代社会主要矛盾变化的新要求。新时代我国"不平衡不充分的发展"主要表现为城乡发展不平衡、农业农村发展不充分。我国贫困人口的绝大多数人口在农村，全面建成小康社会和建成社会主

---

① 《国务院扶贫办就"攻坚克难——坚决打赢脱贫攻坚战"答记者问》，新华社，http://www.news.cn/politics/2019lh/zb/20190307b88947/index.htm。

义现代化强国最艰巨最繁重的任务在农村。新时代在社会主要矛盾发生转化的背景下，乡村振兴战略准确把握了我国发展不平衡不充分的突出矛盾，抓住了我国作为发展不平衡不充分的大国实现共享发展的战略重点[①]。

乡村振兴战略关系全面建成小康社会目标的实现，关系共同富裕目标的实现。实施乡村振兴战略，成为全面缩小城乡差距，让农村居民与全国人民一道共享全面建成小康社会，建设社会主义现代化国家的战略抓手。党的十九大报告在"贯彻新发展理念，建设现代化经济体系"的部署中，突出强调了乡村振兴战略，指出要"坚持农业农村优先发展，按照产业兴旺、生态宜居、乡风文明、治理有效、生活富裕的总体要求，建立健全城乡融合发展体系"。随后的中央经济工作会议和中央农村工作会议进一步明确了目标任务和总体思路[②]。2018年颁布的《乡村振兴战略规划（2018—2022年）》明确提出，通过实施乡村振兴战略，有利于不断拓宽农民增收渠道，全面改善农村生产生活条件，促进社会公平正义，有利于增进农民福祉，让亿万农民走上共同富裕的道路。实施乡村振兴战略，是新时代解决城乡发展不平衡、农业农村发展不充分问题的主要路径，成为补齐农业农村共享改革发展成果短板，实现城乡共享发展的战略重点和总抓手。

乡村振兴战略的核心，是统筹城乡关系，建立健全城乡融合发展的体制机制，推进城乡一体化发展，让广大农民共享改革发展成果。习近平总书记指出，我们必须在统筹城乡关系上取得重大突破，让广大农

---

① 迟福林：《实现共享发展的历史性新突破》，《经济参考报》2017年10月26日。
② 即到2020年，制度框架和政策体系基本形成，乡村振兴取得重要进展；2035年农业农村现代化基本实现；2050年农业强、农村美、农民富全面实现，乡村全面振兴。

民平等参与改革发展进程、共享改革发展成果[1]。《乡村振兴战略规划
（2018—2022年）》提出，到2020年，我国乡村振兴的制度框架和
政策体系基本形成，全面建成小康社会的目标如期实现。到2022年，
乡村振兴的制度框架和政策体系初步健全，农民就业质量显著提高，相
对贫困进一步缓解，共同富裕迈出坚实步伐；城乡基本公共服务均等化
基本实现，城乡融合发展体制机制更加完善。

当前和今后很长一段时间内，城乡融合发展的主要问题体现在，
一是城乡分割严重，导致城乡产业结构差别很大，无法形成合作与互
补；二是城乡居民生活质量差距较大，受发展不平衡不充分影响最大
的是农民；三是城乡社会保障与公共服务差距大，城乡公民权益不平等。
因此，建立城乡融合发展的体制机制，就是要"逐步实现城乡居民基本
权益平等化、城乡公共服务均等化、城乡居民收入均衡化"[2]，最终实
现以城带乡、城乡协同，缩小差距，解决城乡发展不平衡问题，实现城
乡共享发展。

四、推动基本公共服务均等化，解决基本公共服务不平衡问题

普惠性和均等化，是共享发展理念的基本规定性。基本公共服务
均等化，对于促进社会公平正义，增强全体人民在共建共享发展中的
获得感，具有重要意义。我们认为，共享发展不仅包括满足人民基本
生存需要的发展成果共享，还包括人民的发展权利、发展机会的共享。
共享发展更多强调人民在权利、机会获得上的平等，而不是人民对经

---

[1]　《健全城乡发展一体化体制机制　让广大农民共享改革发展成果》，《人民日报》2015
年5月2日。

[2]　《健全城乡发展一体化体制机制　让广大农民共享改革发展成果》，《人民日报》2015
年5月2日。

济社会发展成果的平均化分配。基本公共服务均等化保障的就是人民的发展权利、发展机会的共享，是全体人民在共建共享发展中获得感、幸福感、安全感和公平感的重要来源。习近平总书记在"十三五"规划建议的说明中，将"加大公共服务供给"明确为共享发展八个方面的主要内容之一。共享发展"以推进区域、城乡基本公共服务均等化为保障"①。可见，推进基本公共服务均等化，是社会主要矛盾变化提出的新要求，也是共享发展理念的内在要求，是新时代实现共享发展的基本保障。

基本公共服务主要包括教育、就业、社保、医疗、住房等方面。当前我国基本公共服务在区域之间、城乡之间、人群之间差距较大；城乡区域间公共服务资源配置不均衡；落后地区、农村居民和无覆盖人口无法享受到与发达地区和城市居民均等的基本公共服务。基本公共服务均等化就是让全体公民都能公平可及地获得大致均等的基本公共服务，其核心是促进机会均等，重点是保障人民群众都有获得基本公共服务的机会，最根本的要求是逐步缩小城乡和区域之间的基本公共服务差距；基本着力点是从人民群众最关心最直接最现实的利益问题入手，首先解决好教育、医疗、住房、就业等基本公共服务的均衡配置等问题；特别突出的重点是贫困地区和贫困人口。

《"十三五"推进基本公共服务均等化规划》提出，要以普惠性、保基本、均等化、可持续为方向，健全国家基本公共服务制度。推进基本公共服务均等化，要坚持"人人参与、人人尽力、人人共享"原则，向贫困地区、薄弱环节、重点人群倾斜；要增强政府基本公共服务职责，

---

① 《坚持共享发展》，《人民日报》2015 年 12 月 24 日。

同时发挥市场作用，创新服务提供方式，提升基本公共服务质量①。党的十九大提出，2020年到2035年，"基本公共服务均等化基本实现"。基本公共服务均等化将确保基本公共服务覆盖全民、均等享受，将有力保障共享发展取得实质进展，促进全体人民朝着共同富裕目标稳步迈进。

第四节　总结与讨论：社会主要矛盾变化新要求下共享发展的新跃升

一、共享发展的逻辑框架

党的十八届五中全会明确提出了共享新发展理念，《中国共产党第十八届中央委员会第五次全体会议公报》《习近平关于〈中共中央关于制定国民经济和社会发展第十三个五年规划的建议〉的说明》，以及习近平总书记在省部级主要领导干部学习贯彻党的十八届五中全会精神专题研讨班上的讲话等重要文献对共享发展的本质内涵、基本内涵、具体内容、根本要求等进行了全面系统和科学准确的阐述，形成了共享发展的基本逻辑框架。

从思想实质来看，"共享理念实质就是坚持以人民为中心的发展思想"。

从本质内涵来看，共享发展坚持"发展为了人民、发展依靠人民、发展成果由人民共享"。

---

① 《国务院关于印发"十三五"推进基本公共服务均等化规划的通知》，中国政府网，http://www.gov.cn/zhengce/content/2017-03/01/content_5172013.htm。

从基本内涵来看，共享发展是"全民共享、全面共享、共建共享、渐进共享"四个方面完整统一的整体。

从价值意义来看，共享发展"彰显了中国特色社会主义的本质要求"，"体现了我们党全心全意为人民服务的根本宗旨，体现了人民是推动发展的根本力量的唯物史观"。

从根本要求来看，共享发展坚持"人人参与、人人尽力、人人享有"的要求。

从显著特征来看，共享发展"注重机会公平"。

从问题导向来看，"共享发展注重解决社会公平正义问题"。

从具体内容来看，共享发展包含了"增加公共服务供给、实施脱贫攻坚工程、提高教育质量、促进就业创业、缩小收入差距、建立更加公平更可持续的社会保障制度、推进健康中国建设、促进人口均衡发展"等八个方面的内容。

从根本目标来看，共享发展追求实现共同富裕。党的十八届五中全会指出，坚持共享发展，要"增强发展动力，增进人民团结，朝着共同富裕方向稳步前进"；习近平总书记在省部级主要领导干部学习贯彻党的十八届五中全会精神专题研讨班上指出，"要根据现有条件把能做的事情尽量做起来，积小胜为大胜，不断朝着全体人民共同富裕的目标前进"。

从阶段目标来看，"十三五"时期，共享发展"注重机会公平，保障基本民生，实现全体人民共同迈入全面小康社会"。

从根本保障来看，坚持共享发展，就要"作出更有效的制度安排，使全体人民在共建共享发展中有更多获得感"。

二、社会主要矛盾变化注入共享发展新内核

社会主要矛盾变化是关系全局的变化，对党和国家各项工作提出了新要求。社会主要矛盾变化新要求为共享发展理念注入新内核（新依据、新目标、新途径），新内核赋予共享发展新的本质规定性，使共享发展的逻辑框架更加清晰、共享发展的理论内涵更加完整，共享发展的理论特质更加鲜明，共享发展更加适应新时代的要求。

（一）共享发展的依据更加充分

一般认为，共享发展的理论依据来自于历史唯物主义的人民史观、马克思主义政治经济学的基本原则、科学社会主义对共同富裕的价值追求，以及中国共产党为人民服务的根本宗旨。社会主要矛盾变化赋予共享发展新的理论框架。社会主要矛盾的两个基本方面——"人的需要"和"生产发展"的辩证运动关系，不仅构成了社会主要矛盾的表述形式（社会主要矛盾的表述是围绕"人的需要"和"生产发展"两方面展开的；"人民日益增长的美好生活需要"讲的是"人的需要"，"不平衡不充分的发展"讲的是"生产发展"），也确立了共享发展的解释体系，即共享发展是社会主要矛盾辩证运动演进的客观结果：是"人的需要"的类型不断跃迁、层次不断提升的结果；是在"生产发展"呈现出新的时代性特征的基础上产生的发展观的自觉。"生产发展"和"人的需要"的运动变化和演进规律，构成了共享发展的理论依据。也就是说，共享发展不仅仅是坚持以人民为中心的发展思想的根本要求，是社会主义制度优越性的集中体现，是党坚持全心全意为人民服务根本宗旨的实践要求，也是社会主要矛盾运动演进的客观规律的体现，是基于"生产发展"和"人的需要"演进基础上的发展观的新自觉。

学界普遍认为，贫富分化差距过大、收入分配不规范、社会公平

正义问题的现实挑战，构成了共享发展的现实依据。在社会主要矛盾变化的解释框架中，"人的需要"是一个由低级到高级不断升级变化的过程。改革开放后，中国人民的生活需要经历了从基本消除贫困→解决温饱→实现总体小康的历史进程，现在正迈向全面小康社会，人民美好生活需要日益增强。满足人民日益增长的美好生活需要，尤其是人民在民主法治和公平正义等方面的新需要，是新时代我国经济社会发展的根本目标，也是调整和变革我国的发展思路、发展方式和发展着力点的最大现实因素，它对我国的发展理念、发展战略和发展目标提出了新要求，要求我们必须坚持体现以人民为中心的发展思想的新发展理念，着力满足人民在经济、政治、文化、社会、生态环境等方面日益增长的新需要。新时代的共享发展正是建立在这样的现实依据之上的。

学界一般认为，当前我国发展所面临的一系列风险挑战和突出短板，如跨越中等收入陷阱的风险挑战和全面建成小康社会的突出短板，突出了共享发展的实践价值，构成了共享发展的实践依据。如很多人认为，新发展理念就是应对中等收入陷阱的新理念，是为"十三五"时期我国决胜全面建成小康社会目标任务而提出来的。但并没有一个"总概括"和"总问题"，能够集中体现和总结出这一系列的风险挑战和突出短板。这在一定程度上弱化了共享发展作为新发展理念的出发点和落脚点所凸显的巨大实践价值。事实上，目前大多数研究都把共享发展理念的重大意义集中在它的价值意义和理论意义方面，对其实践价值研究的不多。在社会主要矛盾变化新要求下，"社会生产"方面的"不平衡不充分发展问题"，不仅成为新的社会主要矛盾的主要方面，构建了社会主要矛盾变化的理论逻辑，而且"不平衡不充分发展问题"也成为了新时代我国发展所面临的一系列的风险挑战和突出短板的"总概括"和"总问题"，由此极大凸显了共享发展在当前我国经济社会发展中的巨大实践价值，也构建起了共享发展的实践依据。新时代解决城乡、区域、阶层和人群之间发展不平衡不充分的问题，实现从不均衡发展到均衡发展、从注重数量增长到高质量发展，实践中要求必须坚持共享发展。这是社会主要矛盾变化赋予共享发展新的实践依据，使共享发展的依据更加充分。

（二）共享发展的目标层次更加清晰完整

1. 全面建成小康社会是共享发展的阶段目标

"十三五"时期，我国进入全面建成小康社会的关键攻坚阶段和收官阶段。全面小康的目标要求，是不仅国内生产总值和城乡居民人均收入 2020 年比 2010 年翻一番，更重要的是要覆盖所有地区和所有人口。党的十八届五中全会在制定"十三五"规划时指出，坚持共享发展，"要按照人人参与、人人尽力、人人享有的要求，坚守底线、突出重点、完善制度、引导预期，注重机会公平，保障基本民生，实现全体人民共同迈入全面小康社会"。这段重要论述中，"人人参与、人人尽力、人人享有"是根本要求，"坚守底线、突出重点、完善制度、引导预期，注重机会公平，保障基本民生"是基本原则，而"实现全体人民共同迈入全面小康社会"则是阶段目标，是根本要求和基本原则的最后归宿。

必须看到，党的十八届五中全会是在制定"十三五"规划时，提出我国要在"十三五"时期乃至更长时期内坚持共享发展新理念，因此，共享发展首先指向的，是"十三五"的规划目标和"十三五"规划期内要收官的全面建成小康社会的目标。从内容来看，党的十八届五中全会指出，坚持共享发展，现阶段必须"要从增加公共服务供给、实施脱贫攻坚工程、提高教育质量、促进就业创业、缩小收入差距、建立更加公平更可持续的社会保障制度、推进健康中国建设、促进人口均衡发展等

方面展开"。可以看出，这八个方面的内容与全面建成小康社会的具体
目标是高度关联的，是举措与目标的关系。《习近平关于〈中共中央关
于制定国民经济和社会发展第十三个五年规划的建议〉的说明》中，更
是明确指出，"十三五"规划作为全面建成小康社会的收官规划，必须
紧紧扭住全面建成小康社会存在的短板，在补齐短板上多用力。农村贫
困人口脱贫，就是一个突出短板。"我们不能一边宣布全面建成了小康
社会，另一边还有几千万人口的生活水平处在扶贫标准线以下"。习近
平总书记指出，"要从实现全面建成小康社会目标倒推，又从迫切需要
解决的问题顺推，明确破解难题的途径和办法"①。可见，贫困人口脱贫，
就是从实现全面建成小康社会目标倒推和从迫切需要解决的问题顺推出
来的问题，共享发展就是破解这一难题的"途径和办法"。由此，我们
认为，全面建成小康社会，是共享发展在当下和现实的阶段目标。

2. 共同富裕是共享发展的根本目标

2016 年 1 月，在省部级主要领导干部学习贯彻党的十八届五中全
会精神专题研讨班上，习近平总书记指出，"共享理念体现的是逐步
实现共同富裕的要求"②，"我国正处于并将长期处于社会主义初级
阶段，我们不能做超越阶段的事情，但也不是说在逐步实现共同富裕
方面就无所作为，而是要根据现有条件把能做的事情尽量做起来，积
小胜为大胜，不断朝着全体人民共同富裕的目标前进。"③可见，共
享发展和共同富裕是过程和结果的关系，不坚持共享发展的"过程"，
就不可能有共同富裕的"结果"。共享发展和共同富裕也是手段和目

---

① 习近平：《关于〈中共中央关于制定国民经济和社会发展第十三个五年规划的建议〉
的说明》，《人民日报》2015 年 11 月 4 日。

② 《习近平谈治国理政》第二卷，外文出版社 2017 年版，第 214 页。

③ 《习近平谈治国理政》第二卷，外文出版社 2017 年版，第 214—215 页。

标的关系，共享发展是实现共同富裕的手段；共同富裕是共享发展的目标。只有坚持共享发展，才能"不断朝着全体人民共同富裕的目标前进"。

当然，共享发展和共同富裕不是一般的过程和结果的关系、手段和目标的关系。社会主义社会之所以必然要坚持共享发展理念，坚持"发展为了人民、发展依靠人民、发展成果由人民共享"，就是因为社会主义要追求一个根本的目标——实现共同富裕。这个目标是社会主义的本源和基础，体现的是社会主义的本质。邓小平指出，"社会主义最大的优越性就是共同富裕，这是体现社会主义本质的一个东西"。江泽民强调："实现共同富裕是社会主义的根本原则和本质特征，绝不能动摇。"胡锦涛要求，必须"使全体人民共享改革发展的成果，使全体人民朝着共同富裕的方向稳步前进"。可见，共同富裕目标体现着社会主义的根本规定性。在实践中，共同富裕不可能一蹴而就，是一个"积小胜为大胜"的过程。因此，共同富裕是共享发展的根本目标。

3. 满足人民美好生活需要是共享发展的最高目标

满足人民的美好生活需要，始终是马克思主义的最高追求，是科学社会主义的价值目标，是共产党人的奋斗目标。按照马克思、恩格斯的构想，共产主义社会将彻底消除阶级之间、城乡之间、脑力劳动和体力劳动之间的对立和差别，实行各尽所能、按需分配，彻底实现共享。那时，人民的美好生活需要将充分实现。社会主义作为共产主义的初级形态，还无法真正实现彻底的共享。但中国特色社会主义的共享发展理念，坚持满足人民美好生活需要的发展目标这个唯物史观的基本原理和马克思主义政治经济学的根本原则，在实践中保证了人民共同占有社会生产资料、共同参与劳动、共同分享劳动成果，在理论上提出了以满足人民美好生活需要为核心的一系列重要思想，如"党的奋斗目标论""以人民为中心的发展思想论""中国梦必须不断为人民造福"等等。这些重要思想都是人民美好生活需要是共享发展的最高目标的逻辑展开。

共享发展除了具有全面小康的阶段目标和共同富裕的根本目标之外，社会主要矛盾新变化还赋予共享发展满足人民美好生活需要的最高目标。从社会主要矛盾变化的新要求来看，人民日益增长的美好生活需要，成为党和国家一切工作的出发点和落脚点，成为我国经济社会发展的目标导向。从共享发展内在逻辑来看，共享发展的本质是坚持"发展为了人民、发展依靠人民、发展成果由人民共享"，核心是通过发展满足人的福祉需要、人的幸福生活、让人民拥有更多获得感和幸福感，这是人民美好生活需要的核心要义；共享发展坚持人人参与、人人尽力、人人享有的根本要求，根本上要求将人的自由全面发展需要视为社会发展的根本意义和价值尺度，这是对人民美好生活需要的完整体现和最高体现。因此，满足人民美好生活需要是共享发展的最高目标。

当然，这里必须补充说明的是，把满足人民美好生活需要作为共享发展的最高目标，并不是在否定"人民美好生活需要"的现实性，也不在于否定"满足人民美好生活需要"是一个现实的目标。因为，人民的美好生活需要首先是当下和现实的追求，满足人民美好生活需要也是当下和现实的目标，我们党当下所做的一切工作都无时无刻不在满足人民美好生活需要，人民也无时无刻不在充分实践着美好生活。

之所以说满足人民美好生活需要是共享发展的最高目标，是就美好生活需要的价值意义和相对无限性而言。一是美好生活需要的"美好"所指向的，不仅仅是对"更好的生活质量和生活品质"这一现实需要的追求，从更深层次上，它蕴含着对"幸福美好"的价值追求"（如习近平总书记在谈到美好生活需要时，常以幸福美好来指代），而根据康德的说法，人的"幸福美好生活"必须匹配之以"德性"和"能力"，因而人对幸福美好的追求归根到底是对人的全面发展的追求，这也正是马克思所揭示的美好生活的真谛所在；美好生活甚至某种程度上蕴含着对人类的终极关怀，蕴含着人们对正义的向往和追求，包含着对理想社会的价值追求。因此，就其价值意义和价值追求而言，美好生活需要是最高目标。

二是美好生活需要具有相对无限性。"美"和"好"从来都是无止境的，理论的逻辑和现实的经验都告诉我们，有"美好"和"更美好"，但不会有"最美好"，可以说"美好生活"的表述打开了无限延展的可能性①。因此，美好生活需要不可能被绝对地满足，美好生活的追求也不可能有满足性的结束和目标性的结束，满足人民对美好生活的追求永远在路上，没有终点。这也是"美好生活需要"具有极高解释力和概括性的原因所在，是我们党"永远把人民对美好生活的向往作为奋斗目标"中"永远"的意义。在这个意义上，人民对美好生活的追求是最高目标。

至此，共享发展的目标层次更加清晰和完整。首先，三个层次的目标结构，具有层层递进、螺旋上升的特征。全面建成小康社会的阶段目标，是实现共同富裕根本目标的必要准备和必经阶段；实现共同富裕的根本目标，又是满足人民美好生活需要的最高目标的必要准备和必经阶段；实现人民美好生活需要的最高目标，是全面建成小康社会的阶段目标和实现共同富裕根本目标的必然趋势和最终归宿。其次，阶段目标、根本目标和最高目标这三重目标，有机结合了共享发展的实践目标（全

---

① 沈湘平、刘志洪：《正确理解和引导人民的美好生活需要》，《马克思主义研究》2018 年第 8 期。

面建成小康设社会、共同富裕）和理论目标（共同富裕、人民美好生活需要）、现实目标（全面建成小康社会）和价值目标（人民美好生活需要）、当下目标（全面建成小康社会、共同富裕）和长远目标（共同富裕、人民美好生活需要），更为全面和完整。最后，三重目标结构的递进性、连贯性和一致性，能更充分地体现共享发展坚持以人民为中心的发展思想实质，能更充分地体现共享发展、渐进共享和共建共享的基本内涵，能更充分地体现中国特色社会主义的本质要求是如何一步一步地显现出来的。

（三）共享发展的实现途径更加明确

习近平总书记指出，"落实共享发展是一门大学问，要做好从顶层设计到'最后一公里'落地的工作，在实践中不断取得新成效。"[①]一般认为，共享发展的实现途径主要包括：第一，整体上做好两个层面的事：一是充分调动人民群众的积极性、主动性、创造性，举全民之力不断把"蛋糕"做大；二是把不断做大的"蛋糕"分好，让社会主义制度的优越性得到更充分体现，让人民群众有更多获得感。第二，具体来讲，落实好八个方面的具体举措：包括增加公共服务供给、实施脱贫攻坚工程、提高教育质量、促进就业创业、缩小收入差距、建立更加公平更可持续的社会保障制度、推进健康中国建设、促进人口均衡发展八个方面。第三，"作出更有效的制度安排，使全体人民在共建共享发展中有更多获得感"，包括以公有制为主体的基本经济制度和人民当家做主的根本政治制度，这是共享发展的基础性制度环境；在社会建设层面，推进以公平为导向的收入分配制度，完善社会保障制度和基本公共服务体系等。

---

① 《习近平谈治国理政》第二卷，外文出版社 2017 年版，第 216 页。

　　社会主要矛盾变化新要求下，共享发展的实现路径不仅仅包括"分好蛋糕"、落实好"脱贫、教育、就业、收入差距、社会保障"等具体举措，也不仅仅是完善各方面的制度体制，更重要的是在发展层面落实好共享理念。共享发展根本上说的仍然是发展理念的问题，其根本路径也必须在发展中寻找。一方面，发展是共享的基础，只有经济基础雄厚了、物质条件丰富了，共享才有更高的起点；另一方面，更重要的是，共享发展是对以往粗放式和掠夺式发展的一种纠偏，从根本上体现的是包容发展（共享发展的原初意义就是包容发展）和高质量发展的要求。实现共享发展，从根本上取决于发展是否保持了高质量、高效益和公平性。在这个意义上，实现共享发展，必须以发展模式、发展方式和发展战略的转变为基础和关键，必须通过解决不平衡不充分的发展问题，实现包容性发展和高质量发展。

　　在实践中，实现共享发展的根本障碍，仍然来自于我国城乡、地区之间发展不平衡，基本公共服务配置不均衡，不同社会群体和社会阶层收入水平不均衡；在人民普遍开始追求更加美好生活需要的同时，我国还存在贫困地区和发展落后区域、存在贫困人口和低收入群体，影响了广大人民群众共享改革发展成果。因此，社会主要矛盾变化新要求下，共享发展必须坚持以解决不平衡不充分发展问题为根本途径，把重点放在全面消除贫困、缩小发展差距、补齐共享短板上，着力打赢脱贫攻坚战，实施乡村振兴战略，推动实现基本公共服务均等化，增强发展的普惠性和均衡性，在改善民生、促进公平正义、稳步走向共同富裕的过程中，不断满足人民日益增长的美好生活需要。

　　因此，社会主要矛盾变化新要求下实现共享发展，就必须坚持以人民为中心的发展思想，以发展权利共享、发展机会共享和发展成果由人民共享为主要内容，以解决不平衡不充分发展问题为根本途径，实现全面建成小康社会的阶段目标、实现共同富裕的根本目标和满足人民美好生活需要的最高目标。这其中，解决不平衡不充分发展问题的根本途径，是关键，从根本上决定和影响着共享发展的实现程度和实现效果。比较"分好蛋糕""落实好脱贫、教育、就业、收入差距、社会保障等具体举措"和"完善各方面的制度体制"等途径，解决不平衡不充分的发展问题，显然更具有根本性和基础性。可以说，上述途径都是解决不平衡不充分发展问题的衍生途径和派生途径，解决不平衡不充分的发展问题，是根本途径和基础途径。同时，解决不平衡不充分的发展问题，体现出了系统性和综合性的特征。固然，"分好蛋糕""落实好脱贫、教育、就业、收入差距、社会保障等具体举措"和"作出更有效的制度安排"，在某一些方面和某一些领域，是落实共享发展的重要途径，甚至是更有针对性的途径，但并没有从根本上和全局上聚焦共享发展的总问题和总症结，因而无法形成落实共享理念的体系化和综合性的对策和措施。

总之，社会主要矛盾变化成为新时代我国发展新的逻辑起点，表明我国的发展思路、发展战略和发展理念将建立在新的社会主要矛盾的基础上。新的社会主要矛盾构成了共享发展的新境遇，赋予共享发展新的依据、新的目标、新的途径，使共享发展的理论和实践更趋于完整和科学，共享发展在社会主要矛盾变化新要求下实现了新跃升。

| 第六章 | 社会主要矛盾变化新要求下共享发展的新意涵

社会主要矛盾变化的新要求构成了共享发展的新境遇，赋予共享发展新依据、新目标和新途径，不仅使共享发展的依据、目标和途径更充分，使共享发展实现了新的跃升；也使共享发展具有了新意涵，即社会主要矛盾变化的新依据、新目标和新途径注入共享发展新内容，丰富了共享发展的内涵，扩大了共享发展的外延，使共享发展具有了新特征，共享的评价具有了新要素，共享发展面临新挑战。

第一节 社会主要矛盾变化新要求下共享发展的新特征

一、共享内容增量：扩展了权利平等、公平正义和环境安全

人的需要的广泛性决定了共享内容的丰富性。"人以其需要的无限性和广泛性区别于其他一切动物"。人的需求具有多样化和体系化特点，人的需求的多样性是由于人是自然属性、社会属性和精神属性的统

一体，人的多面属性决定了人的需要的多样性和多维性。人的需要的体系化是说，人的各种需要构成了"以物质需求为根基，以精神需求为顶端"的立体层次的需求体系，马斯洛将人的基本需求分为从低级到高级五个层次，包括生理需要、安全需要、社交需要、尊重需要和自我实现的需要，构成了人的需求的立体结构。根据历史唯物主义原理，人的发展在一定程度上就表现为人的需要的生产、发展和不断被满足的过程。同时，人的需要的宽度和广度决定了共享内容的宽度和广度。共享发展是通过人而且为了人的发展，共享发展的过程就是不断追求和创造更多需要、不断满足更多需要的过程。满足人的需要是发展的根本目的，也是共享发展的根本价值所在，共享发展的根本动力也在于人们对更多更宽更广的需要的追求和创造。

适应人民美好生活需要的丰富性和多样性，共享发展的内容范围也实现了扩容增量。社会主要矛盾变化新要求首先体现为准确把握和不断适应人民日益增长的美好生活需要的增长与变化。社会主要矛盾变化下，人民的美好生活的需要，一方面呈现多样化、多方面、多领域的特点；另一方面社会性需求、福利性需求、环境性需求等非物质性需求不断增强。创造更多的物质产品已无法完全满足人民更全面的需求。就人的需求理论来说，人们并不一直局限于物质需求和物质能力方面，物质需求和物质活动的发展，必然会导致社会的、政治的和精神文化方面更高的需求的出现和增长。也就是说，在人民的基本生活需要得到满足后，人民需要从物质文化领域（方面）向社会、政治、精神、生态等领域（方面）全面拓展。这决定了共享的内容的丰富性和多维性进一步增强，共享范围进一步扩展。从经济领域看，共享发展要求保障全体人民参与经济活动、参与共建，要求发展成果由全体人民共享，要求改革和完善收入分配问题；从政治领域看，共享发展必须让人民更广泛、更深入、更有效地参与到国家政治生活的各个层面，保障人民基本权利平等，保障人民平等参与、平等发展的权利；从文化领域看，共享发展必须保障人民的基本文化权益，丰富人民的精神文化生活，保证文化发展的成果由全体人民共享；从社会领域来看，坚持共享发展就必须不断促进教育、医疗、就业、社会保障等充分而平衡发展，保障人民享有普惠而公平的公共服务；从生态领域看，共享发展必须在经济发展的同时严格保护生态环境，将生态作为基本公共产品，让人民生活在绿色健康环境中，让人民共享绿色发展成果。

人民美好生活需要不断扩展条件下，共享内容的增量涉及经济生活、政治生活、社会生活、文化生活等广泛生活领域，但集中而突出体现在民主法治、公平正义和安全环境等方面，这是对社会主要矛盾变化新要求下人民美好生活需要新增量的积极适应和有效回应。也就是说，共享的对象包含了一般意义上的民生保障、物质财富、收入分配、就业教育等，但在人民美好生活需要新增量要求下，共享内容上更为集中的凝练和抽象为公平正义、权利平等、生活环境、安全秩序等内容。公平正义、权利平等和环境安全等无论在数量上还是质量上都实现了对一般意义上的共享内容的"提质增效"。具体来看，公平正义是说，人们不仅要求共享教育机会、工作收入、福利待遇、医疗服务、社会保障、居住条件和生活环境，而且在这些方面的公共资源要求得到更均等化的配置，要求不断缩小由公共服务不均等造成的人力资本水平差距，进而影响和制约人民发展机会的公平。权利平等是说，人们要求不仅享有法治社会赋予的广泛的个人权利，共享民主社会赋予的多元参与；而且人民的权利和参与必须是平等和无差别化的，这要求必须改革和废除各种历史原因形成的歧视性制度。美好环境是说，人们要求共享社会良好的秩序，更和谐的家庭、更快乐幸福的工作和生活氛围，也要求更干净的水、更清新的空气、更安全的食品、更清洁的居住条件，即共享更优质美好的生活环境。

二、共享层次提升：突出发展型共享和自我实现型共享

人的需要是激励人的行为的深层次动力，而人的需要是有层次的，人的低层次的需要得到满足后，会向更高层次演化。总体上来看，人的需要具有生存需要、享受需要和发展需要等多个层次，其中发展型需要和自我实现型需要是人的中高层次需要的核心。因此，社会主要矛盾转化，首先反映了人的需要的升华和向更高层次的演化，标志着人民物质的、具体的、有限的生活需要开始向全面的、高质量的和高层次的美好生活的转化。基于此，社会主要矛盾的变化，反映了人们对美好生活需要的新的更高层次的追求，也直接体现了共享发展的层次的提升和递进。

从人的需要层次来看，在生产力发展水平比较低的时期，人的需要适应低水平的生产力表现出低层次的需要，包括"生存性需要""单一型需要""硬性需要"和"共性需要"，在经济统计学中体现为恩格尔系数较高。低层次的发展水平和需要水平对应的共享水平也是低层次的。低层次共享发展的基本作用，是保障人的基本生存问题，其内容包括贫困人口的脱贫、基本社会保障（社会救济与社会帮扶）、最低工资标准的制定以及基础教育和基本医疗等。随着社会生产力水平提高，人们创造财富的能力和受教育程度的提升，人的需要不断提升，人们开始追求更高层次的生活品质和发展性社会需要，"复合型需要""软性需要"从"个性需要"和"自我实现型需要"开始取代"基础性"和"单一性"需要。与之相适应，共享的层次随之提升，发展型共享和自我实现型共享取代了"生存型共享"，主要体现为在保障

基本生存的基础上，人民生活更加富裕，追求更多享受和自我发展，如更完善的养老保障、更优质的医疗服务、更均衡的教育体系，多层次的社会福利，绿色健康的环境，以及体现在主观感受上的人的幸福感、尊严感和安全感，等等。

从人民美好生活的动态演进与共享发展的层次递进的历史来看，新中国成立前后，人民对美好生活的期待，突出表现为人们的经济文化需要，即经济自足、文化文明，主要制约因素是贫穷落后与科学文化普及不高。在《关心群众生活，注意工作方法》中，毛泽东对为人民服务的内涵作出了最深刻也最直接的阐明，"解决群众的穿衣问题，吃饭问题，住房问题，柴米油盐问题，疾病卫生问题，婚姻问题"①。改革开放后，人民对"美好生活"需要则突出表现在对"富裕生活"的追寻中，即对更丰富更充足的物质文化需要的追求，包括衣食住行、消费观念和消费水平的提升。新时代社会主要矛盾变化下人民美好生活需要，是在基本物质文化生活需要得到较好满足以后，人们的需求逐渐向更高层次的领域拓展，人民对美好生活的追求开始由注重物质的富足向注重精神、文化、权利、平等和环境等诸多方面转化。与新中国成立前后的基本经济文化需要和改革开放后的"富足生活"的基本生存需要相比，新时代的美好生活需要在层次上突出表现为发展型需要和自我实现型需要。与之相对应，共享的层次相应地转变为"发展型共享"和"自我实现型共享"。

发展型共享。与"生存型共享"（主要定位于关注人的基本生存和生活的基本生产资料和生活资料的共享）相比，发展型共享，追求人的自由全面发展的目标，从根本上要求"努力营造公平的社会环境，保

---

① 《毛泽东选集》第 1 卷，人民出版社 1991 年版，第 136—137 页。

证人民平等参与、平等发展权利"。从发展条件来看，发展型共享指所有个体、不同群体成员享有基础性发展条件，如基础教育、基本医疗和基本住房，以及参与经济社会发展，获得平等就业机会等。从平等发展权利看，共享型发展强调所有不同个体、不同群体、不同区域人民有事实上的平等权利，包括政治权利、经济社会权利和获得救济的权利，参与、促进并享受经济、政治、文化和社会发展；从发展机会角度，发展型共享要求人民在参与经济、政治、社会、文化事务的机会上，在获得各种资源的可能性上，处于同一起跑线上。因此，发展型共享旨在通过消除因身份背景、家庭条件和占有社会资源等方面的差异造成的发展起点和发展过程的不公平，给予全体人民在各方面的平等机会，包括享有平等的受教育机会、就业机会、社会保障机会、公共福利机会以及平等的上升流动机会等。

自我实现型共享。马克思认为，人类道德发展的理想就是人的自我实现。自我实现是在实现人的自由全面发展的目标结构中更高层次的目标，其前提假设是只有当人的潜力和才能充分发挥和表现出来时，人才会感到最大的满足。自我实现型共享，要求每个人都能够摆脱社会生活各种内在和外在的限制与束缚，充分发挥自己的创造潜力，实现自我价值，其核心要求主要体现在三个方面：一是通过"人人参与、人人尽力、人人享有"促进自我实现型共享，人首先通过劳动实践"生产"奠定了自我实现的基石，对世界的改造是自我实现的重要来源。没有高水平的共建就没有高质量的共享，只有人人参与共建共享，社会的发展活力才能得到增强，人的积极性和创造性才能得到充分发挥。二是通过"获得感、幸福感、成就感"的明显提升促进自我实现型共享。这种获得感主要来源于人们通过自身努力实现自己的理想和价值，幸福感和成就感来源于自我价值实现过程中人感受到的满足自尊和社会尊重。三是美好的精神生活，人是自然属性、社会属性和精神属性的统一体，其中社会属性和精神属性构成了人的属性的主体成分，而精神属性是人的最特殊的、最高层次的属性，美好的精神生活是美好生活的重要组成部分，也是自我实现型共享的灵魂内容。人除了改造外部世界的实践创造出必要的经济、政治、文化、社会、生态等外部条件外，更重要的是通过改造内部世界的实践，创造出美好生活所必须具备的信仰、情感、道德、善良、境界、意志等内在丰富而健康的精神文化生活。

三、共享基础升级：更加突出发展的平衡性

发展是解决我国一切问题的基础，也是共享的前提和基础。这是就共享与发展的简单对应关系而言的，即只有发展的速度和质量提高了，全社会"蛋糕"做大了，共享才有实现的条件和可能性。但更进一步来说，发展必须坚持科学发展，必须坚持贯彻落实新发展理念。只有注重于促进社会公平，缩小地区、城乡间发展差距的平衡发展，才是实现共享发展的基础。共享的真正实现必然建立在经济社会发展的差距缩小、结构合理、数量和质量均衡的基础上。根据辞海的定义，"平衡"（Equilibrium)是指对立的两个方面或相关的几个方面在数量或质量上均等或大致均等。平衡发展重在处理好经济社会发展各领域、各方面、各部门的关系。根据平衡发展理论，各经济要素之间具有相互依赖性和互补性，如果落后的部门和地区得不到相对协调的发展，以至于与快速发展部门和地区的差距越来越大，将会引起结构失衡、比例失调，其阻碍作用和消极影响将使所有的部门和地区都不会得到发展。因此，平衡发展理论坚持产业间和地区间的关联互补性，主张在各产业、各地区之间均衡部署生

产力，实现协调发展。

在发展过程中，从不平衡到平衡的转变是事物的基本形态。马克思指出，"平衡总是以有什么东西要平衡为前提，意味着，就是说，协调始终只是消除现存不协调的那个运动的结果"。经济社会的发展，往往要经历由平衡到不平衡，再达到新的平衡，进行螺旋式地反复，并在此过程中不断前进。回顾新中国成立后尤其是改革开放后我国经济社会发展的历史，重要党代会报告中关于不平衡发展的阐述都是其重点内容，当然不同发展水平、不同发展阶段关于平衡发展的具体要求差异也是非常大的。如1954年中国经济处于起步发展阶段，政府工作报告就有"原有的工业究竟是非常落后的、零散的、不平衡的""社会购买力和社会商品之间的平衡""财政的收支平衡"等表述。党的十三大报告中提出要"自觉地及时地解决经济生活中出现的不平衡，以经常性的小调整来避免比例严重失调情况下被迫进行的大调整"，"经济总量平衡同经济结构有着密切关系"，并认为"只有在结构合理的基础上实现总量平衡，才能取得良好的宏观经济效益"。可见，作为一个城乡和区域差距大的发展中国家来说，平衡发展始终是我国经济社会发展的重大结构性问题。

社会主要矛盾变化新要求下，不平衡发展成为我国社会经济发展的总体特征。总体来看，改革开放前，国家经济社会各项发展战略都集中于实现经济和工业的快速增长；改革开放后也经历了转经济增长为经济发展、更加注重可持续发展问题；20世纪90年代后逐步深化了经济要与社会和文化同步发展、协同发展的思想；进入新世纪后，全面和协调发展成为科学发展和和谐社会的重要组成部分；进入新时代后，随着社会主要矛盾变化，不平衡发展构成了满足人民日益增长的美好生活需要的主要制约因素，构成了新的社会主要矛盾的"主要方面"。就是说，新的社会主要矛盾变化背景下，实现平衡发展已成为一种必须牢牢坚持和把握的新的发展观。一是社会主要矛盾变化新要求下人民美好生活需要升级了，发展要求和衡量标准也随之提高了，发展的不平衡就更加凸显了；二是实现平衡发展将贯穿今后相当长的历史时期，党的十九大提出社会主要矛盾发生变化的重大论断，至少要到本世纪中叶我国建成社会主义现代化强国，不平衡发展是实现现代化强国目标的集中的短板和弱项，将长期影响未来几十年的发展前景；三是不平衡的表现涉及各个方面、各个领域，不同视角下不平衡具有多面体现，成为我国经济社会高质量发展的"关键症结"，现阶段我国城乡发展、区域发展、经济与社会建设和民生发展等各种矛盾集中起来就是不平衡，解决发展不平衡成为解决发展过程中的各种矛盾和问题的"总钥匙"和"牛鼻子"。

就共享发展来说，社会主要矛盾变化新要求下，共享发展的实现更加依赖于平衡发展，共享的基础不再是传统的发展（做大"蛋糕"），共享必须立足于平衡发展的基础之上。第一，满足人民对公平正义和权利平等的美好生活追求，必须注重发展的平衡性。只有坚持平衡发展才能缩小城乡居民在收入水平、生活水平方面的差距，才能使城乡和不同区域之间居民在公共服务、社会保障、基础设施使用等影响全体居民发展权利和发展机会的关键要素上保障全体人民平等参与、平等发展权利。第二，满足人民更加美好的物质文化生活需要，必须坚持发展的平衡性。改革开放几十年我国城乡居民收入不断增长，贫困人口大幅减少，人均预期寿命不断延长，医疗教育等服务供给大幅增长，但人民对劳有所得、幼有所育、学有所教、病有所医、住有所居、老有所养、弱有所扶等方面有了更高要求，只有坚持平衡发展，欠发达地区、中西部地区人民的美好生活需要才能更好满足。第三，更好促进共同富裕，必须坚持平衡发展。社会主要矛盾变化新要求下，共同富裕问题更加凸显。只有坚持平衡发展，加大统筹城乡发展力度，实施区域协调发展战略，不断健全对口支援帮扶机制，调整国民收入分配格局，加强再分配调节力度，才能更好朝共同富裕方向稳步前进。

四、共享短板变长：从解决绝对贫困到破解相对贫困

贫困问题是我国经济社会发展中最突出的短板，也是实现共享发展的主要短板。贫困是由于物质生活和精神生活都极为贫窭困乏而产生的综合现象，主要表现为食物、营养、健康、教育、收入、住房等方面的基本需要无法得到满足的状况。贫困不仅导致人民基本物质文化需要得不到有效满足，而且直接影响人民对美好生活的追求。贫困问题可以划分为绝对贫困和相对贫困。绝对贫困是生存贫困，指的是贫困无法满足生存需要的状况。而相对贫困是指，除了基本生存之外，根据当地的发展条件下基本的其他生活需求无法满足的状态，是相对的比较状态。总的来说，绝对贫困解决生存问题，而相对贫困解决发展问题，但两者都是人民无法共享经济社会发展过程与发展成果的状态。

解决绝对贫困是满足人民基本物质文化需要的根本要求，也是共享发展的底线目标。对绝对贫困的治理，主要是通过物质文化的直接帮扶，通过改善贫困地区和贫困人民生产生活条件，让贫困地区人民在经济社会发展中不断增加收入，让贫困地区具备自我发展能力，不断激发贫困地区人民创造物质财富和精神财富的能力。新中国成立时，近九成中国人处于极端贫困状态。即使到改革开放初期，我国贫困发生率依然达到97%，几乎所有农村人口都是贫困人口。改革开放推动我国社会生产力巨大发展，人民生活水平整体提升很快，同时我国开展了有针对性的大规模集体性消灭贫困的国家行动。尤其是重点围绕农村地区开展减

贫脱贫行动，20 世纪 80 年代以来国家制定的减贫计划、纲要和规划等主要针对农村地区。党的十八大后，面对全面建成小康社会的目标要求，为了确保每个中国人不愁吃、不愁穿，义务教育、基本医疗和住房得到基本保障，党的十八届五中全会提出了共享发展理念，把消灭贫困、改善人民生活作为共享发展的底线目标，对贫困问题开展了超常规的决战决胜之路，全党全国工作聚焦"脱贫攻坚战"，贫困地区和贫困人民的绝对贫困问题得到历史性解决。绝对贫困的标准，也经历了从采用恩格尔系数法，到保障"有吃、有穿"，再到"两不愁、三保障"①的发展演变，其基本条件和基本要求也是越来越高。从具体数据来看，1981 年我国第一条贫困线人均年纯收入仅为 40 到 50 元，党的十八大后 2016—2019 年，标准先后调整提高为每年 3146 元、3335 元、3535元和 3747 元，2020 年突破 4000 元②。2020 年我国彻底消除绝对贫困现象，是实践共享发展理念最生动的写照。

社会主要矛盾变化背景下，破解相对贫困成为满足人民更高的物质文化需要和日益增长的美好生活需要的根本要求，同时也将共享发展的短板提高到新水平。2020 年我国彻底消除绝对贫困现象，意味着完成了共享发展的底线目标，但与此同时，也标志着我国进入了从解决绝对贫困转向破解相对贫困的新阶段，这意味着共享发展将迈向新台阶，意味着共享发展的短板得到进一步提升。在社会主要矛盾变化新要求下，人民不仅对物质文化需要有了更高要求，而且美好生活需要日益增长。根据人民需要的新要求，解决绝对贫困问题，满足人民的基本生存需要，为满足人民"更高的物质文化需要"和"人民美好生活需要"提供了重

---

① 按农村年人均纯收入来设定"两不愁、三保障"（不愁吃、不愁穿、保障义务教育、基本医疗和住房）的基本温饱标准。

② 朱开云：《2020 年贫困户脱贫收入要达 4000 元》，《北京青年报》2019 年 3 月 7 日。

要基础，共享发展的"底线目标"基本实现。而人民对"物质文化需要"的更高要求和"日益增长的美好生活需要"的根本要求，是不断破解相对贫困问题，是解决绝对贫困问题基础上的进一步发展，是共享底线目标的进一步抬升。具体来说，第一，人民更高的物质文化需要和美好生活需要，一方面要求有更高的收入水平维持更高的生活水平，同时还要求提供更多的可选择的工作岗位、更好的培训机会和教育机会，并在社会福利、公共服务、权利保障和精神文化方面，主体的自我价值和自我尊严得到基本保障。第二，人民更高的物质文化需要和美好生活需要，一方面也可以根据统计数据标准来衡量，主要是与社会平均水平相比较不能低于特定的百分比；另一方面，还有很多是无法用数据和标准衡量的，相对贫困下的共享目标包含了人的主观感受和社会评价内容，其标准和要求也相应会更高。

总之，解决贫困问题一直以来都是共享发展的底线目标，绝对贫困问题的解决，满足了贫困地区人们基本的物质文化需要。社会主要矛盾变化新要求下，人民对物质文化需要有了更高要求，人民美好生活需要日益增长，在这一新要求下，随着绝对贫困问题的解决，共享发展的底线目标也步入解决相对贫困问题的新阶段，共享发展的短板变得更长。

第二节　社会主要矛盾变化新要求下共享发展评价的新要素

社会主要矛盾变化新要求下共享发展的新意涵之一，是共享发展的评价内容中体现社会主要矛盾变化的新要素。换言之，共享发展的评价应该积极适应和有效回应不平衡不充分发展的新问题和人民美好生活需要的新目标，即应以社会主要矛盾变化的根本要求作为主要依据重构和健全共享发展的评价体系。根据分析，社会主要矛盾变化新要求下共享发展的新评价，主要包括经济发展平衡程度的评价、社会公平与社会文明程度的评价、公共服务均等化程度的评价、脱贫减贫实现程度的评价、生态环境和谐程度的评价和共同富裕实现程度的评价等方面。

一、社会主要矛盾变化新要求下共享发展的评价依据

（一）以共享发展的主要内容和基本思路为基础依据

共享发展的评价，首先应该以共享发展的主要内容和基本思路为基础依据。共享发展的主要内容和基本思路，上承共享发展基本内涵和基本思想，下接实现共享发展的基本途径和基本方式，不仅确定了共享发展的内在规定性，确定了实现共享发展的途径方法，也确立了共享发展的基础评价依据。社会主要矛盾变化新要求下共享发展的评价，必须紧紧围绕而不能脱离共享发展的主要内容和基本思路。

党的十八届五中全会在提出共享发展的同时，明确指出新时代实现共享发展要在"增加公共服务供给""实施脱贫攻坚工程""提高教育质量""促进就业创业""缩小收入差距"等方面进行重点突破。"十三五"规划进一步明确阐述了共享发展的主要内容，即坚持共享发展，要"从增加公共服务供给、实施脱贫攻坚工程、提高教育质量、促进就业创业、缩小收入差距、建立更加公平更可持续的社会保障制度、推进健康中国建设、促进人口均衡发展八个方

面展开"①。可见，加强脱贫攻坚力度、推动收入分配改革，以及提高教育、就业、社保、医疗、人口等方面的公共服务水平，构成了现阶段共享发展的主要内容。

共享发展的主要内容也决定了实现共享发展的基本思路，即共享发展的实现，以推进社会公平正义为前提，以推进扶贫脱贫、缩小收入差距为抓手，以推进区域、城乡基本公共服务均等化为保障，以推进共同富裕为目标②。首先，共享发展注重解决公平正义问题，推进公平正义构成了实现共享发展的基本前提，共享发展的实施和评价，必须以推进公平正义为首要衡量标准。其次，扶贫脱贫、缩小收入差距是实施和评价共享发展的两大主要发力点，只有坚持以扶贫脱贫和缩小收入差距为关键突破点，才能以点带面，从整体上带动和提升共享发展水平不断提高。再次，推进区域和城乡基本公共服务均等化是实施共享的重要保障，也是评价共享发展的保障性指标，只有推进基本公共服务均等化，公平正义才有基础，实施脱贫攻坚和缩小收入差距才有基本条件。最后，推进共同富裕是推动落实共享发展的目标归宿，共享发展的主要内容和主要途径都是基于推动共同富裕的目的而确立的，同样共同富裕也是评价共享发展实施情况的目的性指标，各种评价内容和评价指标最终都要从是否有利于推进共同富裕为依归。

（二）以社会主要矛盾变化的根本要求为主要依据

党的十九大在作出我国社会主要矛盾发生变化判断的同时，明确提出，社会主要矛盾变化对党和国家工作提出了许多新要求。要求我们要在继续推动发展的基础上，着力解决好发展不平衡不充分问题，大力

---

① 《十八大以来重要文献选编》（中），中央文献出版社 2016 年版，第 776—777 页。
② 《坚持共享发展——"五大发展理念"解读之五》，《人民日报》2015 年 12 月 24 日。

提升发展质量和效益，更好满足人民在经济、政治、文化、社会、生态等方面日益增长的需要，更好推动人的全面发展、社会全面进步。[①]这一说法全面完整阐述了社会主要矛盾变化的根本要求。本书的第二章对此已有讨论，这里我们简要陈述。

第一，适应社会主要矛盾变化，首先要"着力解决好发展不平衡不充分问题"，不平衡不充分发展问题的表现、方式和范围等构成了社会主要矛盾变化新要求下我国经济社会发展的总体性特征，也构成了社会主要矛盾变化新要求下推进共享发展的背景条件，同时构成了社会主要矛盾变化新要求下共享发展评价的背景依据。共享发展推进落实的总体情况、主要进展和衡量依据，必须充分全面关照和充分回应不平衡不充分问题的解决及其效果。第二，共享发展的评价，必须对照"更好满足人民在经济、政治、文化、社会、生态等方面日益增长的需要"的根本要求。共享发展的实质是坚持以人民为中心的发展思想，社会主要矛盾变化新要求下评价共享发展，必须以人民美好生活需要的基本内容和新增内容为目标导向，聚焦人民美好生活需要的关键障碍和热点难点问题，真正确立以人民美好生活需要的满足程度为根本标准评价共享发展实现程度的评价体系。第三，适应社会主要矛盾变化下"更好推动人的全面发展、社会全面进步"的根本要求，一方面共享发展评价必须全面反映人基于多重属性的多样需求和自由全面发展的需求，如不仅有物质需求，也有精神需求；不仅有现实需求，也有理想需要；不仅有自然需求，也有社会需求。另一方面要全面反映经济、社会、政治、文化和生态等社会存在的整体发展，如经济平衡发展基础、社会公平保障程度、民主权利平等保障、精神文化满足状态、生态环境和谐宜居程度等，保

---

① 习近平：《决胜全面建成小康社会　夺取新时代中国特色社会主义伟大胜利——在中国共产党第十九次全国代表大会上的报告》，人民出版社 2017 年版，第 11—12 页。

障人民各方面的合法权益。

依据上述依据，社会主要矛盾变化新要求下共享发展评价的新要素主要包括以下六个方面，即经济发展平衡程度、社会公平与社会文明程度、公共服务均等化程度、脱贫减贫实现程度、生态环境和谐程度和共同富裕实现程度。下面分别详述。

二、经济发展平衡程度及评价

这里的经济发展的平衡度，主要是指一国国内区域间、城乡间和行业间经济的协调性和均衡性，主要是适应社会主要矛盾变化的根本要求——实现更加平衡的发展。我国经济发展是从普遍的贫穷落后起步的，改革开放后，为了快速发展起来，经济体制改革成功打破了曾经普遍落后的"低水平均衡"状况。在发展过程中，不同地区和区域的基础条件、发展环境和功能定位不同，使得经济发展有先有后、有快有慢，经济发展的平衡性成为极其重要的问题。经济落后基础上经过快速发展出现一定程度的非平衡性是难以避免的，不同地区和区域的发展差距也不可能完全消除，但必须尽可能保持基本协调状态。不平衡发展是我国经济发展的长期性问题和结构性问题，但社会主要矛盾变化新要求下不平衡发展成为影响人民美好生活需要的主要制约因素，社会主要矛盾变化新要求下推进共享发展，必须首先充分回应经济发展不平衡这一"主要制约因素"。

经济发展的平衡度主要关注经济发展的区域差距与城乡差距问题。区域发展差距较大，主要体现在东、中、西、东北各个区域之间不平衡，发达地区与欠发达地区不平衡，差距内容主要包括区域经济总量差距、人均差距、区域间产业结构和工业化程度差距、区域间科技进步和居民生活差距。城乡差距大主要是指城乡居民在收入水平、生活水平、社会保障水平和基础设施等方面存在较为突出的城乡二元结构问题，城乡差距主要内容包括城乡收入差距、消费差距，城乡基础设施差距、人力资本差距，以及城乡居民在社会保障、公共服务等方面的差距。

因此，经济发展平衡程度主要的评价内容是区域间和城乡间的发展差距的评价。具体来说，区域差距的评价包括5个方面内容，7个主要指标，分别是：

1. 经济增长，衡量地区经济增长水平，共1个评价指标：人均地区生产总值。

2. 收入水平，衡量地区城乡居民人均可支配收入，共2个评价指标：城镇居民人均可支配收入和农村居民人均可支配收入。

3. 地区财力状况，主要衡量地区财政水平，共1个评价指标：人均财政收入。

4. 经济活力，主要衡量地区经济发展的内生动力，共2个评价指标：人均全社会消费品零售额和人均全社会固定资产投资。

5. 产业结构，主要衡量地区产业结构是否合理，共1个评价指标：第三产业占比。

城乡差距评价包括4个方面内容，共6个评价指标。需要说明的是，城乡差距的内容相当广泛，包含了收入差距、消费差距、教育差距、社会保障差距和城乡公共服务差距等，由于后面有专门的公共服务均等化评价内容，为了不重复，这部分内容没有列入公共服务均等化评价，其余主要包括：

1. 城乡收入差距，衡量城镇居民与农村居民的收入差距程度，共1个评价指标：城乡居民收入比。

2. 城乡消费差距，衡量城镇居民与农村居民的消费差距程度，共2个评价指标：城乡消费水平比和城乡恩格尔系数比。

3. 城乡教育差距，衡量城乡教育差距程度，共 2 个评价指标：城乡教育经费比和平均受教育年限。

4. 城乡社会保障差距，衡量城乡社会保障差距程度，共 1 个评价指标：城乡最低生活保障比。

三、社会公平与社会文明程度及评价

社会公平是人民群众获得感、幸福感和安全感的基本来源，也是共享的主要内容。共享发展以促进社会公平正义为问题导向，实现共享发展以解决公平正义问题为基本前提。社会主要矛盾变化新要求下人民对民主法治、公平正义和安全环境的新需要，都不同程度聚焦在社会公平需要上。社会公平包括很多方面的内容，为了避免衡量标准的重复（如分配公平在共同富裕评价中已有涉及），我们这里选取权利公平、机会公平和规则公平为共享社会公平的评价内容。社会公平程度有一些间接的客观评价标准，如反映收入分配公平的基尼系数，这些客观标准在其他方面的评价内容和评价指标中有所体现；同时，更重要的是，社会公平感更多是一种主观评价和主观感受。因此在设计社会公平评价指标时，我们主要以主观评价为准。

社会文明是人民福祉的基本保障，也是共享内容在社会领域的主要体现。社会文明是相对于物质文明、精神文明、政治文明和生态文明而言的，包括社会主体文明（如家庭幸福、邻里和谐、社会和谐），社会观念文明（如社会风尚、社会心理、社会道德），社会关系文明（如人际关系、社团关系、群体关系），社会制度文明（社会政策、社会体制、社会法律），社会安全文明（如社会活动、社会安全、社会管理），等等，是社会建设取得社会进步的根本体现。由于社会建设和社会领域与人民的社会生活直接关联，因此社会文明对人民追求美好生活具有极

其重要作用。基于此，我们选取了公共文化服务、法律调节、社会安全、社会治理、社会保障等 5 个方面的内容，评价人民共享社会文明的程度。其中，公共文化是社会精神文明的重要体现，公共文化服务是满足人民对文化生活需求的基本途径。法律调节是面对社会利益纠纷中法律作用的直接体现，是现代法治社会解决各种社会问题的基本方式。社会安全解决的是影响社会公共秩序和人民生命财产的安全问题，是对人民美好生活需要中关于安全需要的直接回应。社会治理是包括政府、企业、社会组织和个人在内的各种社会主体就各种社会事务进行平等对话、协商、沟通，促进社会利益最大化的过程，反映了社会关系和社会制度的文明程度。社会保障是实现人民美好生活的兜底性保障，包括养老、救济、保险和福利等内容。

具体来说，社会公平程度的评价，主要通过问卷调查形式，收集被调查对象对社会公平保障的主观感受和满意度，主要评价内容和途径是对权利公平、机会公平和规则公平的社会反馈。

社会文明度的评价，包括以下 5 个方面的内容：

1. 公共文化，衡量社会文化生活的丰富程度和公共文化资源配置的均衡程度，包括 3 个评价指标：人均拥有公共图书馆藏量、人均文化事业费和城乡居民文化娱乐消费支出占家庭消费支出比。

2. 社会安全，衡量一个社会或特定地区社会治安和社会安全生产状况，包括 2 个评价指标：亿元 GDP 生产安全事故死亡人数和刑事犯罪率。

3. 社会治理，衡量公共治理与社会协作状况，包括 1 个评价指标：每十万人社会组织数量。

4. 社会保障，衡量养老和医疗社会保障基本情况，包括 2 个评价指标：养老保险覆盖率与医疗自付比。

5.法律调节，衡量法律调节在社会事务和社会纠纷中的作用，包括2个评价指标：每十万人拥有律师数和法院判决自觉履行率。

四、公共服务均等化程度及评价

基本公共服务是国家保障全民基本生存和发展需求的制度政策体系。基本公共服务均等化程度，指的是全体公民都公平可及地获得大致均等的基本公共服务的程度，其实质是基本公共品的正义分配。党的十八大以来，中央制定了《"十三五"推进基本公共服务均等化规划》等一系列关于基本公共服务均等化的公共政策，党的十九大报告明确提出到2035年"基本公共服务均等化基本实现"的重要目标。基本公共服务均等化的核心是均等，主要致力于促进机会均等，突出解决人人平等享有基本公共服务的公平性问题。因此，一方面，公共服务均等化是人民美好生活需要中公平正义和权利平等的重点内容。另一方面，公共服务均等化是实现共享发展的重要内容。公共服务是共享发展的核心内容。没有公共服务共享发展就缺少基础要素，实现共享发展就没有抓手。从这个意义上来说，共享发展的实现要通过增加公共服务的供给，通过公共服务均等化的发展；公共服务供给和公共服务均等化的发展，也需要以确立共享理念为基本前提，两者相互影响。

基本公共服务均等化的内容比较广泛，这里主要包括基本公共教育、基本医疗卫生、基本劳动就业和基本住房保障等，保障人民基本生存和发展需求。基本公共教育包括促进义务教育均衡发展，保障所有适龄儿童和青少年平等接受教育。就业是民生之本，基本劳动就业主要是健全覆盖城乡的公共就业服务体系，推动实现比较充分和更高质量的就业。基本医疗卫生主要是让城乡居民享有优质公平的公共医疗资源和医疗服务。基本住房保障是为了保障住有所居，要求解决好城镇居民基本住房问题和农村困难群众住房安全问题[①]。公共服务均等化的实现程度，主要取决于两方面因素：一是基本公共服务政策环境。基本公共服务政策环境是实现基本公共服务均等化的重要基础。没有健全的基本公共服务政策制定体系和制度机制，基本公共服务均等化就没有保障。二是公共服务的供给水平。公共服务的供给水平是实现公共服务均等化的关键保证。主要因素包括基本公共产品供给数量的充足性和供给质量的有效性等[②]。

公共服务均等化实现程度的评价，共4个方面，每个方面有2个评价指标，共由8个评价指标构成，具体如下：

1. 基本公共教育，衡量基本公共教育供给情况，主要包括2个评价指标：平均受教育年限和人均公共财政教育支出。

2. 基本公共医疗，衡量基本公共医疗供给情况，主要包括2个评价指标：万人拥有卫生机构床位数和万人拥有卫生医疗从业人数。

3. 基本住房保障，衡量基本住房保障情况，包括2个评价指标：城市居民家庭住房面积达标率和农村居住便利设施普及率。

4. 就业保障，衡量就业保障情况，包括2个评价指标：城镇调查失业率和人均就业公共财政支出。

五、脱贫减贫实现程度及评价

脱贫减贫是党的十八届五中全会关于共享发展的主要内容和底线

---

①　《国务院关于印发"十三五"推进基本公共服务均等化规划的通知》，中国政府网，http://www.gov.cn/zhengce/content/2017-03/01/content_5172013.htm。

②　姜晓萍、康健：《实现程度：基本公共服务均等化评价的新视角与指标构建》，《中国行政管理》2020年第10期。

目标，也是实现共享发展的主要抓手。从国家发展全局以及党和国家发展的战略目标来说，脱贫攻坚是当前极其重要的工作，是衡量 2020 年全面建成小康社会的核心指标，是"两个一百年"奋斗目标的底线任务，是当前经济社会发展的重要短板所在。社会主要矛盾变化新要求下，满足人民美好生活需要的前提和基础是全面实现脱贫减贫，解决发展不平衡不充分问题的关键障碍是实现脱贫减贫，实现全体人民共同富裕当下首要任务也是全面实现脱贫减贫。只有实现全面脱贫减贫，人民共享发展成果才有坚实基础。

脱贫减贫实现程度可以从贫困发生率和脱贫率等标准来衡量，贫困发生率是贫困人口（低于贫困线人口）占全部总人口的比重，贫困发生率越高，说明贫困人口占总人口比重越大。它反映的是地区贫困发生的广度，也反映了地区经济共享水平。脱贫率，即贫困人口减少数占贫困人口总数的比重，贫困率反映了一个地区解决贫困问题的能力和进展情况，脱贫率越高，说明贫困治理水平越高，也说明经济共享水平的实现程度越大。当然，贫困发生率和脱贫率都是从一个侧面或者角度反映了贫困状况和贫困治理状况，只有把两者结合起来看，才能全面和完整地体现脱贫减贫实现程度①。

从具体指标来看，脱贫减贫实现度共 3 个评价指标：贫困发生率、贫困人口累计脱贫率和城镇最低工资与平均工资比。其中城镇最低工资与平均工资比主要衡量城镇贫困状况。

六、生态环境和谐程度及评价

共享优质生态环境是当前国家发展与民生诉求最大的公约数之

---

① 李平等:《湖南省典型地区共享发展研究》，中国社会科学出版社 2018 年版，第 188 页。

一。近年来，随着社会生产力整体进步和人民生活水平日渐提高，人民群众对生态环境高度关注，全民的环境保护意识逐年高涨，生态环境需要也是日益增长。习近平总书记提出，"广大人民群众热切期盼加快提高生态环境质量。我们要积极回应人民群众所想、所盼、所急，大力推进生态文明建设，提供更多优质生态产品，不断满足人民群众日益增长的优美生态环境需要"。社会主要矛盾变化新要求下，生态环境需要成为人民日益增长的美好生活需要的重要变量。因此，"既要创造更多物质财富和精神财富以满足人民日益增长的美好生活需要，也要提供更多优质生态产品以满足人民日益增长的优美生态环境需要。"共享发展本身内含了共享生态文明发展成果的要求，在人民美好生活需要日益增长新要求下，良好生态环境成为共享发展的突出重要因素，也是评价共享发展的主要内容之一。

从影响人民共享优质生态环境的因素来看，我国的环境问题主要体现为经济快速发展所带来的大气污染、水污染、土壤污染和生态退化等方面的问题。习近平总书记在2018年的全国生态环境保护大会上指出，要坚持以蓝天、碧水、净土为目标，坚决打赢蓝天、碧水、净土、清废四大保卫战。因此，良好生态环境的关键因素取决于空气、水、土壤、环境治理、生态保护等方面的改善程度。同时，从生态环境基础影响因素来看，生态环境共享的水平，还决定于生态效率和环境质量。生态效率主要体现经济发展的能源效率水平，因为能耗和污染排放与生态环境具有直接相关和相互决定的关系。生态环境质量包括人均绿化覆盖率和环境质量综合指数等方面，是人民生活在绿色健康环境下的重要保证。

因此，生态环境和谐度的评价，主要包括两方面内容、6个指标，具体如下：

1.能源节约，主要衡量节能降耗情况和能源利用效率，共1个评价指标：单位 GDP 能耗变化率。

2. 宜居环境，主要衡量人民生活环境的环保水平和绿色资源，共 5 个评价指标：空气质量优良率、城镇污水处理率、城镇生活垃圾无害化处理率、人均公园绿地面积和建成区绿化覆盖率。

七、共同富裕实现程度及评价

实现全体人民的共同富裕是社会主义的本质要求，是新时代中国特色社会主义的战略目标，是中国式现代化新道路的核心要素。进入新时代后，随着基本实现社会主义现代化和社会主义现代化强国目标的时间表和路线图越来越明晰，共同富裕的要求也越来越高，党的十九届五中全会强调未来十五年共同富裕要取得实质性进展。共享发展与共同富裕具有高度相关性，共享发展体现的是实现共同富裕的要求，共同富裕是共享发展的根本目标。在社会主要矛盾变化新要求下，不管是解决不平衡不充分的发展，还是更好满足人民日益增长的美好生活需要，都包含了共同富裕的目标追求和途径方法。可以说，逐步实现共同富裕，是社会主要矛盾变化新要求下共享发展的重要目标导向，即共享发展要以实现共同富裕为根本目标；同时也是重要问题导向，即推进共享发展必须以解决共同富裕面临的重大实践问题为基本途径。

共同富裕实现程度的衡量，主要包括以下几方面。一是国际上比较通用的反映居民收入差距的基尼系数，可以对不同国家和地区以及不同时期的收入差距情况进行量化比较。二是劳动收入占居民收入的比重和居民收入占国民收入的比重。这两个评价标准是衡量居民收入尤其是劳动者收入是否随着社会总财富的增长而有所增加的重要指标，对人民群众的生活水平和生活质量的提升程度具有重要参考价值。根据发达国家的经验，居民收入占 GDP 比重超过 60%，劳动报酬占居民收入的比重超过 50% 以上，人民富裕程度较高。三是中等收入群体占总人口的比重。一般认为，现代化社会合理的收入分配结构是橄榄型的分配结构，即社会阶层结构中极富极贫的较少，中间阶层庞大。中等收入群体比重的提高，意味着收入差距缩小，低收入者的收入不断提升，高收入者的收入得到调控。发达国家中等收入群体比重超过 60%，一般而言，中等收入群体占比超过 50% 达到 70% 左右，共同富裕程度较高①。

因此，共同富裕的评价指标主要包括：

1. 收入差距，主要衡量收入差距程度，主要包括 1 个评价指标：基尼系数。

2. 收入分配，主要衡量分配合理情况，包括 2 个评价指标：劳动者报酬占初次分配比重和居民收入占国民收入比重。

3. 分配结构，主要衡量中等收入群体比例是否合理，主要包括 1 个评价指标：中等收入群体占总人口比重。

4. 区域差距，主要衡量区域发展差距情况，包括 2 个评价指标：区域经济发展差异系数和区域基本公共服务均等化差异系数。

5. 城乡差距，主要衡量城乡发展差距情况，包括 2 个评价指标：城乡恩格尔系数比和城乡收入比。

八、评价体系建构

要完整和系统地梳理研究社会主要矛盾变化新要求下共享发展的新蕴含，一方面要对社会主要矛盾变化条件下共享发展的新特征和新要素进行总结阐述，另一方面必须要建构一套能够准确和全面地反映共享发展新特征和新要素的评价体系，使社会主要矛盾变化新要求下

---

① 陈新、周云波、陈岑：《中国收入分配中的主要问题及收入分配制度改革》，《学习与探索》2014 年第 3 期。

的共享发展研究在理论与现实、定性与定量互动中呈现出结构化的完整体系。我们认为，反映社会主要矛盾变化新要求的共享发展评价体系的建构，不仅使共享发展的新特征和新内涵具有可量化、可操作的"评价尺度"，而且也为社会主要矛盾变化新要求下"如何更好推进共享发展"提供了科学的参照体系，有助于更好适应社会主要矛盾变化新要求，以解决发展不平衡不充分问题为根本途径，以更好满足人民日益增长的美好生活需要为目标导向，从而推动共享发展迈上新台阶、进入新阶段。

本书基于上述评价内容及指标的评价体系的建构，第一，参考和借鉴了国内目前关于区域发展差距、城乡发展差距、公共服务均等化等方面主流文献中关于共享发展评价体系的一些普遍性指标，包括经济学者张琦等的《中国共享发展研究报告》系列，政治学者刘建武的《新时代共享发展报告》系列，李平等的《湖南省典型地区共享发展研究》，以及论文文献《江苏省区域发展差距的评价与分析》《关于中国平衡发展指数指标体系的构建》《中国城乡差距的区域差异量化比较分析》等。第二，在此基础上，在评价体系建构过程中，立足于发展不平衡不充分的问题导向和满足人民日益增长的美好生活需要的目标导向，赋予共享发展新要素和新特征，即在共享发展评价的一般性内容和普遍性内容的基础上，重点结合社会主要矛盾变化，从整体上构建了社会主要矛盾变化新要求下共享发展评价体系。第三，在评价体系的建构过程中，就具体评价内容和相关评价指标的设置，向相关专家进行了专家咨询和专家论证，经过专家的建议，进一步作了补充完善，得到专家认可。根据专家意见，按照体现共享发展主要内容、反映社会主要矛盾变化新要求，指标选取的主要原则是：主观评价与客观评价相结合原则、基础数据可获得原则，尽量保持指标体系的层次性、体系性和全面性、简约性。

社会主要矛盾变化新要求下共享发展的评价体系如下表：

评价内容	评价方面	评价指标	指标解释
经济发展平衡度	区域差距	经济水平	人均地区生产总值	地区生产总值的人均占有量，根据统计公布基础数据
		收入水平	城镇居民人均可支配收入	衡量城镇居民人均收入水平，根据统计公布基础数据
			农村居民人均可支配收入	衡量农村居民人均收入水平，根据统计公布基础数据
		财力状况	人均地方财政收入	衡量地区财政水平，计算方法为：地方财政收入／常住人口
		经济活力	人均全社会消费品零售额	衡量地区人均消费水平，计算方法为：社会消费品零售总额／常住人口
			人均全社会固定资产投资	衡量地区人均投资水平，计算方法为：全社会固定资产投资总额／常住人口
		产业结构	第三产业占比	反映产业现代化水平，根据统计公布基础数据
	城乡差距	城乡收入差距	城乡居民收入比	衡量城乡居民收入差距，计算方法为：城镇居民人均可支配收入／农村居民人均纯收入
		城乡消费差距	城乡消费水平比	衡量城乡居民消费差距，计算方法为：城镇居民消费水平／农村居民消费水平
			城乡恩格尔系数比	衡量城乡居民生活水平差距，计算方法为：城市居民家庭恩格尔系数／农村居民家庭恩格尔系数
		城乡教育差距	城乡教育经费比	衡量城乡教育经费差距，计算方法为：城镇中小学生生均教育经费／农村中小学生生均教育经费
			平均受教育年限	15岁及以上人口当年人均接受学历教育的年数，根据教育统计公布基础数据
		城乡社会保障差距	城乡最低生活保障比	计算方法为：城镇居民最低生活保障人数占非农业人口比／农村居民最低生活保障人数占农业人口比

续表

评价内容		评价方面	评价指标	指标解释
社会公平与社会文明程度	社会公平度	权利公平	权利公平认可率	认可权利公平人数/被调查人数
		机会公平	机会公平认可率	认可机会公平人数/被调查人数
		规则公平	规则公平认可率	认可规则公平人数/被调查人数
	社会文明度	公共文化	人均拥有公共图书馆	反映公共图书馆发展水平，根据统计公布基础数据
			人均文化事业经费	反映文化事业发展情况，根据统计公布基础数据
			城乡居民文化娱乐消费支出占家庭消费支出比	衡量居民文化消费水平，计算方法为：文化娱乐用品消费支出/家庭消费支出
		社会安全	亿元GDP生产安全事故死亡人数	反映社会安全生产建设水平，根据统计公布基础数据
			刑事犯罪率	反映社会治安情况，根据统计公布基础数据
		社会治理	每十万人社会组织数量	反映社会组织化治理程度，根据统计公布基础数据
		社会保障	养老保险覆盖率	反映社会保障覆盖情况，计算方法为：已参加基本养老保险的人数占应参保人数的比例
			医疗自付比	反映社会保障比例，计算方法为：卫生总费用中个人现金卫生支出部分占比
		法律调节	每十万人拥有律师数	反映律师事业发展水平，根据统计公布基础数据
			法院判决自觉履行率	反映人民法律意识与社会法治水平，根据统计公布基础数据

评价内容	评价方面	评价指标	指标解释
公共服务均等化程度	基本公共教育	平均受教育年限	反映受教育水平，根据基础统计公布数据
		人均公共财政教育支出	反映公共教育支出情况，计算方法为：公共财政教育支出 / 常住人口
	基本公共医疗	万人拥有卫生机构床位数	反映医疗资源供给情况，计算方法为：卫生机构床位数 / 常住人口 ×10000
		万人拥有卫生医疗从业人数	反映医疗资源供给情况，计算方法为：卫生机构从业人员数 / 常住人口 ×10000
	基本住房保障	城市居民家庭住房面积达标率	反映城市居民家庭住房条件，根据统计公布基础数据
		农村居住便利设施普及率	农村地区住宅具备天然气、自来水和卫生厕所三类居住便利设施的家庭人口平均占比
	就业保障	城镇调查失业率	反映城镇失业情况，计算方法为：失业人数 /（从业人数 + 失业人数）
		人均就业公共财政支出	反映财政保障就业情况，计算方法为：就业公共财政支出 / 常住人口
脱贫减贫实现度	减贫脱贫	贫困发生率	反映地区贫困广度，计算方法为：低于贫困线的人口数 / 总人口数
		贫困人口累计脱贫率	衡量贫困治理水平，计算方法为：累计脱贫人口 / 贫困人口总数
		城镇最低工资与平均工资比	反映城镇居民工资收入结构，计算方法为：城镇最低工资 / 在岗职工年平均工资

评价内容	评价方面	评价指标	指标解释
生态环境和谐度	能源节约	单位 GDP 能耗变化率	一定时期内，每产出万元地区生产总值消耗的能源变化情况，反映节约能源成效
	环境宜居	空气质量优良率	一年中空气质量达到良（二级）以上的天数占比，反映空气质量
		城镇污水处理率	反映水污染治理情况，计算方法为：进入污水处理厂处理的城镇污水量／污水排放总量
		城镇生活垃圾无害化处理率	反映城市环境治理情况，计算方法为：生活垃圾无害化处理量／生活垃圾产生量
		人均公园绿地面积	公园绿地面积的人均占有量，反映绿化水平和居民生活绿色环境质量
		建成区绿化覆盖率	反映绿化水平和居民生活绿色环境质量，计算方法为：城镇建成区绿化覆盖面积／建成区
共同富裕实现程度	收入差距	基尼系数	反映收入分配公平程度，参照统计公布基础数据
	收入分配	劳动者报酬占初次分配比重	反映收入分配情况，根据统计公布基础数据
		居民收入占国民收入比重	反映收入分配情况，根据统计公布基础数据
	分配结构	中等收入群体占总人口比重	中等收入群体与总人口之比，反映收入分配情况
	区域差距	区域经济发展差异系数	反映各地区之间经济发展差异情况，根据统计公布基础数据
		区域基本公共服务均等化差异系数	反映区域基本公共服务均等化差异情况，根据统计公布基础数据
	城乡差距	城乡恩格尔系数比	反映城乡居民生活水平差距，计算方法为：城镇居民恩格尔系数／农村居民恩格尔系数
		城乡收入比	反映城乡居民收入差距，计算方法为：城市居民收入／农村居民收入

第三节　社会主要矛盾变化新要求下共享发展的新挑战

社会主要矛盾变化对共享发展提出了新要求，不平衡不充分发展成为了实现共享发展的"主要制约"，实现共享发展对解决不平衡不充分问题的依赖性和迫切性更高；人民的物质文化生活需要更高，更好解决贫困问题和分配问题对共享发展提出了更高要求，人民美好生活需要的增量内容扩展了共享发展的范围，提升了共享发展的层次，提出了共享优美生态环境和共享美好文化生活的要求。这些都构成了共享发展的新挑战，是社会主要矛盾变化新要求下共享发展新意涵的重要内容。

一、绝对贫困和相对贫困构成共享重要短板

贫困问题是共享发展的底线任务，社会主要矛盾变化新要求下，人民的美好生活需要最基础的需要和日益升级的美好生活需要的前提基础是要解决好贫困问题。经过几十年的长期艰苦努力，我国在 2020 年实现了贫困人口全部脱贫、贫困县全部摘帽，"两不愁三保障"问题基本解决，区域性贫困问题得到解决。但必须看到，贫困地区的发展基础依然脆弱，脱贫地区产业基础不牢固，人力资源积累依然不足，自我发展能力还不强。如何实现稳定脱贫，即在真脱贫和脱真贫的基础上不返贫，更好巩固脱贫攻坚成果，不断解决好相对贫困问题，依然是非常艰巨的任务。党的十九届五中全会提出，"十四五"时期要从脱贫攻坚转向巩固拓展脱贫攻坚成果，要实现巩固拓展脱贫攻坚成果与乡村振兴

的有效衔接。

从可能引发的返贫类型来看，全面消除绝对贫困后巩固脱贫成果，面临断血性、转移性和失敏性返贫风险。断血性返贫是指大量物质资源投入保证了脱贫攻坚任务，但达到脱贫标准后物质供应一旦"断供"，扶贫对象将可能再次出现返贫。转移性返贫，是通过扶贫已经实现脱贫的扶贫对象由于适应生活地域的变迁和社会角色自我调适失败而出现的返贫现象，主要针对的是因缺乏生存条件而进行的易地搬迁和城市边郊农民征地拆迁实现了脱贫，但在身份转型过程中，由于不能适应新的角色环境或无法有效规划脱贫后的生活，而重新陷入贫困的现象。失敏性返贫，是由于新的扶贫政策变化导致原来的政策激励不再发生作用，扶贫对象对扶贫政策失去敏感性而导致扶贫政策失灵[1]，同样扶贫政策下的扶贫效应不再显现。

从巩固脱贫攻坚成果最大难点来看，脱贫后保证收入持续稳定增长是难中之难。"两不愁、三保障"的扶贫标准中，住房保障难度较大，但住房保障一旦解决，其稳定性也较大，短期内不会出现风险问题。基本医疗保障和义务教育保障，只要国家扶贫政策保持连续性，财政投入力度不减，也较容易实现。但收入则有很多不同，一些脱贫成色不高或者在脱贫边缘地带的贫困地区和人口在脱贫摘帽后，一旦收入无法持续维持和提高，脱贫返贫的可能性是最大的，尤其是曾经的深度贫困地区。一是虽然暂时实现了脱贫摘帽，但一些地区整体产业发展滞后，扶贫产业散、弱、小的问题突出，多渠道增收格局尚未真正形成，地区产业对贫困群众的稳定增收支撑不足；二是脱贫摘帽后，主要依靠政策性扶贫而脱贫的贫困区和贫困户或者一些非建档立卡边

---

[1] 马忠、陈晨：《巩固脱贫攻坚成果 全方位预防和化解返贫风险》，《光明日报》2020年4月24日。

缘贫困户，可能无法保证收入来源；三是在脱贫识贫标准不断提高的条件下，收入达不到新的贫困标准的情况会不断出现，随着全社会收入水平的不断提高，贫困标准必然会不断上升，收入处于标准线临界值且收入来源单一，主要依靠传统种植和养殖业的农户，其收入水平很难达到新的社会平均水平①。

从返贫的重点人群来看，一是老年人口和部分不同程度丧失了劳动能力的人群，对扶贫政策和扶贫资源的依赖性更强，尤其是农村地区，基本上所有的老年人口和不同程度丧失劳动能力且无法依靠产业和就业帮扶脱贫的人口，是防止返贫的重点人群，必须要全部纳入兜底保障对象，并进一步完善基础养老金改革。二是城乡地区教育水平偏低、就业技能偏弱的人群。贫困人口往往是人力资本投入低、自我造血功能差、自我发展能力弱的人群。教育水平偏低影响了农村地区和部分城乡结合地区人口对就业的适应能力，巩固脱贫成果需要重点关注。三是因病返贫的人群。防止脱贫摘帽的人群因病返贫是巨大挑战。据测算，2020年后在贫困人口中仍有 60% 以上的大病患者需要长期维持治疗或康复治疗，脱贫任务完成后，如果支持政策调整，低收入家庭很有可能再次出现因病返贫的现象。此外，各种慢性病、突发公共卫生事件等都可能导致返贫，医疗卫生扶贫依然需要延续②。四是防止贫困人口空间转移。我国当前仍处于城镇化快速推进的阶段，大量进城务工的贫困农民由农村进入城镇，其收入来源、住房保障、社会保障和子女教育等如果得不到及时有效政策性支持，也可能产生新的贫困。

相对贫困问题持续存在的挑战。与收入无法满足基本生存需要的

① 俊程、武友德、钟群英：《我国原深度贫困地区脱贫成果巩固的难点及其破解》，《西安财经大学学报》2021 年第 2 期。

② 孙久文等：《"十四五"期间巩固拓展脱贫攻坚成果研究》，《学术研究》2021 年第 1 期。

的绝对贫困相比，"相对贫困"也称为"发展性贫困"，是个体或者群体在生存之外的需要，如食品、住房等需求以及健康、文化和社会活动需要等方面，都少于社会正常群体，与社会平均生活水准存在明显差距的一种生存状态。换言之，这部分群体或个体能够解决温饱问题，但考虑更多社会需求和人力资本需要，他们还是贫困人口。从这个定义可见，与绝对贫困相比，我国的相对贫困人口基数更大、贫困维度更广、致贫风险更高。伴随我国 2020 年消除绝对贫困，贫困人口结构将发生重大转变，相对贫困问题将长期存在。解决相对贫困问题面临着持续增收、多维贫困、内生动力、体制机制等方面的多方面挑战，从长期来看，相对贫困问题的解决必须持续提高欠发达地区和低收入群体的发展能力，必须建立一套常态化的缓解相对贫困的体制机制[1]。

二、利益关系失衡影响社会公平正义

共享发展凸显了社会主义的利益共享原则。共享理念具有鲜明的问题导向，注重解决社会公平正义问题，共享发展直面改革开放以来不断积累的各种利益失衡问题。社会主要矛盾变化新要求下，不平衡的发展包括了利益共享的不平衡，人民美好生活追求的公平正义也包含了利益的均衡。社会主要矛盾变化新要求下，共享发展面临利益关系失衡影响社会公平正义的重要挑战。

第一，强资本弱劳动导致劳资利益关系失衡。劳资关系作为最基本的利益关系，存在于生产、交换、分配和消费的各个方面，成为影响整个利益关系体系的轴心。社会主义初级阶段劳动与资本利益关系

---

[1]　高强、孔祥智：《论相对贫困的内涵、特点难点及应对之策》，《新疆师范大学学报（哲学社会科学版）》2020 年第 3 期。

应保持均衡，但社会主义初级阶段面临市场化的发展任务，在改革开放和经济社会转型过程中，形成的强资本弱劳动的格局，使我国的劳资利益关系出现失衡，资本与劳动之间强弱对比日渐悬殊，这一问题在劳动报酬占比和劳动时间、劳动保护等方面体现明显，是当前影响社会公平正义的重要问题，落实共享发展理念的重要挑战。一是劳动报酬比例长期过低，利润侵蚀工资的现象长期存在。根据国家统计局数据，在 1978 年到 2015 年的 37 年中，我国城市和农村居民收入增长分别有 30 年和 26 年低于 GDP 增速，目前我国劳动报酬份额仅为 40% 左右，低于发达资本主义国家平均 50% 以上的水平，使劳动者无法共享更多的经济发展成果。二是劳动时间过长。根据《劳动法》相关规定，劳动者每天劳动时间不超过 8 小时，但我国各行各业的劳动者普遍面临劳动时间延长甚至过度劳动的情况，国家统计局 2015 年的数据显示，我国 2.7 亿多的农民工队伍中，每周劳动时间超过法定时间的人数比重高达 85%；很多大城市白领已经习惯的 996 工作制，各种"自愿加班"和"主动加班"现象，反映的恰恰是在劳动报酬份额偏低的情况下，劳动者迫不得已通过延长劳动来保证工作职位，获取足够收入[1]。

第二，收入差距过大导致利益关系失衡[2]。改革开放以来，我国从收入差距较小的国家逐渐转变为收入差距较大的国家。党的十八大以来，随着全面实现小康的战略和收入分配改革持续推进，我国居民收入的城乡差距和地区差距逐渐缩小，全国居民人均可支配收入基尼系数连续几年下降，但收入差距过大和利益结构失衡现象依然严峻，

---

[1]　易淼等：《共享发展何以可能：一个劳资利益失衡纠偏的视角》，《当代经济研究》2017 年第 7 期。

[2]　参见魏志奇：《国家治理现代化进程中的社会公平保障》，《晋阳学刊》2018 年第 6 期。

且呈现了新的变化。从基础性数据来看，根据国家统计局，2016 年我国的基尼系数为 0.465[①]，2018 年达到 0.474，仍超过国际公认的 0.4 贫富差距警戒线，且高于同等 GDP 水平国家的平均水平，根据 2018 年世界发展指数数据，2016 年 0.465 的基尼系数，世界上超过我国的国家只有十几个，均为非洲和拉丁美洲国家。从城乡差距来看，2019 年我国城镇居民人均收入 43834 元、农村 17131 元，其中西部地区城乡差距都高于全国均值，贵州和甘肃高达 3 以上，比较富裕和均衡的东部省份江苏省，城乡差距比值也达到 2.19。如果深入分析收入差距的各个侧面，会发现，我国收入差距呈现出了新的变化：首先，从行业收入差距看，根据 2016 年（亚布力）中国企业家论坛"中国的收入分配"课题组的报告《中国的收入分配：怎么看和怎么办》，我国行业之间的收入还在持续扩大；虽然城乡之间、区域之间的收入不平等逐渐趋于缩小，但城乡内部、区域内部都存在着巨大的不平等。其次，我国高收入群体和低收入群体差距明显且不断扩大。根据国家发改委专家马晓河的研究，2000—2014 年，中国城市 20% 的高收入和 20% 的低收入之间的收入差距，由 3.6 倍扩大到 5.5 倍；同期农民 20% 的高收入人群和 20% 的低收入人群间的收入差距也从 6.47 倍扩大到 8.65 倍。[②]再次，财产差距对收入差距固化作用有加强趋势。根据北京大学中国社会科学调查中心发布的《2016 中国民生发展报告》，2014 年我国顶端 1% 的家庭拥有全国总财产的 29.7%，底端 25% 的家庭财产拥有比例不到 1%。这其中房产的积累占主导地位，比例远远超过一些发达国家。此外，隐形收入规模庞大、行业内部门收入差距较大、

---

① 中华人民共和国国家统计局：《中华人民共和国 2016 年国民经济和社会发展统计公报》，《人民日报》2017 年 3 月 10 日。

② 马晓和：《收入差距在扩大，高低倍差超 10 倍》，《21 世纪经济报道》2016 年 4 月 10 日。

机关事业单位工资和津贴制度不够完善等方面都存在收入分配差距大的问题。可以说，我国社会财富过度分化的速度和方式比过去要更为复杂。

第三，利益结构固化导致利益群体异质化①。利益结构的调整必然导致各个利益群体的地位相应发生变化，导致利益群体异质化。一是当前我国社会，由于社会资源的过度集中和体制性政策性原因导致机会的不公平，使得社会财富的大部分集中在大中企业管理人员、中高层领导干部、高级专业技术人员等社会上层，而占人口多数的商业服务业人员、产业工人、农民等，城乡无业失业半失业人员成为财富分配"倒金字塔"的底层，上层社会与中下层群体在生活水平、观念意识和资源享用等方面存在巨大鸿沟。二是利益群体的异质化还表现在：社会各利益群体之间存在着明确的闭合界限，以利益为纽带的群体出现了固化的倾向，垄断行业利益、政府部门利益、强势企业的商业利益，结成了牢固的藩篱。三是利益表达不足，利益补偿机制缺失。利益差距本身并不影响社会公平，相反只要是合法的，都是公正的。但从利益实现的过程来看，利益表达不足和利益救济低效可能导致社会利益分化的不公平。目前，利益表达不足主要表现在弱势群体缺乏体制内的利益表达渠道和利益协商能力，在可能影响自身利益的公共决策中，各个群体的话语权严重失衡，强势群体通过各种渠道影响公共决策的能力远比弱势群体大得多。在市场化、城市化的推进过程中，体制内利益表达渠道的低效，使得侵害公民权益的事件常有发生。同时，在权益受到损害业已发生的情况下，应该让相对受损者得到补偿，在利益分配结果上保障底线公平，这就需要利益救济（补偿）

① 参见 魏志奇：《国家治理现代化进程中的社会公平保障》，《晋阳学刊》2018 年第 6 期。

机制。由于各种原因，我国的利益救济机制发挥作用的空间还很大：保障公民的发展权、健康权和教育权的公共财政体制还有待完善；针对特定人群的帮扶救助体系和利益受损补偿机制也还无法全覆盖，尤其是在制度和法律层面对利益再分配和利益调整过程中的救助补偿渠道还不畅通。

三、公共服务不均衡制约发展机会平等

基本公共服务是共享发展的主要内容，教育、医疗、就业和社会保障等是提高社会成员自我发展能力、增强自我发展机会的基础性资源。社会主要矛盾变化新要求下，不平衡不充分的发展很重要的内容体现在地区、城乡之间的基本公共服务不平衡不充分，人民日益增长的美好生活需要中也包含了获得普惠、公平和充分的基本公共服务的需要。不平衡的基本公共服务是社会主要矛盾变化新要求下共享发展面临的主要问题之一。

一是公共服务资源供给与需求失衡，即公共服务供给仍然不能满足公共服务庞大需求。一方面，公共服务的财政投入不足，总体供给不足。虽然我国的财政支出总额逐年增加，但与发达国家相比依然较低。从具体指标来看，公共服务财政支出占比欧盟为 67%，美国联邦政府为 65%，OECD 国家平均为 64.1%，我国为 44.8%。以公共卫生投入为例，2018 年我国卫生总费用占 GDP 比重为 6.6%，而美国是 18% 左右，如果就人均而言差距更大[1]；就投入结构来看，我国中央政府占比 9.8%，地方政府占比 50.9%，"也就是说，在财政分权体制下，地

---

[1] 《加快推进公共服务供给侧结构性改革》，《中国经营报》2020 年 3 月 16 日。

方政府承担了公共服务财政支出主要职能"①。另一方面，面对日益增长的美好生活需要，人民期盼有更高质量、更加公平的教育、医疗服务和社会保障，而我国优质公共服务的资源相对来说较为缺乏，即便城市之间和城市内部，优质公共资源不平衡问题也很明显。如，就公共教育而言，我国虽然基本实现了基础教育的全覆盖，但城乡优质教育资源差距犹如一道巨大的鸿沟，城市内部优质公共教育资源配置也不均衡，优质的中学、小学甚至幼儿园，被称为"千金易得，一校难求"。随着我国进入老龄化社会，社会保障和公共服务的需求急剧上升，据国家统计局统计，2019 年全国 65 周岁及以上人口 17603 万人，占总人口的 12.6%，这将会导致养老保险、医疗保险等社会保障基金承载着巨大压力。

二是公共服务供给结构失衡，主要集中表现为"三个差距"。一是地区差距大：东部地区与中部和西部地区差距大。以地方政府公共服务财政支出省际差异来看，2017 年东部的浙江省公共服务财政支出占比 37.4%，西部欠发达地区西藏仅占 28.4%，相差近 10 个百分点。民族地区、边疆地区和贫困地区公共服务水平则更低。根据联合国开发计划署的数据，我国教育、健康等公共服务水平较低的区域主要集中在贵州、西藏、甘肃、云南、广西、青海、安徽、江西等地区②。二是城乡差距大。城乡居民仍属于身份不同的社会群体，农村居民在就业、教育、医疗、社会保障等领域公共服务水平明显低于城镇居民。以城乡医疗卫生差距为例，2016 年城市每千人口的卫生技术人员为 10.79 人，农村仅

---

①　潘虹：《中国地方政府公共服务财政支出影响因素实证研究——基于 1998—2017 年省际面板数据的分析》，《经济问题探索》2020 年第 6 期。

②　参见联合国开发计划署：《中国人类发展报告 2013》，中国对外翻译出版有限公司译，中国对外翻译出版有限公司 2013 年版，第 89 页。

为 4.04 人；城市每千人口医疗卫生机构床位数为 8.41 张，农村仅为 3.91 张①。三是群体差距大。部分流动人口和农民工还无法平等获得城市基本公共服务②。我国城镇化率已经接近 55%，城镇常住人口达到 7.5 亿。但这 7.5 亿人口中包括 2.5 亿的以农民工为主体的外来常住人口，他们在城镇还不能平等享受教育、就业服务、社会保障、医疗、保障性住房等方面的公共服务。

三是公共服务供给制度性失衡。我国公共服务不同领域的改革各有体系、进展不一，供给体制存在碎片化和条块分割问题、体制不灵活问题等。主要体现在：基本公共服务之间难以实现有序对接，依附在户籍上的教育、医疗、就业、社会保障等方面的差别化现象明显。以新型农村合作医疗为例，大量外出务工人员在城市就医时缴费不便、报销困难、标准不一等问题难以解决，限制了农民权益的实现。再如，各个地方之间存在制度性壁垒，一些制度性障碍的存在是专门为了限制外来人口尤其是一些大城市；以省级为统筹单位的模式，明显拉大了区域间的公共服务水平差距等等③。

四、生态环境问题制约人民共享优美生态环境需要

过去几十年我国工业化和城市化取得了巨大历史成就，与发达国家相比，我国用 30 多年的时间走完了发达国家近百年的历程，但代价也非常大。粗放式的经济增长方式与不合理的产业结构，以及资源利用

---

① 缪小林等：《基本公共服务均等化治理：从"缩小地区间财力差距"到"提升人民群众获得感"》，《中国行政管理》2020 年第 2 期。

② 李培林主编：《坚持以人民为中心的发展理念》，中国社会科学出版社 2019 年版，第 242 页。

③ 周莹：《中国基本公共服务均等化现状及其发展》，《毛泽东邓小平理论研究》2015 年第 6 期。

与环境保护法规制度的不完善，导致我国高能耗、高资源消耗、高污染和低效率，资源能源约束趋紧，生态环境不断恶化，可持续发展面临严峻挑战。党的十八以来，以习近平同志为核心的党中央把生态文明建设作为统筹推进"五位一体"总体布局的重要内容，把生态环境保护摆在社会主义现代化建设的突出位置，谋划了一系列根本性、长远性、开创性工作，我国在大气和水污染防治、低碳发展、节能减排等方面取得了重大成就，我国生态环境质量持续改善。如北京的 PM2.5 平均浓度从将近 90 微克 / 立方米下降到去年的 58 微克 / 立方米。随着经济社会发展，随着我国社会主要矛盾变化，人们开始更加重视生态环境和人居环境，空气清新、山清水秀、环境优美，生态环境改善，成为人民美好生活的重要组成部分，人民对良好生态环境和人居环境有了更高要求。

2018 年 5 月 21 日，习近平总书记在全国生态环境保护大会上指出，当前我国生态文明建设处于"三期叠加"，即压力叠加、负重前行的"关键期"，为人民提供更多优质生态产品和优美生态环境的"攻坚期"，以及有条件有能力解决生态环境突出问题的"窗口期"。当前，既要看到经过多年的努力，特别是党的十八大以来的艰苦工作，我国生态环境治理出现了持续好转；同时也要看到，我国生态环境质量改善的成效并不稳固，生态环境面临的形势依然严峻。

一是我国还处在工业化和城市化快速发展阶段，发展与保护的长期矛盾和短期问题交织，在此期间生态环境保护压力不会减轻。我国正在经历十几亿人口的快速现代化进程，在城镇化和工业化进程中来解决环境的问题，必然面临很多两难问题。如根据测算，到 2035 年我国仍有 1.5 亿到 2 亿人口从乡村进入城市生活，新增城镇人口不仅带来对城市基础设施和公共服务的新需求，也对生态环境和人居环境带来更多压力，预计到 2030 年，全国家庭废弃物总量每年达到 6.92 亿吨，如果维持城乡居民垃圾产生量不变，其中仅 1.5—2 亿农村居民进入城市生活带来的垃圾增量，每年就达到 0.42—0.55 亿吨 [1]。

二是我国在工业化过程中长期形成的粗放经济增长方式和产业结构依然在艰难调整中，生态环境保护的结构性、根源性压力总体尚未得到根本缓解。如，我国是个"富煤、少油、短气"的国家，以煤为主的能源结构，带来了严重的环境污染。据世界卫生组织 2006 年的一份报告，世界上污染最严重的 20 个城市里有 16 个中国城市。2010 年我国二氧化硫、氮氧化物排放总量分别为 2267.8 万吨、2273.6 万吨，位居世界第一，烟粉尘排放量为 1446.1 万吨，均远超出环境承载能力 [2]。2015 年我国 GDP 占全球 15.4%，但消耗了全球 44.8% 的钢铁、45.88% 的铜和 49% 的铝。我国目前二氧化硫、氮氧化物单位面积排放强度高于美国和欧盟，人为源 VOCs 的排放量约为美国和欧盟的 2—3 倍。

三是我国生态环境质量总体不佳。根据《2015 年中国环境状况公报》，我国 2591 个县域中，生态环境质量为优和良的县域占国土面积 45.1%，一般的占 24.3%，"差"和"较差"的占 30.6%，但优和良的县域主要分布在人迹罕至的风景区 [3]。《2019 中国生态环境状况公报》显示，2019 年全国地级及以上城市 PM2.5 平均浓度为 36 微克 / 立方米，距离国家二级标准还差 1 微克 / 立方米；全国地级及以上城市中，有 72 个集中式生活饮用水源存在不同程度的超标情况 [4]。同时，新污染物危害加大，土壤污染、危险废物、化学品等环境风险管控压力大，越来

---

① 王凯、陈明：《中国绿色城镇化的认识论》，《城市规划学刊》2021 年第 1 期。

② 王秀强：《我国单位 GDP 能耗达世界均值 2.5 倍　院士建议发展核电》，《21 世纪经济报道》2013 年 12 月 2 日。

③ 郭春丽等：《小康之后的中国》，人民出版社 2018 年版，第 132 页。

④ 《我国生态环境质量总体改善》，《经济日报》2020 年 6 月 6 日。

越多的城镇废水、废弃汽车、电子垃圾、新化学物质等大量有害物进入环境，可能派生出严重的二次环境污染。

生态环境保护艰巨任务制约了人民共享优美生态环境需要，改善生态环境，打赢绿水蓝天保卫战，全力守护绿水青山，还有很长的路要走。党的十九大提出："既要创造更多物质财富和精神财富以满足人民日益增长的美好生活需要，也要提供更多优质生态产品以满足人民日益增长的优美生态环境需要。"习近平总书记强调，"环境就是民生，青山就是美丽，蓝天也是幸福"。我们必须坚持绿色发展理念，加强环境治理、转变发展方式，扭转资源环境超载、环境恶化的趋势，防止大程度的生态退化和大范围环境恶化，不断提高人民群众的生活质量和环境健康水平。

五、文化发展不平衡不充分制约人民共享美好文化生活需要

我们党历来高度重视文化建设，改革开放后就提出建设"社会主义精神文明"，党的十五大将文化建设纳入中国特色社会主义总体布局，提出"中国特色社会主义文化建设"，党的十六大强调"发展文化产业是市场经济条件下繁荣社会主义文化、满足人民群众精神文化需求的重要途径"，党的十七大提出"推动社会主义文化大发展大繁荣"，党的十八大强调"解放和发展文化生产力"，"建设社会主义文化强国"。党的十八大后相继出台了《深化文化体制改革实施方案》《关于加快构建现代公共文化服务体系的意见》《国家基本公共文化服务指导标准(2015—2020年)》等系列促进文化发展、满足人民文化权益的文件政策，我国文化事业费增速每年都超过10%。我国文化建设和文化产业飞速发展，如2004年我国的文化产业增加值为3440亿元，到2017年增加到

35462 亿元 ①。但作为发展中大国，发展不平衡不充分在文化发展领域体现非常明显。人民日益增长的美好生活需要中，包含了精神文化需要和美好文化生活需要的内容，文化发展不平衡不充分很大程度上制约人民共享"美好文化生活"需要。

一是文化软实力与经济硬实力发展不平衡，文化自信缺乏。近几十年来，我国经济社会发展取得巨大成就，经济高速增长、工业化城镇化大步迈进、科技研发、军事国防等方面集聚了巨大的物质力量，但文化软实力与经济硬实力发展不平衡，即文化与经济和社会发展的不同步形成了一种相对的"文化滞差"现象 ②。主要表现为文化现代化水平滞后于经济现代化，文化对外影响力的辐射与大国地位不相符，文化软实力的发展还缺乏健全的市场体系、生态体系，文化活力还没有有效释放。文化软实力发展的相对滞后，一定程度上导致文化自信缺失。第一，欧美和日韩等文化发达国家的文化软实力在全世界范围内渗透，我国也成为其重要的文化市场，外来文化成为追捧的主要对象，新生代年轻人对本土文化不了解，认同感逐渐减弱；第二，文化自负与文化自卑现象并存，对待传统文化存在非理性的盲目认知态度；第三，社会主义核心价值观受到多元文化思潮的影响，社会主义意识形态的凝聚力和马克思主义指导地位受到不同程度侵蚀等，这些都在一定程度上弱化了文化的认同感与精神归宿感。

二是文化产品与服务的有效供给不充分。社会主要矛盾变化新要求下，人民的文化需要已整体上从"基础性"文化向"美好"文化转化。

---

① 转引自张巍、胡鞍钢、叶子鹏：《发展社会主义文化生产力：新中国 70 年总结与展望》，《财经问题研究》2021 年第 1 期。

② 张鑫：《文化软实力与经济硬实力发展的不平衡：表现、影响及对策》，《湖湘论坛》2018 年 4 期。

习近平总书记指出："随着人民生活水平不断提高，人民对包括文艺作品在内的文化产品的质量、品位、风格等的要求也更高了。"[①]这也就是说，"美好"文化需要是"更高质量""更高品位"和"更多风格"的需要，当前文化产品与文化需要的供给还无法满足这一新的要求。一是高品质的文化产品与服务缺少。文化产品与服务形式结构比较单一，"抄袭模仿，千篇一律"现象普遍，"原创性和思想性强的高端文化产品与服务的供给严重不足"[②]，很多文化产品价值与思想深度缺乏，无法满足人民不断升级的"美好"文化需要。二是文化产业的创新能力和竞争能力不强，文化产业的自主创新能力比较薄弱，经济效益和社会效益与国外文化发达国家相比较差距很大。以 2017 年为例，我国文化产业占 GDP 比重为 4.29%，这一比重与美国的 25% 以上和日本的 20% 还有较大差距。以文化企业为主体、产学研相结合的文化创新体系，还没有形成。三是文化人才队伍比较欠缺，对文化人才的培养和激励机制有待健全，文化管理人才、文化技能人才都相对缺乏，文化人才流失严重。

三是城乡、区域文化发展的不均衡。首先，地区发展不平衡，主要是发达的东部地区"具有先进的文化基础设施、健全的文化服务网络，人均文化事业经费和人均文化产业增加值也普遍较高"[③]，中西部地区无论是文化资源的配置，公共文化服务的水平，还是文化产业整体发展（如文化产业园区与基地、文化产业就业人口和增加值等），差距都很大，相关研究结果显示："规模以上文化及相关产业法人单位数在东部地区平均每万人拥有 0.73 个，分别是中部、西部、东北的

---

① 《习近平谈治国理政》第二卷，外文出版社 2017 年版，第 315 页。
② 张艳玲：《新时代文化发展的主要矛盾及其化解》，《社科纵横》2020 年第 11 期。
③ 邓如辛、周宿峰：《论公民基本文化权利的内涵及保障》，《学术交流》2014 年第 3 期。

2.4 倍、5.0 倍、5.5 倍"[1]。这在很大程度上影响不同地区人民共享文化发展成果。其次，城乡发展不平衡也非常突出，农村地区文化事业经费投入和人才支持等远不如城市，农村地区公共文化基础设施发展缓慢的状况依然存在，农民群众基本文化权益保障还不够；尤其是一些深度贫困地区和偏远山区，由于远离城市、经济落后，文化投入力度小，文化基础设施薄弱，文化产业和文化市场发展严重滞后；统筹城乡文化一体化发展任重道远，城乡公共文化服务均等化推进速度缓慢，乡村文化建设仍然是乡村振兴的短板。

---

① 胡鞍钢、程文银、鄢一龙：《中国社会主要矛盾转化与供给侧结构性改革》，《南京大学学报》2018 年第 1 期。

｜第七章｜ 社会主要矛盾变化新要求 下共享发展的实现机制

　　着力解决发展不平衡不充分问题，是以社会主要矛盾变化为依据审视共享发展的必然要求，是以人民美好生活需要为最高目标的共享发展的应有之义。作为新时代社会主要矛盾的主要方面，发展不平衡不充分问题是一个时代性的问题，体现在新时代各个领域各个方面，从不同领域和方面都可以总结出不同内容。但从社会主要矛盾变化的新要求和满足人民美好生活需要的新目标来看，尤其从适应人民需要在民主、法治、公平、正义、安全、环境等方面的新增量来看，发展不平衡不充分可以归结为发展权利不平衡不充分、发展机会不平衡不充分和发展成果共享不平衡不充分。本章我们以人民美好生活需要为目标导向，以解决不平衡不充分的发展问题为根本途径，以发展权利不平衡不充分、发展机会不平衡不充分和发展成果共享不平衡不充分为具体内容，探讨社会主要矛盾变化新要求下的共享发展实现问题。

第一节　解决发展权利不平衡不充分，满足人民发展权利需要

保障发展权利平等是共享发展的基础条件，是推动实现共享发展的内在要求。社会主要矛盾变化新要求下，人民美好生活需要新增量的重要内容是权利平等，权利不平衡不充分也是发展不平衡不充分的主要体现。因此，社会主要矛盾变化新要求下共享发展的实现，必须更好解决发展权利不平衡不充分，满足人民发展权利需要。

一、完善人民基本发展权利平等保障机制

（一）保障人民平等发展权利是人民美好生活需要的基本前提

共享发展的基本内涵是"全民共享、全面共享、共建共享和渐进共享"，根本要求是"人人参与、人人尽力、人人享有"。"全民共享、全面共享、共建共享"和"人人参与、人人享有"本身就包含了人民共享发展权利的含义。在社会主要矛盾变化新要求下，一方面，人民在民主、法治、公平、正义和安全、环境等方面的美好生活需要日益增长；另一方面，发展不平衡不充分成为人民日益增长美好生活需要的根本制约因素，而不平衡不充分的发展在很大程度上体现为发展权利的不平衡不充分。因此，保障所有社会成员享有平等发展的权利，既是实现共享发展的先决条件，也是实现人民美好生活需要的基本前提，是解决不平衡不充分发展问题的应有之义。

发展权利的平衡和充分主要表现为参与发展权的平衡和充分。发展权是个人和国家参与经济、政治、文化和社会发展并享有各项发展成

果的权利。联合国《发展权利宣言》对发展权作出了重要解释，"每个人和所有各国人民均有权参与、促进并享受经济、社会、文化和政治发展"；"发展权利是一项不可剥夺的人权"，"创造有利于各国人民和个人发展的条件是国家的主要责任"，"人是发展的主体，人应成为发展权利的积极参与者和受益者"，"各国有义务单独地和集体地采取步骤，制订国际发展政策，以期促成充分实现发展权利"，"各国应鼓励民众在各个领域的参与，这是发展和充分实现所有人权的重要因素"①。

平等发展的权利具有丰富的意涵。具体来说：第一，发展权保障所有社会成员享有基本的食物、医疗、住房、分配、教育等基础性权利的平等；第二，平等发展权利致力于促进社会公正，包括消除基于性别、地域、民族、种族、户籍等歧视的不公正待遇；第三，确保人人享有平等普惠受益国家财政、参与制定公共政策的权利；第四，确保所有人享有公正合理的就业机会保障的权利，尤其是社会弱势群体和特殊群体的就业权利；第五，人人享有精神文化和环境权益的权利 。可见，发展权利包含却又超越了 般的自由权和生存权，其鲜明特征是对权利平等的强烈渴望与追求。发展权对实质平等的追求主要表现在平等参与和平等发展上，以及突出了国家对弱势群体的倾斜上。其目的主要是拥有平等的发展权利，共同参与和促进发展进程，并公平分享发展成果，避免个人或者特定集体陷入发展困境。这与共享发展"全民共享、全面共享、共建共享和渐进共享"的基本内涵和"人人参与、人人尽力、人人享有"的根本要求本质上是相同的。

促进发展权利平等是党的执政目标，是国家发展的核心目标。中国共产党始终把提高人民生活水平、保障人民平等的发展权利的实现

---

① 参见联合国：《发展权利宣言》，联合国大会 1986 年 12 月 4 日第 41/128 号决议通过。联合国公约与宣言检索系统，https://www.un.org/zh/documents/treaty/files/A-RES-41-128.shtml。

作为执政目标。党的十八大以来，以习近平同志为核心的党中央，明确提出"人民对美好生活的向往，就是我们的奋斗目标"。党的十九大报告指出，我国基本实现社会主义现代化国家的重要标准和基本目标就是"人民平等参与、平等发展权利得到充分保障"。按照实现社会主义现代化国家的目标要求和发展战略，我国在制定国家发展规划时，都要把保障人民的发展权利具体到各个方面。目前，我国已经连续制定了十四个国民经济和社会发展计划或规划，涉及经济、社会、文化权利和公民政治权利平等的诸多内容，涵盖脱贫攻坚、教育、健康、就业、社会保障、民主法治建设、反腐败斗争等方面[1]。作为满足人民美好生活需要的发展权利，既包括人民的政治、经济、社会、文化、生态等的各项具体权利需要，也包括人民在追求美好生活过程中平等参与、平等发展的权利需要。

（二）不断完善人民基本发展权利平等保障的体制机制

当前我国的发展权利不平衡不充分，主要指的是我国城乡之间、地区之间和不同社会群体之间的发展权利出现了因城乡户籍、社会身份、体制内外不平衡不充分的情况，导致了人民参与权和发展权的不平等[2]。最明显的是，我国城乡居民的土地财产权利存在巨大不平等，引发城乡巨大收入差距；部分进城农民工无法与城市居民享有平等权利，形成了所谓的"二等公民"现象。另外，我国很多的制度性发展权利不平等，根植于计划经济时代的制度不平等，如，政府的行政垄断减少了经济活动中的自由裁决权利，行业垄断和市场准入的不公平限制了民营企业平等参与、平等发展的权利，薪酬分配中的平均主义与附着于官员

---

① 国务院新闻办：《改革开放 40 年中国人权事业的发展进步》，《人民日报》2018 年 12 月 13 日。

② 张占斌：《正确认识中国新时代的社会主要矛盾》，《人民论坛》2017 年 S2 期。

等级制上的特权主义并存，影响了公平分配，等等。随着改革的持续不断推进，行政垄断的领域和范围大幅减少、收入分配中的平均主义被打破，但我国经济体制改革尚未完成，城乡居民、不同社会群体之间的权利平等还无法充分实现 [1]。

平等的发展权利是"所有人权主体均应享有的不可取代、不可剥夺、内在稳定且具有母体性的权利 [2]，发展权利的不平等最终会辐射和影响到人民其他基本权益的平等享有。比如，一直以来，我国城乡发展差距大、城乡居民收入差距大，归结起来一个非常重要的原因，就是农民土地财产权利无法得到充分保障，因此，从法律上赋予农民对宅基地使用权用益物权性质，赋予其占有、使用、收益、转让、抵押、继承的完整权利 [3]，是解决我国城乡发展差距大、城乡居民收入差距大，实现城乡平衡发展的根本政策之一。党的十八届三中全会决定明确提出，要"赋予农民更多财产权利。保障农民集体经济组织成员权利，积极发展农民股份合作，赋予农民对集体资产股份占有、收益、有偿退出及抵押、担保、继承权"。习近平总书记在中央经济工作会议上指出，要深化农村产权制度改革，明晰农村集体产权归属，赋予农民更加充分的财产权利 [4]。再比如，我国有关农业转移人口市民化的很多改革措施之所以难以取得突破性进展，根本原因之一，是农业转移人口并没有取得作为城市主体地位所确认的与城市市民享有平等的发展权利。因此，要保障农业转移人口与城市居民享有平等发展权利，首先要通过全面赋权，保障农业转移人口在经济、政治、社会和

---

① 田学斌：《当代中国政治经济学》，新华出版社 2017 年版，第 240 页。

② 汪习根：《论发展权的本质》，《社会科学战线》1998 年第 2 期。

③ 迟福林：《以落实农民土地财产权为重点推进城乡关系变革》，《中国经济导报》2017 年 3 月 3 日。

④ 《中央经济工作会议在北京举行》，《人民日报》2016 年 12 月 17 日。

文化等方面的权利平等 ①，这是当前必须推进户籍制度改革、推动基本公共服务均等化、保障发展权益公平的根本原因。

要不断完善我国宪法实施和保障制度，不断消除基于身份、户籍来定义和分配权利的歧视性制度和政策，保障公民平等的经济、社会、文化、生态权利。对社会公平最大的破坏，被认为是对个体和群体进行等级区分并为之提供不平等的发展权利。国家必须保证所有人在主体资格上平等而无区别地获得平等的发展权利，否则公平正义的美好生活无从谈起。要不断推进国家治理体系现代化，不断改革和完善各方面制度体制机制，建设法治国家、法治政府、法治社会，保障人民平等参与、平等发展权利，维护社会公平正义。

要建立以权利公平、机会公平、规则公平为主要内容的社会公平保障体系，不断消除凭借特殊身份和社会地位而超越法律制度享有特殊权力、特殊利益的特权行为。《中华人民共和国宪法》第五条规定："任何组织或者个人都不能有超越宪法和法律的特权。"在普通群众面临"入学难""就业难""看病难"的情况下，一些部门、单位或者个人却在集中了不少优质公共资源的条件下，通过制定特殊政策，使其成为单位、个人或亲属独享的福利，出现了"内部指标""吃空饷""萝卜招聘"等特权现象、腐败现象，等等。因此，必须改革受到某些特殊的利益和权力保护的不公平的规则，全面地确立权利的公平、规则的公平和机会的公平，努力营造公平的社会环境。

要不断完善基本经济制度，保证各种所有制经济依法平等使用生产要素、公平参与市场竞争、同等受到法律保护。要改革行业进入或市场准入限制、金融信贷歧视、行业垄断等影响公平竞争的体制。在一些

---

① 汪琼枝：《发展权利平等：农业转移人口市民化的价值基础》，《山东农业大学学报（社会科学版）》2018 年第 2 期。

传统垄断行业，民营企业的进入难度很大。如石油和天然气开采行业、电力、热力的生产和供应业、交通运输、仓储和邮政业、电信和其他信息传输服务业、水利、环境和公共设施行业，这些行业有些因为"自然垄断"特征使国有企业居于垄断地位，许多潜在的竞争者被排斥在该行业之外，甚至一些竞争性业务也由于被授予行政垄断权而使潜在竞争者受到歧视性排斥。此外，民营企业一直存在着"融资难""用地难"等问题。要通过中小企业信贷融资政策逐步解决融资难问题，逐步放开民间资本进入银行业；要增加土地市场透明度，消除公有制经济主体在获取土地资源上享有的优先权和其他特权，解决民营企业"用地难"问题。[①]

二、健全弱势群体平等发展权利保障机制

不对等优惠是实现发展权的基本原则之一。弱势群体被认为是在社会生活领域占有社会资源少、实现权利能力弱的人。竞争能力弱，生活贫困，社会地位较低，被认为是弱势群体的基本特征。从包含的社会群体来看，现阶段我国的社会弱势群体主要指农民工、城市失业人员、低收入群体、贫困农民、残疾人、妇女儿童等。弱势群体在发展机会、发展资源和发展能力等方面往往处于先天的不利状态。要改善弱势群体的弱势地位，一味强调权利平等和机会平等并不能取得预期的效果。更加充分的发展权利和参与能力，是保障弱势群体获得发展机会、发展资源和发展能力的根本。因此，发展权利的平衡和充分的另一层含义，是强调国家对弱势群体参与发展的权利与能力的制度设计与政策倾斜。

---

① 胡家勇：《构建各种所有制经济平等竞争共同发展的体制机制》，《财贸经济》2013年第12期。

弱势群体的平等发展权利面临的挑战来自多方面。首先是经济上的贫困导致严重降低生存质量、缺乏基本教育、有病不敢医、无法获得发展资源，使得"缺少机会参与经济活动、在一些决策上没有发言权、易受经济以及其他冲击的影响等"贫困指数较高。其次，弱势群体受歧视和不公正对待较为严重，如失地农民和农民工进入城市后，城市基于各种利益考量和融合冲突，产生出一种观念性排斥和普遍的群体性偏见，城市用低廉的价格购买了农业转移人口的年富力强和青春时光，却无法提供国民待遇。再次，弱势群体在就业、教育和社会保障方面等经济社会权利方面受到自然的筛选淘汰和人为的歧视排斥，面临各种有形和无形的障碍。复次，弱势群体在劳动力市场和社会保障体系中受到歧视和排挤，往往削弱了其进一步获得发展机会和发展资源的"可行性能力"①，不仅如此，通过社会的"再造"而累积和传递给下一代，导致社会固化现象。最后，弱势群体伸张权利和表达利益的制度性渠道缺少，人大、政协、民主党派、社会团体、大众传播、群众自治组织等制度性渠道，在保障弱势群体的发展权利方面，受自主性、独立性和积极性的内在驱动力不足的影响，较少作为。这使得弱势群体在面对不公正待遇时，"越级上访""围堵上访""闹访"等非制度性维权方式层出不穷。

保障弱势群体平等发展权利，必须健全弱势群体利益表达机制。利益表达机制，就是在承认个体正当利益的基础上，允许社会成员通过正常合法的渠道和方式表达自己的利益诉求的机制。一个社会能否给予不同利益主体尤其是弱势群体公平表达自身利益的机会，并且做出合理的回应，取决于完善的利益表达机制。在我国，由于强势群体占有巨大

---

① 阿马蒂亚·森：《论社会排斥》，《经济社会体制比较》2005年第3期。

的社会资源，因而赢得了更大的利益表达空间，弱势群体由于社会影响力和社会资源占有程度不足，制度内的利益表达渠道狭窄（比如被选为政协委员和人大代表的机会明显较低），他们的利益要求无法正常表达，有时候会采取制度外的激进表达的方式。因此，要注重畅通弱势群体的利益表达渠道，在制度安排上保证弱势群体利益表达机会的均等。要健全人大代表制度、民主协商制度、城市社区居民自治制度、村民自治制度、职工代表大会制度等制度和公共政策多元参与机制，重点围绕涉及弱势群体切身利益的热点、焦点、难点问题，如企业改制、收入分配、社会保障、征地拆迁、教育公平、户籍管理、农民权益等问题，畅通利益表达和利益整合机制。

改革完善歧视性、排斥性体制和政策。习近平总书记指出，进一步实现社会公平正义，就要通过制度安排更好保障人民群众各方面权益，让全体人民依法平等享有权利和履行义务。保障弱势群体平等发展的权利，要致力于消除针对弱势群体的制度歧视和政策排斥。在中小城市，要废除户籍制度，逐步剥离依附于户籍制度上的各种国民基本权利的差别化和歧视性安排，赋予农民工和进城农民与城市居民平等的权利，保障弱势群体的基本国民待遇；要加强城乡居民权利平等的立法，逐步废除各种法律中的不平等和歧视性规定；要加强对弱势群体的司法保护，完善相关司法救助制度，不断降低司法成本，让弱势群体在遭遇歧视性政策侵权和差别化对待时，能够真正运用法律武器维护自己的权利，而不是采取走极端的方式。

制定和实施针对弱势群体的倾斜性法律政策。当前要加强对弱势群体生存权和发展权的特别保障制度，把保障弱势群体获得公共服务的均等性和可获得性，作为优先选择，着重提高弱势群体平等参与、平等发展权利；要保障弱势群体在政策制定、利益博弈等公共治理过程中的知情权、参与权、表达权和监督权等政治权利；保障弱势群体的劳动权、就业权、劳动休息权、获取合理劳动报酬权等经济社会权利；要重视社会组织在弱势群体权利保障中的作用，充分发挥社会组织在解决贫困人口问题、失业人口问题、老年人、妇女和儿童权益保障问题中的功能，以弥补政府力量的不足；建立专门的国家人权机构，通过执法、调解、宣传、公益诉讼等方式，转变在社会中长期存在的对弱势群体的歧视现象[①]，消除弱势群体发展权利不均衡不充分的问题。

三、发展权利的重中之重：健全就业权平等保障机制

就业是最大的民生，是保障人们基本生存和发展权利的基础，也是实现共享发展的优先选项。劳动就业是劳动者通过参与经济社会发展，参与社会价值的创造，提高自我生存能力和发展能力的必要条件。党的十九大提出，要坚持就业优先战略和积极就业政策，实现更高质量和更充分就业，解决更加充分的就业问题；要逐步解决劳动就业不均衡的问题。

要实施积极就业政策，创造更多就业岗位，提高就业质量。我国现阶段仍处于就业高峰期，就业压力大，以 2021 年为例，据统计 2021 年我国城镇新增劳动力 1500 万人、高校毕业生 909 万人，创新高；同时，我国就业结构性矛盾仍然突出[②]。要通过促进经济社会高质量发展，扩大就业规模、拓展就业空间，要大力发展现代服务业，顺应我国经济社会发展新趋势，积极发展养老、旅游、健康等劳动密集型产业；要出台更多激励性政策和创业扶持政策，建立面向人人创业的

---

① 张晓玲：《社会稳定与弱势群体权利保障研究》，《政治学研究》2014 年第 5 期。

② 人力资源和社会保障部：《国新办举行就业和社会保障有关情况发布会》，http://www.mohrss.gov.cn/SYrlzyhshbzb/dongtaixinwen/buneiyaowen/rsxw/202102/t20210226_410154.html。

服务平台，鼓励劳动者自主就业，激励以创业带动就业；要适度增加政府购买的相关公益性岗位，在促进社会治理的同时，不断扩大公益性岗位就业规模①。

要不断消除各种劳动就业不均衡现象，为公民创造公平的就业机会。当前我国仍然存在就业结构不均衡、就业机会不公平等影响劳动就业均衡的问题，如城乡不同就业用工体制导致就业机会不平等，包括国企和事业单位在内的很多用人单位不同程度存在"同工不同酬"等现象。要不断完善统筹人力资源市场，打破城乡、地区、行业分割和身份、性别歧视，维护劳动者平等就业权利，完善劳动者平等就业权益保护制度；要建立城乡统筹的公共就业服务政策体系，实现全体劳动者就业政策统一、就业服务共享、就业机会均等和就业条件公平。

要重点关注和保障残疾人、贫困者、下岗职工、长期失业者、灾难中的求助者、农民工、非正规就业者就业权利的平等。要特别关心城镇低保人口、65 岁以上的老年人、城镇务工的农民工、上千万在特大城市就业的大学毕业生和城镇登记失业人员等特定人群的就业和生活。要加强劳动保护，改善劳动条件，消除劳动歧视，保证体面劳动，提高就业质量。要通过加强就业不利者和特殊社会群体的劳动技能和就业能力的培训，使他们提高自身的发展能力，尤其要开展贫困家庭子女、未升学初高中毕业生、农民工、失业人员和转岗职工、退役军人和残疾人免费接受职业培训行动。

要保持高校毕业生、农民工等重点人群就业稳定增长。把高校毕业生就业作为重中之重，深入实施高校毕业生就业创业促进计划和基层成长计划，积极拓宽就业领域、强化就业权益保护、大力加强就业服务、

---

① 赵满华：《共享发展的科学内涵及实现机制研究》，《经济问题》2016 年第 3 期。

全力做好兜底保障①。我国最大的就业群体仍然是农业转移人口群体，人数接近 3 亿，由于我国城市劳动力市场对农业转移人口的户籍歧视，以及大量农村剩余劳动力，使得农业转移人口工资增长速度赶不上劳动生产率增长速度，劳动力难以获得合理报酬。很多农业转移人口从事着高强度且对社会而言必不可少的工作，但整体收入偏低，平均收入水平大致相当于城市居民的 70%。习近平总书记强调，要加快推进户籍制度改革，完善城乡劳动者平等就业制度，逐步让农业转移人口在城镇进得来、住得下、融得进、能就业、可创业，维护好农民工合法权益，保障城乡劳动者平等就业权利。②

四、发展权利的新样态：健全环境权和文化权保障机制

（一）健全环境权保障机制

环境是影响人类社会生存和发展的基础性因素，大到民族国家小到个体存在的生存和发展，都始终受到环境极为关键的影响。当今世界环境污染威胁人类生存，严重的环境问题制约经济社会发展，加剧社会贫困，因此很多研究认为环境权的核心是生存权③，还有人认为环境权与发展权也具有同等重要的地位，"既不能因为环境权而否定发展权，也不能因为发展权而否定环境权"④。可见，环境权的重要性和不可或缺性不言而喻。这里的环境权，主要是指全体社会成员享有良好、舒适和健康环境的权利。环境权的内容一直都是存在的，但是环境权还是一

---

① 《人力资源社会保障部等五部门印发通知部署做好当前形势下高校毕业生就业创业工作》，中国政府网，http://www.gov.cn/xinwen/2019-07/12/content_5408793.htm，2019-07-12。

② 参见《习近平主持中央政治局集体学习时强调：让农民共享改革发展成果》，《人民日报》（海外版）2015 年 5 月 2 日。

③ 吕忠梅：《环境法》，法律出版社 1997 年版，第 116 页。

④ 李艳芳：《论环境权及其与生存权和发展权的关系》，《中国人民大学学报》2000 年第 5 期。

种新型权利。环境权首次得到承认是联合国 1972 年召开的人类环境会议，会议通过的《人类环境宣言》宣布，"人类有权在一种能够过尊严和福利的生活环境中"。当今世界，一些国家在宪法和法律中明确创设了环境权，如韩国 1980 年宪法第 33 条规定："国民有生活于清洁环境之权利，国家及国民，均负有环境保护的义务。"美国《国家环境政策法》（1969 年）第 3 条规定："每个人都应当享受健康的环境，同时每个人也有责任对维护和改善环境作出贡献。"当然，虽然各国立法对环境权进行了程度不同规定，但它还没有能够成为一种实有权利，对大多数国家来说，环境权的落实还面临很多困难。

我国宪法第 26 条明确规定："国家保护和改善生活环境和生态环境，防治污染和其他公害。"2014 年修改的《环保法》明确规定了人民的环境权利，包括清洁环境、绿色生活、信息公开、社会监督、公益诉讼等。国务院新闻办公室 2016 年发表的《发展权：中国的理念、实践与贡献》白皮书提出，我国发展权的保障，表现在经济、文化、社会、环境权利的实现之中，并指明，"可持续发展是发展权的应有之义，体现着代际公平"，"中国遵循平衡性、可持续性的发展思路，将人与自然和谐发展、经济与社会和谐发展视为实现和保障发展权的新样态。"[1]在实践中，我国环境权的保障也体现在多个层次中，最为明显的体现：一是在国家发展战略层面，把美丽作为建成社会主义现代化强国的重要目标；二是充分体现在总体发展规划中，如"十三五"和"十四五"规划中专门对绿色发展和生态文明作出系统谋划；三是体现在系列专项行动计划中，如中央政府出台了水污染防治行动计划、煤炭清洁高效利用

---

[1]　中华人民共和国国务院新闻办公室：《发展权：中国的理念、实践与贡献》，中国政府网，http://www.gov.cn/zhengce/2016-12/01/content_5141177.htm。

行动计划、煤电节能减排升级与改造行动计划[①]等多个针对生态环境保障的专项行动计划，很多地方政府也有很多类似计划，通过各个层级的专项行动计划，有力推动了绿色发展的专门部署和落实。

当前，我国生态环境保护还面临严峻挑战，人民环境权的保障和落实长路漫漫。社会主要矛盾变化新要求下，一方面"发展不平衡、不协调、不平等，都是发展不可持续的表现"；另一方面，人民对优美生态环境的需要已经成为人民日益增长的美好生活需要的重要方面，人民期盼加快提高生态环境质量。习近平总书记指出，"必须加快改善生态环境质量，提供更多优质生态产品，努力实现社会公平正义，不断满足人民日益增长的优美生态环境需要"。

坚持保护环境与改善民生的有机统一。习近平总书记指出，"环境就是民生，青山就是美丽，蓝天也是幸福。"因此，必须把民生的改善和环境保护统筹兼顾起来。一方面，在生态建设中改善和发展民生，善于把良好的生态环境转化为经济财富和社会效益，坚持绿水青山就是金山银山，探索绿水青山转化为金山银山的有效路径，让人民在满足生态环境需要的同时，共享经济社会发展的红利。另一方面，在改善和发展民生中保护生态环境，坚持把民生改善的重要着力点放在共享美好生态环境上，解决好社会大众反映强烈的生态环境问题，打好蓝天、碧水、净土三大保卫战，加强城市环境治理的力度，建设好农村新环境，实现人民收入水平提高与生态环境改善的双重目标，让经济和环境两方面共同促进提升民生福祉。

健全推动绿色发展方式和绿色生活方式的政策体系。保护生态环境是一场深刻变革，是一项系统工程，重要实现途径是要推动形成绿

---

① 中华人民共和国国务院新闻办公室：《发展权：中国的理念、实践与贡献》，中国政府网，http://www.gov.cn/zhengce/2016-12/01/content_5141177.htm。

色发展方式和绿色生活方式。因此，必须走绿色低碳发展之路，推进产业结构、能源结构、空间结构的绿色化转型，逐步构建产业生态化和生态产业化的生态经济体系，通过扶持生态农业建设、生态产品开发，提供更多优质生态产品。绿色生活方式则包含了思维方式、文明意识、消费方式和消费结构的绿色化，要加大宣传教育力度，在全社会牢牢确立"尊重自然、顺应自然、保护自然"的观念，将"像爱护眼睛一样爱护生态环境"作为学校教育和家庭教育的重要内容，推动实现资源节约、环境友好的现代文明生活方式，实现"绿色消费、绿色出行、绿色居住"①。

构建生态环境保护的严密制度体系。习近平总书记指出：保护生态环境必须依靠制度、依靠法治。"只有实行最严格的制度、最严密的法治，才能为生态文明建设提供可靠保障。"②党的十九届四中全会要求健全"源头预防、过程控制、损害赔偿、责任追究"的生态环境保护体系，必须以此为要求，围绕国土空间开发、资源节约利用、环境污染治理和生态保护修复，增加制度供给，加快制度创新，强化制度执行，构筑完善的生态环境保障制度体系。要完善生态环境领域法律法规体系，制定和修改生态环境保护的专项法律，构筑生态环境保护法律体系，增强法律制度的系统性、整体性和协同性，健全环境治理的政府责任、企业责任和全民行动，用法治力量守护好绿水青山，为实现人民环境权、满足人民日益增长的生态环境需要提供法治保障。

（二）健全人民文化权保障机制

文化权是发展权在文化领域的具体体现，相对于公民政治权利、

---

① 温宗国：《推动形成绿色发展方式和生活方式》，《人民日报》2018 年 7 月 29 日。

② 《习近平谈治国理政》，外文出版社 2014 年版，第 210 页。

经济发展权和社会发展权，文化发展权是发展权体系中的新型权利，它以文化权为基础，以发展权为核心。文化发展权反映着人的精神世界和精神需要，旨在促进人的自由全面发展，集中体现着人的尊严和自由。根据《经济、社会和文化权利公约》，文化权包括参与社会文化、促进和享受文化以及文化成果受到保护等方面的内容。因此，文化发展权是所有个人及其集合体"参与、促进和享受文化发展所获利益的一项基本人权"[①]。在我国，文化发展权是我国宪法上规定的公民参与、促进文化生活、享受文化成果和文化认同的权利。当前，随着经济社会发展，人民群众对于文化发展的需求不断增长，文化发展权越来越多地影响着人们的社会生活，成为人民群众的主要诉求。社会主要矛盾变化新要求下，人民美好生活需要不断升级，精神型需要和自我实现型需要中都内含了文化需要。

近几十年来，我国不断解放和发展文化生产力，将文化建设纳入"五位一体"总体布局积极推进，文化事业和文化产业发展取得了巨大成就。党的十八大以来，我国大力推动现代公共文化服务体系发展，不断促进文化发展成果普惠化，推动文化发展机会均等化，在保障公民文化发展权方面取得了历史性成就。但与更好满足人民高质量的文化需要的新要求相比，还有很多突出矛盾和问题。一是文化产品和文化服务供给总量不足，我国很多地方政府依然是发展经济型政府，对文化产品和服务的财政支出和资源投入总体不高；同时，公共文化服务和产品的供给效率不高，不仅公共文化事业发展的机制不灵活，供给方式和来源渠道单一，而且供需内容也不匹配。二是公共文化产品和文化服务供给不平衡，主要表现为城乡不平衡，农村地区文化基础

设施建设、文化事业经费投入和人才支持等远不如城市；地区不平衡，发达的东部地区"具有先进的文化基础设施、健全的文化服务网络，人均文化事业经费和人均文化产业增加值也普遍较高"①，中西部地区差距较大。

健全文化道路中国化发展制度。保障人民文化权利，满足人民文化需求，首先要明确必须坚持走中国特色文化发展道路，健全和完善中国特色文化发展道路。必须让马克思主义及其中国化最新成果发挥强大引领作用，健全坚持和巩固马克思主义在意识形态领域指导地位的体制机制，确保我国文化建设始终沿着正确方向前进。必须坚持社会主义核心价值体系统摄多元社会思潮，使体现核心价值体系的优秀文化产品占据主流，保持反映人民积极健康向上思想的文化产品的充分供给。必须坚持以人民为中心的文化创作导向，促进满足人民文化需求与增强人民精神相统一。必须坚定文化自信，习近平总书记多次指出，要"增强文化自信和价值观自信"，要大力弘扬中国精神、中国文化、中国价值，大力宣扬中华优秀传统文化、革命文化和社会主义先进文化，培养和坚定青年群体的文化自信。

健全现代公共文化服务体系。依据《国家基本公共文化服务指导标准（2015—2020年）》等公共文化服务的国家规划，加强公共文化服务供给，推进基本公共文化服务均等化，加快构建现代公共文化服务体系。一是要不断加强文化事业投入力度，健全文化基础设施和文化工程项目的政府财政支持机制，建立财政支出与人民文化需求相适应的动态增长机制，逐步扩大基本公共文化服务项目与覆盖范围，不断加强对优秀传统文化传承、文化遗产保护传承和文物保护利用。二

---

① 邓如辛、周宿峰：《论公民基本文化权利的内涵及保障》，《学术交流》2014年第3期。

是推动基本公共文化服务均等化。着力缩小城乡、地区和人群基本公共服务机会和质量的巨大差距，着重加强对中西部地区和偏远农村地区公共文化服务的转移支付、政策倾斜和技术支持；通过流动文化服务车、远程文化服务等方式提高公共文化服务的可及性，使革命老区、贫困地区和少数民族地区更方便享有基本公共文化服务；通过完善基层公共文化设施网络，提高基层文化服务能力，加强公共图书馆、文化馆、博物馆等文化设施建设使用，推动公共文化设施免费开放。三是更好保障少数民族群众和老年人、残疾人、进城务工人员等群体文化权益。少数民族地区文化发展具有特殊意义，要健全支持少数民族地区文化事业发展的政策体系，实施民族地区重大文化工程项目，推进少数民族语言文字的标准化和信息化，完善民族地区公共文化服务体系。要加强进城务工人员等流动人口和老年人、残疾人等群体的文化服务供给，加强残疾人参与文化体育活动服务体系建设，满足老年人多样化文化需求。要将农民工纳入城市公共文化服务范围，通过整合资源、创新方式、提高针对性等方式，强化基层为农民工文化服务能力，更好地保护农民工文化权益，发挥文化促进农民工社会融合作用，让文化发展成果更多惠及全体农民工。

健全现代文化产业体系。发展文化产业是满足人民多样化精神文化需求的必然要求。一是着力提高文化产业的竞争力。大力挖掘和发展特色文化资源，不断促进文化与科技、农业、旅游和体育等产业深度融合，创新技术手段和资源模式的多样化应用，培育新型文化业态发展，扶持重点文化领域创意产业发展。二是健全现代文化市场体系。构建现代文化企业制度，深化文化国企改革，完善支持民营文化企业发展政策体系，支持和规范文化类社会组织，加强知识产权保护，健全网络文化引导和鼓励政策体系，培育新的文化消费增长点，激发市场活力。三是加强文化人才队伍建设。文化产业发展关键在人才。要制定文化人才中长期培育成长规划，加强组织领导和政策保障，为文化人才发展提供有力支撑；深化文化人才评价机制和收入分配机制改革，完善人才培养、选拔、使用和激励管理体系；引进和培养高层次领军人才，加强文化企业家队伍、专业文化工作队伍建设，强化中青年文化人才队伍建设。

第二节　解决发展机会不平衡不充分，满足人民发展机会需要

机会公平是社会公平的标志，也是共享发展的根本要求，共享发展注重机会公平。社会主要矛盾变化新要求下，发展机会公平是人民的公平正义需要的重要内容，发展机会不均衡不充分也是不平衡不充分发展的重要体现。保障人民发展机会均等，关键在于实现基本公共服务均等化。均衡的发展机会旨在保障所有社会成员通过享有公平的基本公共服务来获得基本发展条件，提高发展能力，改善发展环境，获得可持续发展能力。这是人民创造美好生活的动力来源、人民创造美好生活的关键保障，也是解决不平衡不充分的发展问题的必然要求。

一、完善基本公共服务均等化保障机制

基本公共服务大致包括公共教育、公共卫生、公共文化等社会事业性服务；公共交通、公共通信等公共设施和生态护养、环境保护等公共产品，这些可以称之为公益基础性服务；还包括社会治安、生产安全、消费安全、国防安全等公共安全性服务；以及解决人的基本生存和发展

所需要的就业服务、社会救助、养老保障等基本民生性服务。基本公共服务保证了在市场失灵的情况下，社会成员人人都能享有的、与公民基本权利和基本需求相关的公共性服务。国家为公民提供的基本公共服务，具有以下原则：一是基础性原则，即着力于保障人民最基本的生存与发展需要，与人民的生存权、健康权、受教育权等宪法权利紧密相关。二是系统性与动态性原则，即基本公共服务是由一个各个不同方面的公共服务组成的整体，随着经济社会的不断发展而不断扩充。三是公平性原则，公平性是基本公共服务的根本原则，体现了基本公共服务的目的和属性。均等化和机会公平是基本公共服务的显著特点。基本公共服务提供的是人们生存和发展的最基本的条件，必须体现均等的特点；但是均等不是平均，机会均等是公平的最大体现，机会公平是基本公共服务的显著特点。

均等的基本公共服务是公民的基本权利，也是政府的基本责任。政府为社会成员提供大致均等的基本公共产品和服务，是社会公平正义的基本原则，是人民发展机会公平的有力保障，是人民共享改革发展成果的衡量标准。基本公共服务均等化，是指全体公民都能公平可及地获得大致均等的基本公共服务，其核心是促进机会均等，重点是保障人民得到基本公共服务的机会①。新时代我国社会主要矛盾发生变化，社会整体开始由生存型社会、享受型社会向发展型社会过渡，人民群众的公平意识、民主意识、权利意识不断增强，人人共享、普遍受益的诉求越来越明显，人民的消费需求更加多样化多层次，对基本公共服务均等化的要求越来越高。

基本公共服务均等化机制主要解决基本公共服务发展不平衡不充

---

① 《国务院关于印发"十三五"推进基本公共服务均等化规划的通知》，中国政府网，http://www.gov.cn/zhengce/content/2017-03/01/content_5172013.htm。

分的重要短板。不充分，是指基本公共服务的总体水平偏低、效率低，政府投入和基本供应不充分。不平衡，是指城乡之间、经济发展水平不同的区域、群体之间、体制内与体制外之间基本公共服务存在较大差距，机会均等受到很大影响。当前我国的基本公共服务不平衡不充分，有很多具体表现，如城乡、区域间资源配置不均衡、硬件软件不协调、服务水平差异较大，基层设施不足和利用不够并存、人才短缺严重；一些服务项目存在覆盖盲区，尚未有效惠及全部流动人口和困难群体、体制机制创新滞后、社会力量参与不足，等等①。这些必须在基本公共服务均等化机制中有所体现。

完善基本公共服务均等化保障机制，首先要加强和创新财政支持力度，健全公共服务投入保障机制。基本公共服务本质上是一套公共财政的政策理念，是国家财政用度公平化的概念，因此，公共财政在基本公共服务均等化过程中具有决定性作用。要强化政府公共服务职能，健全公共服务资金投入机制，提高公共服务供给的质量和数量。第一，国家应该统筹运用各领域、各层级的公共资源，加大基本公共服务投入力度，明确各级政府应当提供的国家基本公共服务项目和保障标准。第二，要通过进一步理顺中央与地方财权与事权的关系，加大转移支付力度，改变地方公共服务供给能力不足的状况。当前，各地区财政收入能力差异较大是导致地区公共服务供给不均衡的重要原因，一般性转移支付尤其是其中的均衡性的转移支付规模较小，导致无法有效促进地区间差异的均衡化。因此，必须不断健全基本公共服务领域中央与地方共同财政事权和支出责任划分机制，要逐步提高一般性转移支付规模和比例；清理规范专项转移支付；针对公共服务均等化重点难点问题，实施支持农

---

① 《国务院关于印发"十三五"推进基本公共服务均等化规划的通知》，中国政府网，http://www.gov.cn/zhengce/content/2017-03/01/content_5172013.htm。

业转移人口市民化财政政策①。第三，除了完善财政体制提高公共服务供给水平和均等化程度外，还必须通过创新公共服务方式，广泛吸引社会资本参与。党的十八届五中全会提出，能由政府购买服务的，政府不再直接承办；能由政府和社会资本合作提供的，广泛吸引社会资本参与；党的十九届三中全会提出，推动教育、文化、法律、卫生、体育、健康、养老等公共服务提供主体多元化、提供方式多样化。当前一项重点任务是，推进非基本公共服务市场化改革，引入竞争机制，扩大政府购买服务。

其次，在加强公共服务供给的基础上，按照公共服务普惠性原则和均等化目标，完善公共服务均等化供给机制。要通过精准施策、补齐短板，突出向贫困地区、重点人群和薄弱环节重点倾斜。要通过加大贫困地区和特困人群帮扶等一系列措施，实现贫困地区基本公共服务主要领域指标接近全国平均水平，集中连片特困地区和革命老区、民族地区、边疆地区发展环境明显改善，提高区域服务均等化水平，保障基本公共服务的公平性和普惠性。要确保老、弱、病、残、幼、妇、农民工及留守流动儿童等特殊人群享有更好的公共服务，全面改善贫困地区义务教育薄弱学校基本办学条件，支持贫困地区公共阅读设施、博物馆建设，完善特困人员救助供养制度，发挥政府兜底作用，对特殊和困难老年人的长期照护给予支持。

再次，要健全和完善国家基本公共服务的制度体系和法治保障，加强基本公共服务系统性规划，使各领域制度规范衔接配套、基本完备，以制度建设统领基本公共服务。党的十九届四中全会指出，必须健全幼有所育、学有所教、劳有所得、病有所医、老有所养、住有所居、弱有所扶等方面国家基本公共服务制度体系。《国务院关于印发"十三五"

---

① 中共财政部党组：《建立支撑国家治理体系和治理能力现代化的财政制度》，《求是》2018年第24期。

推进基本公共服务均等化规划的通知》要求，要以促进城乡、区域、人群基本公共服务均等化为主线，以各领域重点任务、保障措施为依托，以统筹协调、财力保障、人才建设、多元供给、监督评估等五大实施机制为支撑，涵盖教育、劳动就业创业、社会保险、医疗卫生、社会服务、住房保障、文化体育等领域的基本公共服务清单，完善保障全民基本生存发展需求的制度性安排①。要加快立法进程，形成覆盖广泛的公共服务法律体系，明确公共服务均等化的目标体系和责任体系，健全公共服务均等化的法治保障。

二、完善覆盖城乡居民的社会保障机制

社会保障是国家通过立法而制定的在人们因患病、失业、年老、意外伤害等情况下确保其基本生活、保健和教育等权利的制度安排。社会保障体系是指社会保障各个部分有机构成的相互联系、相辅相成的总体。我国的社会保障体系，包括了社会保险、社会福利、社会救助、社会优抚等方面。社会保障体系是现代国家最重要的社会经济制度之一，是实现共享发展的基本内容，是满足人民日益增长的美好生活需要的基本要求。党的十八大报告提出，要统筹推进城乡社会保障体系建设，坚持全覆盖、保基本、多层次、可持续方针，以增强公平性、适应流动性、保证可持续性为重点，全面建成覆盖城乡居民的社会保障体系。

当前我国社会保障领域不平衡不充分发展的矛盾和问题普遍而又明显。我国计划经济体制遗留下来了一系列问题，使得我国的社会保障制度在城乡之间、区域之间、体制内外和不同行业之间的制度分割现象

---

① 《国务院关于印发"十三五"推进基本公共服务均等化规划的通知》，中国政府网，http://www.gov.cn/zhengce/content/2017-03/01/content_5172013.htm。

较为普遍。我国社会保障制度的改革，也采取了与经济体制改革同样的渐进改革方式，双轨制的痕迹还比较明显。

一是存在制度分割。不同的就业群体在缴费和收益上适用于不同的制度，如机关事业单位与企业养老保障体系仍然存在双轨并存的现象。地区分割方面，我国的基本养老保险不同地区的筹资负担轻重不一、基金余缺并存。城乡分割方面更为突出，农村居民长期无法享受与城镇居民相同的医疗、养老等保障性福利，很多农业转移人口被排斥在城市社会保障的转移支付体系外；医疗保险仍然保持了单位职工、城镇居民和农村居民互相分割的制度，虽然一些地方整合了城乡居民的医疗保险制度，但筹资与待遇差距仍然存在；一部分农民工在输出地被当成参加了新型合作医疗，在工作地被算成了城镇职工或居民又参加当地的职工或居民医疗保险，一部分人则可能两地均被遗漏；农民工中还有1亿多并未参加职工基本养老保险。[1]这种基于地域、户籍、职业身份等要素确立的不同制度安排，形成了我国特有的社会保障"职工高于市民、市民高于农民"差序格局，这种差序格局实际上就是国民基本权益的差序格局，使得一部分公民长期陷入结构性的发展机会不公平状态[2]。

二是社会保障统筹层次较低，跨统筹区域流动无法畅通实现，制度碎片化严重。所谓统筹层次较低，是指不同地区的社会保障管理各自为营，难以实现转移接续。部分社会保障体系（如最低生活保障制度）统筹层级只到县级，统筹层级相对较高的城镇职工基本养老保险也依然

---

① 郑功成：《全面理解党的十九大报告与中国特色社会保障体系建设》，《国家行政学院学报》2017 年第 6 期。

② 魏志奇：《我国社会公平保障体系的战略转向与治理路径》，《甘肃社会科学》2018 年第 2 期。

难以实现省级统筹。虽然国家已出台了统筹移转的相关规定，允许社保转移，但由于相关制度不够完善，社保异地转移在实际中依然遇到很多障碍。党的十九大报告提出，要"完善城镇职工基本养老保险和城乡居民基本养老保险制度，尽快实现养老保险全国统筹。完善统一的城乡居民基本医疗保险制度和大病保险制度"。

三是社会保障覆盖率之外，部分人群还无法得到保障。如，根据统计，目前我国参加保险人数最多的基本医疗保险人数，截至 2018 年末，为 134452 万人，参保覆盖面稳定在 95% 以上，但剩下没有覆盖到的人员也不少，这些人往往更需要基本社会保障。同时基本医疗保险对大病医疗的覆盖还不足，还不能更好地解决"因病致贫、因病返贫"问题[1]。2019 年底，我国社会保障卡持卡人数超过 13 亿人，覆盖 93% 以上人口，但考虑到一些劳动者（如农民工）频繁流动长期中断社保缴费，部分失业人群中断社保缴费，社保实际覆盖率达不到 93%。从人群来看，目前没有覆盖到的主要是下岗职工、无业人员、私人小型企业的职工、农民工和工作不稳定的务工人员，但他们是最需要被覆盖的群体。

构建多层次社会保障目标体系。党的十九大报告提出要"加强社会保障体系建设"，并明确了"全面建成覆盖全民、城乡统筹、权责清晰、保障适度、可持续的多层次社会保障体系"[2] 的目标，提出了社会公平保障体系的具体要求，为解决社会保障体系不平衡不充分问题指明了方向。"覆盖全民"要求所有社会保障项目都能够覆盖到有需要的人身上，强调普惠性；"统筹城乡"要求打破城乡分割的格局，

---

① 刘颖：《浅析当前我国社会保障制度改革的成效和难点》，《中外企业家》2019 年第 27 期。

② 习近平：《决胜全面建成小康社会 夺取新时代中国特色社会主义伟大胜利——在中国共产党第十九次全国代表大会上的报告》，人民出版社 2017 年版，第 47 页。

让城乡居民获得平等的社会保障权益，强调公平性；"权责清晰"强调社会保障的责任分担机制，既要充分发挥政府的主体作用，也要坚持人人尽责、人人享有，即使是低收入困难群体也要尽可能通过劳动创造生活，强调科学性；"保障适度"要求社会保障水平与社会经济发展水平相适应，不能太高无法承受，也不能太低无法满足人民需求，强调适应性；"可持续"要求社会保障体系长久发展和稳定发挥社会稳定和社会公平的支撑作用，能够长久地正常运行和发展下去①，强调稳定性。

以公平性原则为导向改革社会保障体系。第一，必须逐步改变社会保障体系人群分等、制度分设和待遇悬殊的局面，注重社会保障体系的顶层制度设计，完善基本制度体系，坚持全覆盖、无歧视、公平性和可持续。第二，应提高以农民为主体的社会保障群体的基本保障水平，尽快建立职工和居民基本养老金制度、基本医疗保险制度待遇调整的协调机制，严格控制、逐步缩小群体间基本养老金和基本医疗保险待遇差距。第三，要在"查漏补缺"上健全制度，将漏在社会保障体系外的未参保人群全部纳入进来，力争做到覆盖每一位城乡居民。要重点将1亿多产业工人（主体是农民工）纳入职工基本养老保险，在医保实践中落实全民参保计划，确保所有人都能够在工作或生活的常住地参保并享受医保待遇；确保面向特定群体的保障制度，能够真正覆盖到该群体全体成员身上。第四，要更加注重保障起点公平。在医疗方面，要保障全社会居民的基本医疗，降低个人医疗对于家庭收入的依赖，尤其是儿童、青少年因负担不起医疗费用而减少人力资本积累的程度。在教育方面，降低受教育程度对家庭收入的依赖程度，使其无条件接受充分的教育，

---

① 韩秉志：《让社会保障制度更公平更可持续——访中国社会保障学会会长、中国人民大学教授郑功成》，《经济日报》2017年12月16日。

保障他们在起点上基本公平。

进一步完善社会救助体系。社会救助是国家和社会对由于各种原因而陷入生存困境的公民，给予物质接济和生活扶助，以保障其最低生活需要的制度。社会救助的对象主要是社会的低收入人群和特殊困难人群。2014年国务院颁布的《社会救助暂行办法》将最低生活保障、特困人员供养、受灾人员救助、医疗救助、教育救助、住房救助、就业救助和临时救助列为社会救助的主要类型[①]。我国贫困人口规模较大，务农人口比例和非正规就业人口比例较高，社会救助在社会政策体系中发挥着托底作用，体现着社会公平的基本要求，也是共享发展理念的底线要求。第一，社会救助必须能够覆盖城乡，使各类困难群众应保尽保，及时得到救助安置。要关注下岗失业人员、困难企业职工、未就业大学毕业生、农民工、城市灵活就业人员等的生活状况。对未脱贫建档立卡贫困户中的重病患者、重度残疾人等完全丧失劳动能力和部分丧失劳动能力的人员，以及生活困难的成年、无业重度残疾人，参照单人户纳入低保，切实做到"应保尽保"。进一步健全农村留守儿童和困境儿童关爱服务体系，加强孤儿和事实无人抚养儿童保障[②]。特别关注农村五保户、孤儿保障、流浪未成年人保护、流浪乞讨人员等。第二，要进一步完善社会救助标准规范。进一步完善最低生活保障对象认定办法，统筹考虑家庭成员因残疾、患重病等情形，综合评估家庭经济状况，及时将符合条件的家庭纳入低保范围。落实特困人员照料护理标准，加强对分散供养特困人员定期探访和照料服

---

① 参见《社会救助暂行办法》（中华人民共和国国务院令第649号），中国政府网，http://www.gov.cn/flfg/2014-02/27/content_2624221.htm。

② 《民政部部署做好当前困难群众基本生活保障工作》（民函〔2019〕95号），中国政府网，http://www.gov.cn/xinwen/2019-09/19/content_5431402.htm。

务，规范低保金等社会救助资金发放工作，实施社会救助标准与物价上涨挂钩联动机制，建立困难残疾人生活补贴和重度残疾人护理补贴标准动态调整机制①。第三，要完善社会救助制度体系。在实现应保尽保的基础上适度提升政策目标，以保障生存型需求为主，兼顾发展和改善型需求；要加强社会救助体系的制度衔接，推进城乡、区域社会救助统筹，做好低保与专项社会救助、社会救助与扶贫、低保与劳动力市场政策的更好衔接，保证特别困难群体具备基本生存条件和基本体面。

三、发展机会平等的重中之重：健全教育均衡发展机制

教育平等是社会平等的基础，教育机会平等是发展机会平等的重中之重，教育机会平等可以有效提升社会成员的人力资本，以增加他们参与发展的机会与能力。一方面，通过教育平等可以克服人们在天赋因素和遗传方面的先天差距；另一方面，教育机会平等有助于出生于贫寒家庭的子女获得更多良好教育。要保证教育机会的平等，根本途径是保持教育的均衡发展。教育均衡意味着，每个学生不仅有机会，而且有着平等的受教育机会，意味着每个人占有的公共教育资源、所享有的受教育权利要相对均衡。教育均衡发展，是共享发展的内在要求，也是社会主要矛盾变化新要求下不断解决发展不平衡不充分问题的重要着力点，是满足人民美好生活需要的题中应有之义。

党的十九大指出，要推动城乡义务教育一体化发展，高度重视农村义务教育，办好学前教育、特殊教育和网络教育，普及高中阶段教育，努力让每个孩子都能享有公平而有质量的教育。最近几年

---

① 《民政部部署做好当前困难群众基本生活保障工作》（民函〔2019〕95号），中国政府网，http://www.gov.cn/xinwen/2019-09/19/content_5431402.htm。

来，我国义务教育普及与巩固水平一直保持高位，城乡免费义务教育得到全面实现；城乡教育经费投入的力度不断加大，义务教育经费全面纳入公共财政保障范围；我国各级教育帮困助学体系也不断完善，以国家奖学金、助学金制度和以风险补偿金为核心的高等教育国家助学贷款新机制已经基本形成，等等。但是由于我国长期存在非常明显的教育差距，要想短期改变，绝非易事。第一，城乡差距、地区差距、性别差距和民族之间的差距成为老大难问题，尤其是城乡和校际不平衡发展问题依然比较严重。第二，阶层差距成为影响教育公平的另一个重要问题，被人们称之为"教育分层"现象，主要体现在城乡二元分层，即市民阶层与农民阶层的教育分层明显，城市内部重点学校和普通学校的二元分层不亚于城乡分层。第三，被称为"流动儿童"的进城务工农民工的随迁子女的教育，以及留在农村家中的"留守儿童"的教育，一直无法得到较好解决，农民工子女的教育权利和教育机会成为突出的教育公平问题。据统计，受到影响的这两个群体的总数大约一亿人左右。第四，高等教育机会仍然存在结构性的不平等。在国家的各大重点高校，具有较强的经济资本、文化资本和社会资本的优势社会阶层家庭的子女，占有较大的比重份额，而教育质量相对较弱的地方性高等院校，则聚集了较多的农村学生。

促进教育均衡发展，首先要建立教育资源均衡配置机制。要以教育公平为核心理念，建立教育资源均衡配置的法律保障体系，机会均等是教育公平的核心概念，不分城乡、地域和人群，每一个人都应得到相同的教育机会。政府要严格依据法律法规均衡配置城乡和地区间的公共教育资源，实现公民享有公共教育资源的机会公平。教育均衡发展的重点，一是要建立义务教育资源均衡配置机制，突出解决义务教育发展在区域、城乡、人群之间的差距，保障义务教育条件性资源的公平分配，通过有针对性、倾斜性地加大支持力度，不断缩小在资金投入、师资平衡、设施条件等方面义务教育学校的差距，有条件的地区要注重义务教育从基本均衡到优质均衡的转变。二是要建立城乡教育资源均衡配置机制[①]，改变城乡二元体制下的公共教育服务体系，建构城乡一元化公共教育体制。要结合户籍制度改革，出台专门性的针对流动人口随迁子女繁荣教育权利和教育机会保障的法律，建立全面而清晰的教育经费筹措保障机制，将随迁子女教育经费纳入流入地预算内。要充分利用移动互联网、人工智能和大数据等技术，进一步增强现代教育的开放性、可及性和共享性，使优质教育资源真正惠及全体学生[②]。

提升高等学校农村生源比例，健全贫困大学生资助政策体系。我国从 2012 年起启动了面向贫困地区定向招收农村学生的计划，这一计划的名额持续增长。2014 年国家改革高考制度，要求改进招生计划分配方式，提高中西部地区和人口大省的高考录取率，这对于保障农村地区和欠发达地区学生接受高等教育机会平等，起到了重要作用。应健全和完善重点高校农村和贫困地区招收专项计划和帮扶计划，继续延续和不断扩大重点大学面向农村地区的定向招生的规模，提高农村家庭学生比例，不断改变高等教育机会的结构性的不平衡问题。要特别关注贫困地区和社会弱势群体的公共教育服务，建立健全普通本科高校、高等职业学校和中等职业学校等各级各类学校家庭经济困难学生资助政策体系，保证贫困地区大学生不因贫困而上不了大学；健全和完善贫困大学

---

① 《国家发改委：将建立城乡教育资源均衡配置机制 实现优质教育资源城乡共享》，央广网，http://news.cnr.cn/dj/20190506/t20190506_524602465.shtml。

② 陈健、周谷：《解决好教育发展不平衡不充分问题》，《人民日报》2018 年 4 月 4 日。

生就业资助体系，加强贫困大学生心理健康教育辅导，通过职业培训教育提高就业能力，提高贫困大学生就业质量。

健全基本公共教育服务"多元主体、分类供给"相关机制。社会公平保障的基本格局是多元共治，应推动公共教育筹资主体与供给主体多元化，合理界定政府、社会和市场在教育筹资与服务供给中的责任。首先，政府必须优先向全体国民提供均等化的义务教育服务，义务教育应全面纳入财政保障范围，应完善公办为主的义务教育办学体制，不断提高公办教育办学水平。同时，适应市场化改革要求，实行多元化的学前教育、高中阶段办学体制，探索在学前教育、高中阶段教育中，实行以政府投入为主、受教育者合理分担和其他多种渠道筹措经费的投入机制；应出台相关法律和政策，促进公办教育和民办教育共同发展，对公办学校与民办学校在学历、学位管理和职业技能认定上给予同等待遇，消除"所有制"歧视。①

第三节　解决发展成果不平衡不充分，满足人民共享发展成果需要

发展成果共享不平衡不充分，是发展不平衡不充分的主要内容。保障所有社会成员公平而充分地共享发展成果，是实现人民美好生活需要的基本要求。总体来看，我国已满足了人民的物质文化需要，但仍有少部分贫困人群还无法充分地共享发展成果，同时我国还存在贫富差距过大、收入分配不公等发展成果共享不平衡问题。因此，要在促进更充

---

① 孙伟艳：《对我国当前完善基本公共教育服务的政策建议》，《中国经贸导刊》2014年第6期。

分更平衡发展的基础上，健全长效扶贫机制，改革收入分配机制，健全先富带后富机制，解决发展成果共享不平衡不充分问题。

一、促进更充分更平衡发展

实现更加平衡更加充分发展，是我国社会主要矛盾变化的根本要求，也是实现发展成果共享的前提基础。一是，只有实现更加平衡更加充分的发展，发展成果共享才有物质基础和现实可能，蛋糕做大是分好蛋糕的前提；二是，不平衡不充分的发展是我国社会主要矛盾的"主要制约因素"，发展成果共享不平衡不充分只是发展不平衡不充分的主要表现和直接后果，只有在坚持以人民为中心，贯彻新发展理念，解决好发展过程中的一些重大关系的失衡问题，只有在推进经济体系现代化建设、激发全社会创造活力的基础上，从整体上实现更加平衡更加充分的发展，才能从根本上解决发展成果不平衡不充分问题。

（一）实现更充分发展

长期以来，我国社会生产力已取得历史性跨越，经济增长、社会进步、民生福祉等领域取得了历史性成就，当前进入高质量发展阶段，更加注重发展质量和效益，这些都为共享发展提供了坚实基础。但我国不发达的状态没有根本性改变，发展不充分问题在各个领域都有明显体现。无论是人均经济发展水平还是人均财富水平都与世界发达国家差距明显，社会事业和民生福祉都需要强大的经济实力支撑，整个国民人均受教育程度还比较低，社会保障和公共服务体系的现代化程度远不及发达国家，城镇化与工业化发展空间还很大，尤其是科技创新领域有很大短板和不足。这些都是共享发展成果不充分问题要解决的基础性问题。

解决发展不充分问题，一是加快构建现代产业体系，推动经济体系优化升级。把"推进产业基础高级化、产业链现代化，提高经济质量效益和核心竞争力"作为根本任务，巩固提升优势产业竞争力，打造新兴产业链，推进制造强国建设，加快发展现代服务业，强化基础设施的保障支撑功能，建设现代化经济体系①。二是加快实施创新驱动发展战略，构建现代化国家创新体系。必须锚定 2035 年跻身创新型国家前列的战略目标，坚定实施创新驱动发展战略、人才强国战略和科教兴国战略，加快研发投入、体制改革，科研转化，充分释放创新活力，实现发展的新旧动能转换，为推动经济高质量发展与构建现代化经济体系提供强大动能。三是发挥供给侧结构性改革支撑作用，推动高质量发展。抓住我国经济运行供给侧结构性的主要矛盾，从提高供给质量出发，着力于"巩固、增强、提升、畅通"②，用改革的办法推进结构调整，提高供给结构对需求变化的适应性，提高全要素生产率，更好地满足人民群众各种需要。

（二）实现更平衡发展

要解决发展成果共享不平衡问题，必须解决发展过程中的一些重大关系的失衡，通过协调发展，缩小差距，补齐短板。当前我国在区域、城乡和群体之间，以及经济、政治、社会、文化和生态等不同领域都存在发展不平衡问题。如区域发展不平衡突出，2018 年的统计数据显示，人均 GDP 最高的地区北京市同全国人均 GDP 的比值达到了 217%，区域差距直接影响不同地区人民共享发展成果的水平和质量。城乡发展不平衡不仅使农村居民人均收入和生活水平落差很大，而且直接影响农村

---

① 《加快发展现代产业体系　推动经济体系优化升级——学习贯彻党的十九届五中全会精神访谈》，《光明日报》2020 年 11 月 9 日。

② 《深化供给侧结构性改革要在巩固增强提升畅通上下功夫》，《人民日报》2018 年 12 月 22 日。

居民发展权的实现。其他（如农业问题）仍是我国发展的难点，产业发展不平衡严重制约高质量发展，生态环境失衡影响人民环境健康生活需要，基本公共服务失衡、收入分配结构不平衡等都是人民共享发展成果的"主要制约"。

从不平衡发展走向平衡发展具有客观必然性，当前必须把解决发展不平衡问题摆在更加突出位置，这对保障人民共享发展成果至关重要。一是实施区域协调发展战略，健全区域协调发展机制。要更好落实区域协调发展战略，加快民族地区、革命老区、边疆地区、贫困地区发展，推动西部大开发发展新格局，推动中部地区崛起，不断缩小区域发展差距。二是转变城乡二元结构，形成城乡融合发展新机制。聚焦乡村振兴战略，围绕改革户籍制度、推动城乡基本公共服务均等化、改革完善农村集体土地制度、加速城乡资源要素流动等影响城乡融合发展的关键障碍，推动城乡融合发展，解决城乡发展不平衡。三是推进以人为核心的新型城镇化。通过以人为中心的新型城镇化，解决城乡失衡和群体失衡，促进农业人口向城市人口真正转移，促进现代社会结构形成。要通过改革户籍管理制度，强化保障起点公平的公共服务供给，推进农业转移人口市民化，确保农业转移人口与城镇居民享有同等权利；通过确保均衡教育与平等就业，打破社会阶层固化，促进社会阶层结构优化。

二、健全扶贫长效机制

贫困人口多、地区差异大、扶贫难度大，是我国发展不平衡不充分的具体体现。解决各类贫困问题，是社会主要矛盾变化新要求下，解决不平衡不充分发展问题的兜底性任务，是人民美好生活需要下实现共享发展的底线任务。解决贫困问题，一方面，要确保现行标准下农村贫困人口全部实现脱贫，贫困县全部摘帽，解决区域性整体贫困，消除绝对贫困；另一方面，随着 2020 年我国决战脱贫攻坚取得全面胜利，区域性整体贫困得到解决，我国的扶贫工作也将由解决绝对贫困转向缓解相对贫困的新阶段。相对贫困具有长期性、复杂性、多维性和动态性，必须坚持常态化和持续性治理。不管是解决绝对贫困问题、巩固脱贫成果，还是解决相对贫困问题，必须健全扶贫政策体系、完善扶贫长效机制，这是不断提高贫困地区人民生活水平，保障贫困地区群众充分共享发展成果的根本保障。

完善扶贫工作机制。充分发挥党和政府顶层设计、整体规划、统筹协调作用，把扶贫脱贫工作纳入国家总体发展战略，在党代会中作为战略性任务进行部署，分阶段、有计划、系统性开展国家扶贫行动。坚持中央统筹、省负总责、市县抓落实的工作机制，强化党政一把手负总责的责任制，严格落实五级书记抓扶贫工作机制。发挥社会主义制度优势，继续强化东西部扶贫协作，组织开展定点扶贫，推动省市县各层面结对帮扶，有效促进人才、技术和资金等持续向贫困地区流动。构建专项扶贫、行业扶贫、社会扶贫互为补充的大扶贫格局，引导和鼓励"万企帮万村"等企业和社会帮扶机制，充分发挥大企业在资金、技术、管理和市场等方面的优势，形成跨地区、跨部门、跨单位、全社会共同参与的社会扶贫体系。

完善开发式扶贫机制。鼓励和引导贫困地区人民把自身努力同国家和社会扶持有机地结合起来，把提高贫困人口自我发展能力，获得更多自我发展机会作为长期解决贫困问题的根本途径，实现从单纯依靠政府和政策向主要依靠市场和社会转变，从资金单向输入向资金、技术、培训相结合，坚持双向发力、内外用力，更加注重人力资本投入，加强就业、教育扶贫，注重扶贫同扶志、扶智相结合①。健全"造血"功能强化机制，持续加强基础设施投入和建设力度，帮助贫困地区改善生产生活条件；大力发展乡村产业，因地制宜发展乡村扶贫项目；完善城乡融合发展体制，在产业体系、人才队伍、乡村治理、公共服务等方面协同推进，真正实现"以工哺农、以城带乡"，促进形成工农互促、城乡互补的城乡关系。

健全防止返贫动态监测和帮扶机制。经过大规模帮扶脱贫，消除绝对贫困后，还面临着巩固脱贫成果、防止大规模返贫的艰巨任务，因此，必须建立防止返贫监测和帮扶机制，这是长效扶贫机制的重要组成部分。要瞄准重点对象，建立返贫监测管理机制，对已脱贫但不稳定户，以及收入略高于建档立卡贫困户的边缘户，进行重点监测，实施动态管理。要精准施测，精准帮扶，在继续落实现有帮扶政策基础上，加强信贷支持，强化技能培训，及时化解各类生产生活风险。要坚持摘帽不摘责任，保持脱贫政策稳定，保持脱贫责任不降低、帮扶力量不弱化，投入力度不减少，持续巩固脱贫成果。

健全巩固脱贫成果与乡村振兴有效衔接机制。消除绝对贫困，脱贫攻坚历史任务完成后，最重要也是最艰巨的是要向乡村振兴平稳过渡，党的十九届五中全会指出，要实现巩固拓展脱贫攻坚成果与乡村振兴有效衔接，2021 年中央一号文件具体明确了"设置巩固拓展脱贫攻坚成果同乡村振兴有效衔接的 5 年过渡期"的重要任务。首先，要确保"脱贫不脱政策"，保持现有脱贫政策的稳定性和持续性；其次，要不断推广和完善教育扶贫、科技扶贫、产业扶贫、电商扶贫、消费扶贫等扶贫业态和模式，保持新型扶贫模式机制化、政策化；再次，要建立和培养

---

① 习近平：《决胜全面建成小康社会　夺取新时代中国特色社会主义伟大胜利——在中国共产党第十九次全国代表大会上的报告》，人民出版社 2017 年版，第 47—48 页。

一批脱贫攻坚与乡村振兴的专业化工作队伍，健全稳定的保障和激励机制，为乡村振兴提供人才保障[1]；最后要探索建立新时代把农民组织起来的途径，挖掘致富带头人和乡村振兴能人，对农民开展技能培训，加强职业教育和文化服务，发挥好农民的主体作用。

三、完善收入分配调节制度

贫富差距居高不下，是发展成果共享不平衡不充分的主要表现，是社会公平正义的重要影响因素。通过改革和完善收入分配制度，不断缩小贫富差距，是解决发展成果共享不平衡不充分问题、满足人民公平正义需要的根本要求，是社会主要矛盾变化新要求下，共享发展的重要实现途径。

改革开放以来，我国的经济总量得到迅速提升，人民收入水平普遍大幅提高，但收入分配不公、收入差距拉大的问题一直比较突出。2015 年 11 月 23 日，习近平总书记在十八届中央政治局第二十八次集体学习时指出，目前我国收入分配中还存在一些突出的问题，主要是收入差距拉大、劳动报酬在初次分配中的比重较低、居民收入在国民收入分配中的比重偏低。2008 年基尼系数达到 0.491 的峰值，处于收入差距悬殊的边缘（0.5）。2016 年 0.465 的基尼系数，世界上超过我国的国家只有十几个，均为非洲和拉丁美洲国家。收入分配差距大有市场经济发展的自然结果的原因，但很多研究认为，很重要的原因是利用体制缺陷造成非市场力量加剧的收入不平等较为严重，即收入分配差距与一些不合理的制度、法律和政策有密切关系，如要素市场不完善阻碍了不同要素获得合理回报，再分配制度对缩小收入差距没有起到应有的作用，

---

[1]　朱永新：《推进全面脱贫与乡村振兴有效衔接》，《人民日报》2020 年 9 月 22 日。

一些体制和法律的错位和缺位导致出现隐形收入和灰色收入加剧了不平等等①。如隐形收入的来源，包括财政和其他公共资金的流失，金融腐败导致的信贷资金收益转移、行政审批、许可和监督产生的权钱交易，土地收益流失以及行业垄断导致的垄断收入等，都与体制机制不健全密切相关。

党的十八大指出，"实现发展成果由人民共享，必须深化收入分配制度改革"。党的十九大提出"促进收入分配更合理、更有序"，"到2035年中等收入群体比例明显提高"，到2050年"全体人民共同富裕基本实现"。习近平总书记指出："收入分配制度改革是一项十分艰巨复杂的系统工程，各地区各部门要……把落实收入分配制度、增加城乡居民收入、缩小收入分配差距、规范收入分配秩序作为重要任务，着力解决人民群众反映突出的问题。"②当前，我国正处于实现共同富裕的关键阶段，城乡区域发展差距和居民生活水平差距能否缩小，关系到能否实现发展成果更多更公平惠及全体人民的要求，关系到能否稳步实现共同富裕的目标。

完善生产要素分配机制。党的十八届三中全会、十八届五中全会和十九大都将让劳动力获得合理报酬作为形成合理收入分配格局的重要部分，提出要着重保护劳动所得，努力实现劳动报酬增长和劳动生产率提高同步，提高劳动报酬在初次分配中的比重。健全工资决定和正常增长机制，完善最低工资和工资支付保障制度，完善企业工资集体协商制度③；要坚持按劳分配原则下，着力完善其他按要素分配的体制机制，

① 李培林主编：《坚持以人民为中心的新发展理念》，中国社会科学出版社2019年版，第22页。

② 《习近平关于社会主义建设论述摘编》，中央文献出版社2017年版，第25页。

③ 《十八大以来重要文献选编》（上），中央文献出版社2014年版，第537页。

促进收入分配更合理和更有序[①]。

完善税收调节分配机制。健全税收的再分配机制作用，处理好政府、企业、居民三者分配关系，适当提高居民收入比重，合理降低政府和企业收入比重。要健全以税收推进税收制度改革，充分发挥税收"提低""限高"作用，加大对高收入群体的调节力度，减轻中等以下收入者税收负担；完善个人所得税体系，增强个人所得税对居民收入分配的调节功能；更好处理在岗职工与退休人员收入关系，适时考虑开征社会保障税、遗产赠与税等税种；加强程序性、管理型制度建设，增加收入分配透明度，不断完善收入分配监管机制。

规范收入分配秩序。初次分配和再次分配都要处理好公平与效率的关系，再分配更加注重社会公平。要鼓励勤劳守法致富，"保护合法收入，规范隐性收入，取缔非法收入"[②]；要不断健全政治和法律制度，增加透明度，坚决整治腐败收入、隐形收入，遏制以权力获取收入。规范收入分配秩序，要健全遏制特殊垄断利益相关机制，防范特殊行业或部门利用市场竞争中的有利地位和资源优势获取不正当利益，对不涉及国计民生的行业和部门要引入生产竞争机制，国有垄断行业要加强内部监管，规范资本红利的收缴、使用程序[③]，加强对教育、医疗和社保的支持，体现国有属性。

形成橄榄型分配结构。党的十八届三中全会指出，要增加低收入者收入，扩大中等收入者比重，缩小城乡、区域、行业收入分配差距，

---

①　习近平：《决胜全面建成小康社会　夺取新时代中国特色社会主义伟大胜利——在中国共产党第十九次全国代表大会上的报告》，人民出版社 2017 年版，第 46 页。

②　《十八大以来重要文献选编》（中），中央文献出版社 2016 年版，第 815 页。

③　韩太平：《中国特色社会主义共享发展：理论渊源、实现机制、世界意义》，《马克思主义研究》2017 年第 2 期。

形成理想的"橄榄型"分配格局①。要坚持居民收入增长和经济增长同步，全面提高城乡居民收入水平；要着重提高城乡低收入群体的收入，2020年实现我国现行标准下农村贫困人口全部脱贫之后，要继续保持城乡低收入者收入水平持续提高，尤其是要大力促进农民增收；要不断扩大中等收入群体，通过创新体制机制，加强激励，不断提高技能人才、科技人员、新型职业农民、小微创业者、企业经营管理人员、基层干部队伍等群体的收入②。

四、完善先富带动后富机制

（一）缩小地区财力差距，完善转移支付机制

转移支付制度本质上是一种地区间的公平促进机制。为了解决地方政府收支不平衡问题，以及因地区间经济发展不平衡而引起的全国公共服务水平不均衡问题，通过纵向转移支付和横向转移支付，实现地区间的协调发展和平衡发展。转移资金可以用到对低收入群体的直接补助，也可用于欠发达地区的普惠性公共事业支出，例如公共教育、医疗、公共设施等，以此为欠发达地区的公民创造机会公平的条件。2015年国务院制定了《关于改革和完善中央对地方转移支付制度的意见》，以推进地区间基本公共服务均等化为主要目标，以一般性转移支付为主体，明确了改革和完善转移支付制度的基本机制。

近年来，我国的转移支付一直向经济欠发达的中西部地区倾斜，中西部地区转移支付规模占全国近80%。根据财政部网站2018年的统计，2018年中央财政向中西部一般性转移支付预算3.36万亿元，其中

---

① 《十八大以来重要文献选编》（上），中央文献出版社2014年版，第537页。
② 李培林主编：《坚持以人民为中心的新发展理念》，中国社会科学出版社2019年版，第242页。

西部地区 1.71 万亿元，中部地区 1.65 万亿元。所有资金主要用于基本民生和兜住底线，成为区域经济均衡发展以及欠发达地区基本公共服务均等化的重要支撑。中央财政教育转移支付 2018 年达到 3067 亿元，80% 用于中西部农村和贫困地区，1/4 左右用于集中连片特困地区、民族地区。①

2015 年国务院公布了《关于改革和完善中央对地方转移支付制度的意见》，对我国现行转移支付制度的改革和完善作出了系统部署。转移支付制度的完善，充分考虑我国经济社会发展不平衡，区域协调发展任务繁重的现实，着力于充分发挥转移制度机制在缩小地区间财力差距、促进基本公共服务均等化、打赢脱贫攻坚战中的重要作用，是以解决不平衡不充分的发展问题为根本途径，共享发展的重要实现机制。应不断优化转移支付结构，健全以一般性转移支付为主体、一般性转移支付和专项转移支付相结合的转移支付制度；应不断完善一般性转移支付制度，清理整合一般性转移支付、建立一般性转移支付稳定增长机制、加强一般性转移支付管理；应从严控制专项转移支付，强化转移支付预算管理，加快转移支付立法和制度建设。②

慈善公益被称为"第三次分配"，在社会再次分配和多层次分配体系中发挥重要作用。慈善公益主要是社会力量通过民间捐赠、慈善事业、志愿行动等方式济困扶弱的行为，我国现阶段很多慈善是先富起来的人在自愿的基础上拿出自己的部分财富或家族将财富以慈善信托等方式回馈社会，参与扶贫、救灾、助残、救弱等，是邓小平关于先富起来的人帮后富起来的人、新富地区帮助后富地区，实现共同富裕的重要形

① 《义务教育：破解"乡村弱""城镇挤"》，《人民日报》2018 年 8 月 30 日。
② 参见《国务院关于改革和完善中央对地方转移支付制度的意见》，中国政府网，http://www.gov.cn/zhengce/content/2015-02/02/content_9445.htm。

式。根据历史记载，我国早在春秋战国时期就有了慈善，物质救助和劝善教化在中国历史上一直流传并形成了民间传统。集体主义和团结帮扶也是社会主义的显著价值特征。

近几年，随着决胜全面建成小康社会时刻的到来，脱贫攻坚成为一项极其重要而艰巨的任务，也逐步成为慈善公益的主战场。我国的电商企业充分发挥平台广、类型多、专业化等优势，对接帮扶，销售贫困地区农产品。但总体来说，我国慈善事业整体发展水平不高，据统计 2016 年我国慈善事业共接收捐赠款 827 亿元人民币，而美国为 3900 亿美元；到 2017 年底，我国共有各类慈善基金会 5964 家，而美国在 1998 年就达到了 120 万个[①]。

党的十九届四中全会指出，要发展慈善等社会公益事业，鼓励支持社会力量兴办公益事业，满足人民多层次多样化需求，使改革发展成果更多更公平惠及全体人民。这是将慈善事业纳入我国国家治理体系和治理能力现代化的重要制度安排。落实共享发展、实现共同富裕成为新时代的重要使命，慈善公益的作用将会更加明显。要完善慈善捐助减免税等激励制度，继续鼓励社会力量特别是大型企业和高收入群体开展大额捐赠，引导先富群体支持慈善事业；要加强慈善宣传倡导机制，增强社会公众的慈善意识，弘扬中华民族守望相助、乐善好施的传统美德，扩大慈善事业的群众基础；要以提高公信力为核心加强现代慈善公益制度建设，提高慈善公益的规范化和制度化水平；针对近年来我国互联网公益慈善的迅猛发展，要进一步加强互联网慈善公益的政策支持、强化互联网慈善公益的监管机制，促进互联网公益慈善的行动规范和伦理规则。

---

① 谭泓：《新时代慈善事业与共享发展研究》，《东岳论丛》2019 年第 2 期。

（三）发挥制度优势，完善对口支援、对口合作、结对帮扶机制

对口支援是在国家和各级政府统一领导下，动员和组织经济较发达地区扶持和帮助民族地区、经济欠发达地区，以协调地区发展，增强民族团结，实现共同富裕的一种政府行为。对口合作是在宏观政策鼓励和支持下不同区域或行业之间结对形成合作和支援关系，使双方优势得到有效发挥的一种形式。对口支援和对口合作，体现了社会主义制度集中力量办大事的显著优势，是具有中国特色的先富带动后富机制，已经成为我国促进城乡之间、地区之间支持援助、协调发展的重要制度，是解决我国城乡、区域发展不平衡不充分问题的重要途径，是新时代共享发展的重要实现机制。

我国对口支援和合作的形式已成为多领域、多层次、多形式、多内容的帮扶合作，"对口支援、一包到底"，其内容涵盖了经济、干部、教育、科技、商业、文化、医疗卫生等多种类型，其中又以经济支援、人才支援和智力支援为主要方式，近年来主要以支援脱贫为主要任务。据统计，从 2017 年初至 2018 年底，江苏省累计助力对口地区 39 个国家级贫困县脱贫，减少贫困人口 217.39 万人，贫困发生率平均下降约 12.45%①。2019 年 7 月召开的全国对口支援新疆工作会议披露，2010 年启动的新一轮中央部委及北京、上海、江苏、浙江、福建、山东等 19 个省市对口援助以来，10 年间对口援疆累计投入资金近 1200 亿元，选派干部人才 1.75 万人次，引进人才约 7 万人次，通过产业援疆、文化教育援疆、聚焦脱贫攻坚和扩大就业，极大改善了天山南北的发展面貌和人民生活面貌。

比对口支援和对口合作这种国家政策和政府行为更为灵活多样和

---

① 《江苏对口帮扶支援合作地区贫困发生率下降 12.45%》，江苏人民政府网，http://www.jiangsu.gov.cn/art/2019/10/16/art_60096_8735268.html。

使用广泛的是结对帮扶。结对帮扶是特定对象（可以是党员干部个人，也可以是企事业单位和社会团体）与相对弱势群体结成对子，使相对弱势群体得到扶持的形式和手段，可以是一对一，也可以是多对一，还可以是多对多结对。结对帮扶在让城乡困难群众共享发展成果、帮助贫困人口脱贫致富等方面，发挥了重要作用。在近年来的精准扶贫中，这种方式普遍应用，很多地方甚至要求国家财政供养人员要对所有贫困户"结对帮扶"。"结对帮扶"要求帮扶者和帮扶对象建立固定联系，摸清扶贫对象、摸清贫困底数，掌握贫困村、贫困户的脱贫需求，根据因灾、因病、因学或因缺项目、缺资金、缺劳动力等不同致贫原因，制定一户一档、一户一策，确保贫困群众有稳定增收来源，想法设法拓宽脱贫致富渠道，并负责到底。这种方式无疑提升了扶贫效率和扶贫精准度，对打赢脱贫攻坚战起到了重要支撑作用。

主要参考文献

一、经典著作及领导人著作

《马克思恩格斯选集》第 1 卷，人民出版社 2012 年版。

《马克思恩格斯选集》第 2 卷，人民出版社 2012 年版。

《马克思恩格斯选集》第 3 卷，人民出版社 2012 年版。

《马克思恩格斯选集》第 4 卷，人民出版社 2012 年版。

马克思：《1844 年经济学哲学手稿》，人民出版社 2014 年版。

《列宁选集》第 3 卷，人民出版社 1995 年版。

《毛泽东选集》第 3 卷，人民出版社 1991 年版。

《邓小平文选》第 2 卷，人民出版社 1994 年版。

《邓小平文选》第 3 卷，人民出版社 1993 年版。

《邓小平年谱》（下卷），中央文献出版社 2004 年版。

《十三大以来重要文献选编》（上），人民出版社 1991 年版。

《十五大以来重要文献选编》（下），人民出版社 2003 年版。

《十六大以来重要文献选编》（上），人民出版社 2005 年版。

《十六大以来重要文献选编》（中），人民出版社 2006 年版。

《十八大以来重要文献选编》（中），中央文献出版社 2016 年版。

《十八大以来重要文献选编》（上），中央文献出版社 2014 年版。

《习近平谈治国理政》，外文出版社 2014 年版。

《习近平谈治国理政》第二卷，外文出版社 2017 年版。

胡锦涛：《坚定不移沿着中国特色社会主义道路前进　为全面建成小康社会而

奋斗——在中国共产党第十八次全国代表大会上的报告》，人民出版社 2012年版。

习近平：《决胜全面建成小康社会 夺取新时代中国特色社会主义伟大胜利——在中国共产党第十九次全国代表大会上的报告》，人民出版社 2017 年版。

习近平：《在省部级主要领导干部学习贯彻党的十八届五中全会精神专题研讨班上的讲话》，人民出版社 2016 年版。

二、专著、文集

《中国共产党第十九届中央委员会第四次全体会议公报》，人民出版社 2019年版。

《中共中央关于制定国民经济和社会发展第十三个五年规划的建议》，人民出版社 2015 年版。

《〈中共中央关于制定国民经济和社会发展第十三个五年规划的建议〉辅导读本》，人民出版社 2015 年版。

中共中央国务院：《国家新型城镇化规划（2014—2020）》，人民出版社 2014 年版。

《党的十九大报告辅导读本》，人民出版社 2017 年版。

中央文献研究室：《习近平关于社会主义经济建设论述摘编》，中央文献出版社 2017 年版。

中央文献研究室：《习近平关于全面建成小康社会论述摘编》，中央文献出版社 2016 年版。

中央文献研究室：《习近平关于全面深化改革论述摘编》，中央文献出版社 2014 年版。

李培林主编：《坚持以人民为中心的发展理念》，中国社会科学出版社 2019年版。

刘建武主编：《新时代共享发展报告（2018）》湖南篇，社会科学文献出版社2019年版。

曹洪滔：《共享发展理念与社会工程建构》，社会科学文献出版社2019年版。

王立胜：《新时代中国特色社会主义思想研究》，济南出版社2019年版。

韩庆祥：《读懂新时代》，中国方正出版社2018年版。

中央宣传部：《习近平新时代中国特色事业作思想三十讲》，学习出版社2018年版。

洪银兴主编：《新编社会主义政治经济学教程》，人民出版社2018年版。

郭春丽等：《小康之后的中国》，人民出版社2018年版。

任保平：《新时代中国特色社会主义政治经济学的创新》，人民出版社2018年版。

石建勋：《新时代我国社会发展的主要矛盾研究》，人民出版社2018年版。

张琦等：《中国共享发展研究报告》，经济科学出版社2018年版。

于昆著、王炳林编：《共享发展研究》，高等教育出版社2017年版。

田学斌：《当代中国政治经济学》，新华出版社2017年版。

杨宏伟主编：《贯彻落实五大发展理念》，人民出版社2017年版。

朱春艳：《新时期小康社会建构理论研究》，社会科学文献出版社2017年版。

程恩富：《中国特色社会主义政治经济学重大原则》，济南出版社2017年版。

吕健：《共享发展的社会主义政治经济学》，复旦大学出版社2016年版。

王庆五主编：《共享发展》，江苏人民出版社2016年版。

《2014年中国统计年鉴》，中国统计出版社2014年版。

林毅夫等：《以共享式增长促进社会和谐》，中国计划出版社2007年版。

马克思主义理论研究与建设工程编写组：《马克思主义哲学》，人民出版社2009年版。

魏志奇：《当代中国社会公平保障研究》，中国社会科学出版社2018年版。

三、期刊

习近平：《深入理解新发展理念》，《求是》2019 年第 10 期。

习近平：《辩证唯物主义是中国共产党人的世界观和方法论》，《求是》2019 年第 1 期。

习近平：《在党的十八届五中全会第二次全体会议上的讲话（节选）》，《求是》2016 年第 1 期。

习近平：《切实把思想统一到党的十八届三中全会精神上来》，《求是》2014 年第 1 期。

韩震：《新时代对当代中国哲学研究提出的新要求》，《马克思主义与现实》2019 年第 2 期。

洪银兴：《中国特色社会主义政治经济学的新时代特征》，《中国浦东干部学院学报》2018 年第 4 期。

庞元正：《新时代我国社会主要矛盾转化需要深入研究的若干问题》，《哲学研究》2018 年第 3 期。

卫兴华：《应准确解读我国新时代社会主要矛盾的科学内涵》，《马克思主义研究》2018 年第 9 期。

贾后明：《论社会主要矛盾转换与经济社会体制改革的持续动力》，《经济纵横》2018 年第 11 期。

韩喜平：《准确把握新时代社会主要矛盾的科学内涵》，《马克思主义理论学科研究》2018 年第 4 期。

沈湘平、刘志洪：《正确理解和引导人民的美好生活需要》，《马克思主义研究》2018 年第 8 期。

刘伟：《新发展理念与现代化经济体系》，《政治经济学评论》2018 年第 7 期。

虞崇胜：《新时代与"后半程"：精准把握中国未来发展的双重方位》，《武汉大学学报 (哲学社会科学版)》2018 年第 1 期。

郑功成：《全面理解党的十九大报告与中国特色社会保障体系建设》，《国家行政学院学报》2017 年第 6 期。

李君如：《社会主要矛盾新变化和中国特色社会主义新时代》，《中共党史研究》2017 年第 11 期。

刘伟：《中国特色社会主义新时代与新发展理念》，《前线》2017 年第 11 期。

刘须宽：《新时代中国社会主要矛盾转化的原因及其应对》，《马克思主义研究》2017 年第 11 期。

卫兴华：《中国特色社会主义政治经济学的分配理论创新》，《毛泽东邓小平理论研究》2017 年第 7 期。

陶文昭：《科学把握社会主要矛盾转化》，《中国高校社会科学》2017 年第 6 期。

顾海良：《新时代与新发展理念的政治经济学新课题》，《经济学家》2017 年第 12 期。

龙平平：《关于"新时代中国特色社会主义"的思考》，《毛泽东邓小平理论研究》2017 年第 12 期。

董振华：《共享发展理念的马克思主义世界观方法论探析》，《哲学研究》2016 年第 6 期。

叶南客：《共享发展理念的时代创新与终极价值》，《南京社会科学》2016 年第 1 期。

胡鞍钢等：《中国跨越中等收入陷阱：基于五大发展理念视角》，《清华大学学报（哲学社会科学版）》2016 年第 5 期。

李培林：《努力形成橄榄型分配格局》，《中国社会科学》2015 年第 1 期。

张晓玲：《社会稳定与弱势群体权利保障研究》，《政治学研究》2014 年第 5 期。

武力：《均衡与非均衡：邓小平关于经济发展的辩证思想研究》，《党的文献》

2012 年第 6 期。

四、报纸

胡锦涛：《坚定不移沿着中国特色社会主义道路前进 为全面建成小康社会而奋斗——在中国共产党第十八次全国代表大会上的报告（2012 年 11 月 8 日）》，《人民日报》2012 年 11 月 18 日。

《习近平在省部级主要领导干部专题研讨班开班式上发表重要讲话》，《人民日报》2017 年 7 月 28 日。

习近平：《关于〈中共中央关于全面深化改革若干重大问题的决定〉的说明》，《人民日报》2013 年 11 月 16 日。

习近平：《中国发展新起点，全球增长新蓝图——在二十国集团工商峰会开幕式上的主旨演讲（2016 年 9 月 3 日）》，《人民日报》2016 年 9 月 4 日。

国家统计局：《中华人民共和国 2017 年国民经济和社会发展统计公报（2018 年 2 月 28 日）》，《人民日报》2018 年 3 月 1 日。

国家统计局：《中华人民共和国 2016 年国民经济和社会发展统计公报（2017 年 2 月 28 日）》，《人民日报》2017 年 3 月 1 日。

国家统计局：《中华人民共和国 2015 年国民经济和社会发展统计公报（2016 年 2 月 29 日）》，《人民日报》2016 年 3 月 1 日。

中共国务院发展研究中心党组：《新发展理念引领我国发展全局深刻变革》，《光明日报》2018 年 1 月 3 日。

《中共中央国务院关于实施乡村振兴战略的意见》，《人民日报》2018 年 2 月 5 日。

林兆木：《关于我国经济高质量发展的几点认识》，《人民日报》2018 年 1 月 17 日。

《增强饮水思源不忘党恩意识，弘扬为党分忧先富帮后富精神》，《人民日报》

2018 年 7 月 7 日。

吴向东：《以人民为中心的发展观》，《光明日报》2018 年 1 月 15 日。

陈梓睿：《新发展理念与我国社会主要矛盾的解决》，《光明日报》2018 年 2 月 5 日。

张高丽：《开启全面建设社会主义现代化国家新征程》，《人民日报》2017 年 11 月 8 日。

《习近平主持中央政治局集体学习时强调：让农民共享改革发展成果》，《人民日报》（海外版）2015 年 5 月 2 日。

五、外国作者文献

【秘鲁】亚历杭德罗·托莱多：《共享型社会》， 中国大百科全书出版社 2017 年版。

【美】保罗·巴兰：《增长的政治经济学》，蔡中兴、杨宇光译，商务印书馆 2016 年版。

联合国开发计划署：《中国人类发展报告 2016》，中国对外翻译出版公司 2016 年版。

【印】阿马蒂亚·森：《论经济不平等（增订版）》，中国人民大学出版社 2015 年版。

【法】托马斯·皮凯蒂：《21 世纪资本论》，巴曙松等译，中信出版社 2014 年版。

世行增长与发展委员会：《可持续增长和包容性发展的战略》，中国金融出版社 2008 年版。

【印】阿马蒂亚·森：《以自由看待发展》，中国人民大学出版社 2002 年版。

六、网络文献

《国务院关于印发"十三五"推进基本公共服务均等化规划的通知》，中国政府网，http://www.gov.cn/zhengce/content/2017-03/01/content_5172013.htm。

国家统计局：《改革开放四十年经济社会发展成就系列》，国家统计局网，http://www.stats.gov.cn/ztjc/ztfx/ggkf40n/。

《国务院关于改革和完善中央对地方转移支付制度的意见》，中国政府网，http://www.gov.cn/zhengce/content/2015-02/02/content_9445.htm。

《社会救助暂行办法》，中国政府网，http://www.gov.cn/flfg/2014-02/27/content_2624221.htm。

责任编辑:刘敬文

责任校对:徐林香

图书在版编目(CIP)数据

社会主要矛盾变化新要求下共享发展研究/魏志奇 著. —北京:人民出版社,
   2021.10
ISBN 978－7－01－024342－9

Ⅰ.①社…　Ⅱ.①魏…　Ⅲ.①中国特色社会主义-社会主义建设模式-
研究　Ⅳ.①D616

中国版本图书馆 CIP 数据核字(2021)第 251807 号

社会主要矛盾变化新要求下共享发展研究
SHEHUI ZHUYAO MAODUN BIANHUA XINYAOQIU XIA GONGXIANG FAZHAN YANJIU

魏志奇　著

人民出版社 出版发行
(100706　北京市东城区隆福寺街 99 号)

中煤(北京)印务有限公司印刷　新华书店经销

2021 年 10 月第 1 版　2021 年 10 月北京第 1 次印刷
开本:710 毫米×1000 毫米 1/16　印张:20.25
字数:240 千字

ISBN 978－7－01－024342－9　定价:60.00 元

邮购地址 100706　北京市东城区隆福寺街 99 号
人民东方图书销售中心　电话 (010)65250042　65289539